JNKO

関東大震災

「朝鮮人虐殺」はなかった！

加藤康男

WAC

新版まえがき

関東大震災が発生したのは、大正十二（一九二三）年九月一日である。平成二十五（二〇一三）年二月三日のことだった。この年がちょうど九十年目にあたるからというわけではあるまいが、ソウルからとんでもないニュースが飛び込んできた。

ソウル聯合ニュースの配信によれば、韓国の記録写真研究家チョン・ソンギル（啓明《ケミョン》大東山《トンサン》医療院名誉博物館長）なる人物が、関東大震災時の死体写真二枚を掲《かか》げ、日本人による朝鮮人虐殺の証拠に間違いないと告発したというのだ。

掲げられた二枚の写真を見たが、どこをどうやったら朝鮮人が虐殺された証拠に見えるのか教えてもらいたいほどだった。

折り重なったり、並べられた死体の山の、誰が朝鮮人で、誰が日本人かも判別できないのはもちろんのこと、「虐殺」を示唆《しさ》する証《あかし》を探し出すことなど不可能である。

それでも、彼らは折あらば「虐殺された」と言い募《つの》る。

詳細は本文で述べるが、そもそも腐乱の進んだ溺死体や焼死体の写真を持ってきたところで、日本人と朝鮮人の区別がつくはずもない。

「虐殺」死体を識別した、という当時の調査団の数字はウソで固められていた。

虐殺現場の目撃談はなく、あるのは伝聞につぐ伝聞、噂だけという事実は動かせない。

そこへもってきて平成二十五年九月一日には、韓国最大手の日刊紙「朝鮮日報」が「関東大震災はホロコーストだった」と大々的に報じたのである。

そのほぼ一カ月前、七月三十日にはアメリカのカリフォルニア州グレンデール市の中央公園に少女のブロンズ像が設置された。

この少女像は、「一九三〇年代から四五年にかけ、大日本帝国の軍隊により、慰安婦として拉致《らち》された二十万人を超える女性と少女を追悼《ついとう》するため」のものだという。

ソウルの日本大使館前には、日本のために従軍慰安婦にさせられたと称する少女の銅像がすでに建てられている。

カリフォルニアに建てられたのは、そのレプリカだ。

韓国系ロビイストを中心としたこのような運動が広まるのと時を同じくして、関東大震災での「朝鮮人虐殺」が声高《こわだか》に叫ばれるようになった。

「朝鮮日報」の記事はなんと、「関東大震災を『関東大虐殺』と名称変更を訴える学界からの声」などと激越な見出しつきだ。

記事は「ホロコースト、南京《ナンキン》に次ぐ人種抹殺の実態」と、留まるところをしらない。

「虐殺された朝鮮人は約六千六百人というのがこれまでの説だが、一万〜二万人以上に上るという統計もある」

と根拠のない数字を並べたてる。

こうした「虐殺数字」がいかに架空のでっち上げに過ぎないかは、本書を読んでいただければ納得できるはずだ。

韓国人の抗日運動家だけではなく、日本国内でも意外なほど「やっぱり虐殺はあったのでは」と、ウソをすり込まれている人々がいる。長い間の間違った歴史教育の責任である困ったことに、保守系論壇人のなかにも「虐殺はあった」と信じこんでいる人がいるのだ。

筆者はかつて、朝鮮半島事情に詳しく、拉致問題にも熱心にかかわっているN氏とこの問題で話し合ったことがある。

氏は「だいたいは『吉野作造説』でいいんじゃないか。二千数百人は虐殺されたと思いますよ」と強硬に主張して憚《はばか》らない。

もちろん氏が具体的な検証をしたわけでもなく、「吉野説だから」という程度の理由からそう言い張ったに過ぎず、唖然《あぜん》としたものだ。

「吉野作造説」がいかに根拠のない出鱈目《でたらめ》数字でしかないかは、第6章「吉野作造」項をお読みいただければ、読者のご理解を得られると確信する。

今回、新たに発掘された資料も揃え、「虐殺は嘘だった」ことを数字をもって徹底的に証明したいと思う。

当時の記憶が残っている世代も、九十年を過ぎている現在では聞き取りは不可能になりつつある。仮に「虐殺」現場から逃げおおせた人物がいれば、その子供や孫はいるはずである。

目撃者などそもそも存在しないのか、万一、いても登場すればテロリストの片割れだったことが発覚するので出られないかのどちらかであろう。

また、当時の東京には世界中の通信、新聞関係のメディアが揃っており、外交官もたくさん常駐していた。

いわれるような事実が起きていれば、当然、本国へ情報が送られていなければおかしい。日本人が万一、そのようなことをしていたのなら、国際的な非難が巻き起こっていなければ辻褄《つじつま》が合わない。

駐日イギリス大使館の報告書に関しては、ロンドンのナショナル・アーカイブスでプロパガンダ文書を入手し、第6章で詳しく紹介しているので確認していただきたい。

いずれの方角から調査しても、関東大震災時に日本人が「朝鮮人虐殺」をしたという痕跡はないのである。

あったのは、朝鮮人のテロ行為に対する自警団側の正当防衛による死者のみである。「虐殺があった」という前に彼らがやるべきことは、実際に震災によって落命した多数の同胞を慰霊する作業ではないだろうか。

この事件のカギは数字のトリックにある。当時、在日した人口から、彼らの言う「虐殺」人数を引けば、震災による朝鮮人の死者はゼロになってしまう。その一点に誰も目を向けてこなかったのが、この九十年だった。

彼らはこうした根本矛盾を抱えているのだが、それを認めようとしない。

これでは、不幸にして震災で亡くなった朝鮮人の霊はうかばれないだろう。

被災者慰霊のためにも、日韓両国が手を繋《つな》いで正確な数字を精査し、日韓関係の未来に寄与するのが先決問題ではないかと思われる。

では、時計の針を九十年前に戻してみたい（本文の時制は単行本刊行時の五年前のまま）。

【凡例】

一、引用文についてはできるだけ参考文献の表記に従ったが、難解と思われる漢字には新仮名づかいによるルビ（振り仮名）を付し、適宜句読点を付けて整理した。

一、文語体の引用文は、読みやすさを考慮して部分的に簡略化したり、仮名づかいや行送りを改めた箇所がある。また文中、明らかな誤記、誤植と思われる語句については訂正した。

一、雑誌、新聞、史料等の引用に際しては、（略）と記した箇所以外にも読みやすさや紙幅の関係から省略した部分がある。

一、「鮮人」という表現は、かつて日本占領下の朝鮮の人々に対して使われた蔑称で、今日では使用しない。しかし本書ではこうした差別表現が使用されていた時代背景も含めて「大正」という時代を明らかにする意図から、当時使用されていた引用文については修正せず、そのまま採録した。

関東大震災
「朝鮮人虐殺」はなかった！

◉目次

新版まえがき

第1章　大正十二年九月一日

——無間地獄の帝都——

第2章 液状化する大正時代

――朝鮮人激増――

第3章 「流言蜚語」というまやかし

——自警団は「正当防衛」だった——

第4章 「襲来報道」を抑えた後藤新平の腹
――戒厳令下の治安担当者たち――

第5章 揺るぎない前提として書かれた虚構
――「戒厳令違法説」と「朝鮮人虐殺」――

第6章 トリック数字がまかり通る謀略
――「虐殺」人数の嘘――

第7章 「Xデー」は摂政宮御成婚式
――波状攻撃を画策したテロ集団の実態――

装幀／神長文夫＋柏田幸子

本書は産経新聞出版より二〇〇九年十二月に刊行された単行本『関東大震災「朝鮮人虐殺」の真実』を改題、大幅に加筆・訂正した新版です。

第1章

大正十二年九月一日

——無間地獄の帝都——

有史以来の大震災に立ち向かっていた日本国民が、朝鮮人を「虐殺」したといわれて九十年の時間が流れた。

震災に乗じて朝鮮の民族独立運動家たちが計画した不穏《ふおん》な行動は、やがて事実の欠片《かけら》もない「流言蜚語《りゅうげんひご》」であるかのように伝えられてきた。さらに、「虐殺」人数ばかりが大きくなるのは「南京大虐殺」と例を同じくする。

何の罪もない者を殺害したとされる「朝鮮人虐殺」は、はたして本当にあったのか。日本人は途方もない謀略宣伝の渦に呑まれ、そう信じ込まされてきたのではあるまいか。

ここに改めて震災現場に立ち返りつつあらゆる史料を再検証することで、歴史の真相に迫ってみたい。

国難に際するや、必ず現れる「虐殺」という亡霊の正体を暴かずして自虐の原点は潰《つい》えないと思うからだ。

驟雨と積乱雲の狭間から

朝のうちにひと雨きた。ことのほか蒸し暑い雲に空が覆《おお》われていたものの、東京市内の各家庭では落ち着いた一日が始まっていた。

昨日までの夏休みを終えた子供たちがいる家では、午前中の始業式を済ませた子供が帰宅し、卓袱台《ちゃぶだい》に向かいはしゃいでいた。

どこの家でも昼餉《ひるげ》の支度《したく》にかかり、七輪に火をおこし始めた。横丁の通りからスダレ越しに窺える裏店《うらだな》の生活はいつもと変わりなく、まだ何の変化も起きていない。

ここは木挽《こびき》町六丁目（現新橋演舞場附近）裏通りの一角である。新橋の花柳界《かりゅうかい》にもほど近く弁当の仕出し屋、呉服屋、小唄や琴三弦の師匠の家々が続く。

いましがた山本質店の住み込み丁稚《でっち》、清水三十六《さとむ》が早めの昼飯を許されて、行きつけの定食屋の暖簾《のれん》をくぐっていった。彼が一服している間にも、時間が時間だけに通りがかりの客が次々と店を覗く。

この日も、法被《はっぴ》姿の職人やカンカン帽をかぶった男、木綿縞《もめんじま》の単衣《ひとえ》の裾《すそ》をひらひらさせた女などが引き戸を開けて定食屋に入り、それぞれが勝手に窓のそばの卓に落ち着いた。

清水三十六には見慣れたいつもの風景だった。

飯屋が底から突き上げられたように大きく跳ね上がったのは、腹の減った清水三十六がどんぶり飯を持ったその瞬間だった。

彼の手から大事などんぶりが飛び出して、床に転げ落ちた。

舟のように揺られていたのは五秒ほどであろうか。たちまち第二波の上下動がドドドッときた。それまで呆然《ぼうぜん》としていた客たちはそこで初めて大声をあげて柱に摑まったり、床にしゃがんで机の下にもぐり震えていた。

「これは大地震だぞ、まだくる、まだくる」

いい終わらないうちに店そのものが土台から剝《は》がされ、頭上から瓦が落下する音が聞こえてきた。さらに強烈な地震の波がその直後に襲った。二階建ての定食屋が土煙を上げながら潰《つぶ》れたのはその時だった。

もはや誰も立ってはいられず、店からようやく這《は》い出し、悲鳴を上げるばかりである。

清水三十六が奉公先の質店へ転がるようにして辿り着いたときには、山本質店はすでに崩れ落ちていた。頑丈な造りだった土蔵さえも壁が剝がれ落ち、無惨な姿を晒《さら》している。

三十六は主人の無事を確認すると、実弟・潔の身を案じた。弟は山本質店の親店《おやだな》にあたる鉄砲洲《てっぽうず》の「きねや」質店に、同じく丁稚奉公していた。

最初の揺れからどれほど時間が経っただろうか。周囲から上がる火の手が一層激しく渦を巻きながら燃え盛るなか、鉄砲洲めがけてひた走りしながら三十六は考えていた。

さっき、定食屋を逃げ出すときドンが鳴ったのが聞こえたから、最初の揺れが来たのは十二時ちょっと前だろう、あれからまだ三十分は経っていない。昼のドンがそれにしてもいつもより大きく響いて聞こえたのはどうしてか、不思議だった。

ドンとは、宮内省の兵が市民に正午を正確に知らせるために毎日撃っている一発の空砲のことである。この日は土曜日だったので午後からは半ドンというわけである。

木挽町から築地、新富町、入船《いりふね》町と走り抜けると隅田川河口の鉄砲洲だ。三十六は、海べりにつかって火災を逃れていた潔を見つけ出し、引きあげた。

山本質店は被災のため、いったん解散となる。だが店主はその後、清水三十六の生活や学費の面倒をみた。このとき二十歳だった質店の丁稚、清水三十六はいったん関西へ逃れ、但馬《たじま》豊岡で地方紙記者となり、神戸で文学修行を積んでのち流行作家となった。その彼は、恩に与《あずか》った奉公先の店主の名をとって筆名とした。震災によって誕生した作家の名は山本周五郎である。

九月一日は晴れていたかと思うと、ざっと時雨《しぐれ》る一刻もあった。天も地もあちこちから上がる火の手が勢いを増し、空は煙っている。そのなかを、無我夢中で清水三十六は隅田川へ向かって走った。

その姿は「小雨が靄《もや》のようにけぶる夕方、両国橋を西から東へさぶが泣きながら渡っていた」という有名な書き出しで始まる『さぶ』と二重写しになる。

立春から数えて二百十日目、九月一日前後に本土を襲う台風が多いことから、この日を厄日として警戒する慣わしがある。この時期が稲の開花期にあたるので、農家では風祭といって風を鎮《しず》める祭りをする。

八月三十一日には大型の台風が九州地方を襲ったが、夜半から近畿を突き抜け、日本海へ進路を向けていた。時折、驟雨《しゅうう》があったかと思えば空いっぱいに積乱雲が広がり、晩夏の陽光がひとしきり照らしたりするのは、不安定な気圧配置のせいだ。

地震発生時刻は、中央気象台と東大地震学教室が東京市内に設置していた地震計の測定によれば、九月一日午前十一時五十八分四十四秒である。

震源地は相模湾海底、マグニチュード七・九。震源地に近い相模湾一帯の被害は予想を超えて甚大《じんだい》なものとなった。

茅ヶ崎《ちがさき》、大磯、小田原などでは海底も陸地も一斉に隆起し、市街ではいたるところに一メートルから二メートルの亀裂が走った。

だが、軟弱な地盤に密集した家屋が建つ東京下町一帯の被害は、地震による倒壊だけに留まらず、火災が発生したことから未曾有《みぞう》の大災害を招く結果になった。市中全域で出火した地点は実に八十八カ所に及び、そのうち消火できたのは二十三カ所に過ぎなかった。

仏法によれば八大地獄というのがあるそうだ。世に知られた地獄には叫喚《きょうかん》、焦熱《しょうねつ》、衆合《しゅごう》、無間《むけん》などがある。

東京市制開始以来、三十年余を経たこの日、八大地獄が一斉に帝都に襲いかかったのではないかと市民は怯《おび》えきったに違いない。無間地獄を生きながらに体験した人々の声に、しばらく耳を傾けたい。

被服廠界隈の火災地獄

「何しろ親父《おふくろ》も母親も目の前でジワ〳〵と焼け死んで行くんでせう。狂気《きちがい》のやうに狂ひ死《じ》に死んで行くのを見ながらどうすることも出来ないんです。それも一度に焼け死ぬのならまだ思ひ切りがいゝのですが、風が吹いて来るたんびに着物から膚《はだ》からジワ〳〵と一枚一枚焼かれて行くんです。（略）
私は今年十六になる妹と二人で二間ほど離れた処にゐたのですが、その両親が二人とも焼け死んだのを見ると、妹はもう堪《たま》らぬといふ風で、
『焼け死ぬのはいやだから、どうぞ兄さんの手で私を殺してください』と言ふのです。

私もどうせ駄目だと思ひましたので、一思ひに殺してやらうと思ひまして、二度まで妹の咽喉《のど》を締めたのですが、手に力が入らないのか締まりません。『早く殺してよ、殺してよ』と妹はせがみます。がその様子を見てゐると可憐《いじら》しくてどうにも力が出ないのです。で、妹の細紐を解かせて、それを妹の首に巻きつけ、『今度旋風が来たらもう最後だから、その時はきつと締めつけて殺してやる』と言ひながら待つてゐたのでした。

……有りたけの力を出して、目を瞑《つぶ》つて締めることは締めたのですが、帯が已《すで》に焼けてゐたと見えて途中で切れてしまつたんです。

風が変つたのか、どうしたのか、家族八人の内、その妹と二人だけ不思議に生き残つたのですが、まるで夢のやうです」(『婦人公論』大正十二年十月号)

「安田邸を抜けて、道一つ越せば被服廠跡《ひふくしようあと》である。幾坪あるか、鳥渡《ちよつと》見当もつかぬ程広い広場、そこには樹木一つ、建物一つ無く、眼に入る限り死骸《しがい》の山である。

歩を進めるに従つて、死体の数が増し、六つばかりの女の子の傍に、嬰児《えいじ》を抱き締めて死んで居る女。手を突つ張つて、踠《もが》き死《じ》に死んだらしい男。(略)

更に進めば、そこは比較的遅く、猛火の旋風が廻つて来たためか、この惨事を招く直接の原因となつた避難者の持ち込んだ荷物の、焼け残つたのがある。猛火は猛烈な旋風となつて、数万の男女を一舐《な》めにすると同時に、持ち込んだ荷物に火がついて、一層死を早めたのである。

大漁の鮪《まぐろ》か鰤《ぶり》でもあるやうに、重なり合つた此の死体、それを踏んで、着物の縞柄を頼りに、子をさがす親、妻を求める夫、——其《そ》の人達も、大抵は火傷《やけど》の跡の無いのは無い。帰らうとして頭を旋《めぐら》せば、今更に気づくのは、女子供の死体の多かつた事である。始《ママ》め所轄相生《あいおい》署は、唯一の避難所として、逃げ惑う女子供を此処《ここ》に収容し、署長以下出張して保護に当つたのださうだ。が、不幸、意外な旋風に見舞はれ、署長以下すべては、生きながら焼かれてしまつたのである」(『大正大震災大火災』)

「深川方面では、地震ツと驚ゐてゐる内に最《も》う何箇所からも火の手が揚つてゐた。(略)『さア最《も》う永代橋《えいたいばし》が目の前ですぜ、あれさへ渡れば逃げ場は、いくらもありますから、心配しないが可《い》いですよ。』見るからに非力らしい二八九の痩せた男が、自分の母であらう、最う七十に手の届きさうな白髪の年寄りを背負つて雪崩《なだれ》を打つ避難者の群の中に混つて、息も絶え〴〵に駈《か》けて来た。『番頭も小僧も沢山附いてゐるから大丈夫ですよ。逸《はぐ》れたつて死ぬやうな事はありません』。確信があるやうに云ふのも、年取つた母に心配させまいと云ふ優しい心からだ。斯《こ》うして此の二人は辛《かろ》うじて永代橋の中程まで揉まれ乍《なが》ら来た。

と、行手に当つて俄《にわ》かに耳も聾《ろう》するばかりの幾万人かの悲鳴が聞えた。もう一寸も前へは出られなかつた。

それは川向ふの日本橋、京橋方面でも数個所から発火して、猛火に追はれた避難民達は、一面の火の海になつてゐるのも知らずに深川方面に逃げようとして殺到して来て、互《たがい》に逃げやう〳〵で死者狂《しにものぐる》ひになつてゐる両方の避難民が、今しも橋の中央で衝突《ぶつか》つたのであつた。（略）『もう駄目だぞッ、川へ飛び込めッ』（略）

『最う私は覚悟しました。お前は水泳ぎも出来るんだから、早く飛込んだが可《い》いよ。此所《ここ》にゐちや二人とも焼死ぬばかりだからね……』

『大丈夫です。私一人生きたつて仕方ありません、お母様を置いて何《ど》うして飛込めるものですか。』と、親子二人が互いに励まし合つてゐる時に、両岸の方から橋板が燃え出してきた。すると、それまで川へ飛込むことが出来なかつた女子供は恰度振《ちようどふる》ひ落としをされるやうに橋の上から川面《かわも》に落込んでゐた。

『愈々《いよいよ》駄目です。さア、生きるか死ぬか、私の手を堅く握つてゐて下さい。』彼は母と手を握り合つてザンブとばかりに流れの真只中へ飛込んだ。と、その時目の前に一枚の小板が漂つてゐるのが焔《ほのお》の光で見えた。天の助けとばかり急いでそれに縋《すが》らうとした。けれども彼は一人では無い、老母と二人である。（略）

『お母さん、私は泳ぎます。貴女《あなた》は確乎《しつかり》此の板にお掴まりなさい。』彼はさう云つて其の板を母に掴ませると、最う手足を動かすことの出来ないだけに弱つてゐた彼は、その儘《まま》ブクブクと川の底に沈んで行つた。

中村屋といふ呉服屋の老母は、今でも此の事を繰返し〱しては、涙を新たにしてゐる」(『大正大震災大火災』)

「(町内会の役員をしていた)私は、本所安田邸近き御蔵屋《みくらや》渡し口、とある掘立《ほつた》て小屋に設けられた負傷者収容所前に立つて居る。足許には半分焼けたハリ物板に乗せられて呻《うめ》いてゐる十五ばかりの少年が居る。腰から下が焼けたゞれ、左の足は足か何か解らぬ程くづれて居る。雨が降つて来た。ザアツと一となぐり、顔と云はず頭と云はずビシヨ濡れになるが、破れた菰《こも》を一枚かけただけ、小屋の中へ運び込む余地がない。

開いては居るものゝ、見えさうもない眼を、きつと見開いて、彼れは叫ぶ。

『水ツ!、水ツ!』

語尾はさすがに力がない。そこへ飛んできたシヤツに軍帽のみの救護班の一兵士、いきなり私をつかまへて、

『一つ、そつちの端を持つてくれ。こんな時は誰れでも構はず、身動きの出来る者には働

いて貰はにやア……』（略）
せめて雨だけでも避けさせて、死なせてやらうと云ふ兵士の好意は、形に現はすべく方法がないのだ。それでも、掘立て小屋の片際《かたぎわ》に、呻き苦しむ瀕死の白髪男を少し寄せて、死に行く少年を入れてやつた。さて、此の小屋の中の凄《すさま》じさは何《ど》うだ。火焔《かえん》を浴びたか、頭髪が全部焼けたゞれ、蠢《うごめ》いて居る女、もう、息を引き取つたと思はれる全身火傷の少女、さう云つた重傷者が、ザツと百四五十が、いづれも目も当てられぬ生死の境。（略）
それでも兵士達と、警視庁衛生部の救護班の人達は、其の中に立つて、目の廻るやうに激しく立ち廻つて居る」（『現代史資料6』）

東京市内で最も悲惨な光景となったのは、本所区横網《よこあみ》町にあった陸軍被服廠跡だった。被服廠は赤羽《あかばね》に移転し、前年の三月には逓信《ていしん》省と東京市に払い下げられ、やがて公園として市民の憩《いこ》いの場となるはずだった。それまでの間、隅田川に沿って三角形をした約二万四百坪の広大な敷地は、塀に囲まれた空き地となっていたのだ。

附近の住民が家財を担《かつ》いでここへ避難したのは当然の選択に思えた。

次第に増えた避難民の総数は約四万人とされている（警視庁保存相生署作成「九月一日起災害状況」）。人々が集まり始めてしばらくは、ここにゴザなどを広げて遅い昼食をとる者、遠くの火事を見やるものなどがほとんどで、一瞬の休息地にさえ思えた。

だが、間もなく大旋風とともに四方から襲い掛かってきた火炎のために次々と家財、衣服などに引火し、推定死者三万八千人を数える結果となった。

隅田川に沿った一角には大富豪・故安田善次郎（大正十年九月、暗殺）が以前、住んでいた大邸宅跡があった。

庭園に隅田川の水を引いた自慢の潮入りの池は熱湯の釜となり、飛び込んだ避難民多数が焼死し、本邸は鉄骨の一部を残して無惨な灰燼《かいじん》に帰《き》した。

震災後、被服廠跡石原町寄りの一隅に身元不明者の遺骨が納められ、死者の霊を合祀《ごうし》する慰霊堂が建てられていまに残る。

今日ではこの一帯は国技館と江戸東京博物館、旧安田庭園などに姿を変え、さらに、往時の大震災を知る人の数も年々減っているのが実情だ。

警視庁に残された統計によれば、被服廠跡とその附近の死者が三万八千十五人、緑町附近その他で六千三百人、合計死者数四万四千三百十五人となっている。本所《ほんじょ》区全体での死者は、実に全東京市の死者の六割近くを数えたのだった。

引用した証言にもあるが、その火炎地獄のなかで、自分の身はもとより、家族の安否も捨て置きつつ必死に救護活動に務めた兵士や警官、そして町内会の組織などがあった事実を見つめておかねばならない。生命や秩序の維持のために、官民一体となって天災に立ち向かっていた姿を目撃した証言は数知れない。だが、災厄は地震だけに留まらなかった。

死者十万人超

関東大震災という呼称は、そもそもこの日から始まった関東地方全域を襲った震災による災害の総称として使われる用語である。発生した地震本体は関東地震と呼ばれる。気象学でいう関東地震とは、午前十一時五十八分から五分間に起きた三回の地震を本震とし、その日に発生した人体に感じる百二十八回、二日の九十六回、三日の五十九回、四日の四十三回に及ぶ余震を含む津波、土石流《どせきりゅう》、地盤の隆起などの総称である。

中央気象台の大時計の針は十二時二分前でぴたりと動かなくなった。すでに述べたように震源地は相模湾の海底で、マグニチュード七・九。激震の区域は東京、神奈川、千葉、埼玉、静岡、山梨、茨城などに及び、震源地に近い小田原から鎌倉、横浜に至る区域は最も激しい振動に見舞われた。家屋の倒壊は五〇%を超え、地域によっては九割近い建物が倒壊し、壊滅状態となった所もある。

これらの関東全域の被害をまとめれば、おおむね次のとおりである。

死者・行方不明者：10万5385人

家屋全壊：　　　　　　12万8000戸
家屋半壊：　　　　　　10万2000戸
家屋全焼失：　　　　　44万7000戸
避難人数：　　　　　　190万人以上
（従来まで死者・行方不明者の総数は14万2800人とされてきたが、東大地震研究所によるその後の調査で10万5000余人と改訂された）

このうち震源地に最も近い神奈川県下での家屋倒壊数は、
家屋全壊：　　　　　　4万6719戸
家屋半壊：　　　　　　5万2859戸
　合計：　　　　　　　9万9578戸
その他津波による流失家屋：425戸

とりわけ横浜市の状況は、直後に安河内麻吉《やすこうちあさきち》神奈川県知事が内務大臣に出した次のような報告書によれば、まさに「全滅」という他はない。
「煙に巻かれ、熱さにたへずして、海中に飛び込み溺死した者も少なくない。その惨状、真に筆紙《ひっし》に尽し難く、その被害程度の如きも未だ調査することは出来ぬが、戸数八万五千中、殆《ほとん》ど九分焼失又は倒潰《とうかい》。死者約十万、負傷者は無数であらうと思はれる」

その後の調査によれば、

横浜市人口：　約43万9000人

死者：　　2万6623人

傷者：　　4万880人

というデータがある。

相模湾の向かい側に当たる房総半島を抱えた千葉県の被害も甚大である。「房総半島先端は震源地からの激波を直接受け、東京湾への衝撃を緩《ゆる》める役割を果たす位置にある。結果、倒壊家屋数は東京に匹敵するものとなった。とりわけ、館山湾内の沿岸各地の被害は目を覆うばかりであったという。

家屋全壊：　　1万2894戸

家屋半壊：　　6204戸

合計：　　1万9098戸

埼玉県下の被害状況は、

家屋全壊：　　4729戸

家屋半壊：　　4348戸

静岡県下では、
家屋全壊：　２３８３戸
家屋半壊：　６３７０戸
などとなっている（国立科学博物館地震資料室、日本地震工学会ＨＰなど）。

東京の被害状況

では、東京はどうだったのか。
東京府が府制を敷いて帝都と呼ばれたのは、明治改元以来である。大正期の東京府は、中心部の東京市内と周辺の郡部によって構成されていた。念のため、当時の区部を列挙しておこう。
麹町《こうじまち》区、神田区、日本橋区、京橋区、芝区、麻布《あざぶ》区、赤坂区、四谷区、牛込区、小石川区、本郷区、下谷《したや》区、浅草区、本所区、深川区の十五区である。
東京市区部の総被害状況は以下のとおりである。
死者：　５万８１０４人（本所、深川、両区の死者：５万１１６８人）
全半焼家屋：　１３８万３８４９戸
倒壊家屋（焼失しなかったもの）：１万１８４２戸

合計：　　　　　　139万5691戸

行方不明（大正十四年五月現在）：1万556人（内務省調査資料、『東京府大正震災誌』など）

渋谷駅附近も新宿駅附近も当時は東京市外で郡部の渋谷町、新宿町と呼ばれていた。その東京市の被害状況は、山の手の台地では軽く、人口密集地でかつ軟弱な地盤をもつ下町の災害は比較にならないほどの大きさを示した。

手許にある『最新大正大震災被害明細・東京市全図』（鳥居政豊著、大正十三年四月二十日改訂版）によれば、震災による焼失町名には驚くべき記述が並んでいる。

［日本橋区］　全部焼失
［京橋区］　全部焼失、但し浜離宮《はまりきゅう》及び佃島《つくだじま》の一部を除く
［神田区］　全部焼失、但し和泉《いずみ》町一部及び佐久間町一部を除く
［深川区］　全部焼失
［本所区］　全部焼失、但し向島須崎町一部及び向島請地町《むこうじまうけちまち》の一部を除く
［浅草区］　全部焼失、但し浅草観音及び伝法院等を除く
［麻布区］　焼失したる市街なし

［芝区］　芝口三丁目迄、汐留《しおどめ》町一、二丁目、烏森《からすもり》町、金杉町、田村町、愛宕《あたご》町、琴平町、浜松町、桜田町全域、二葉町、三田松坂《みたまつざか》町他多数

［四谷区］　新宿三丁目一部、旭町一部

［下谷区］　上野広小路、上野町一、二丁目、東黒門《くろもん》町、西黒門町、上野公園一部、下谷町一、二丁目、御徒町《おかちまち》三、四丁目、車坂《くるまざか》町、三ノ輪町、龍泉寺《りゅうせんじ》町、池之端仲町、坂町、南稲荷《いなり》町、北稲荷町、入谷《いりや》町一部他

［麹町区］　麹町五丁目迄、飯田町一、四、五、六丁目、一番町、上二番町、下二番町一部、三番町一部、富士見町一部、平河町四丁目迄、隼《はやぶさ》町一部、有楽町警視庁数寄屋橋《すきやばし》方面、内幸《うちさいわい》町一部、大手町一、二丁目、元園《もとぞの》町一丁目、同二丁目一部、竹平町、道三《どうさん》町他

［本郷区］　本郷一丁目、同二丁目一部、春木町一、三丁目、本富士町一部、元町一、二丁目、東竹町、西竹町、湯島六丁目迄、湯島天神町三丁目迄、湯島新花《しんはな》町、湯島同朋《どうぼう》町、湯島三組《みくみ》町、湯島切通し坂一部他

［牛込区］　焼失市街なし、但し士官学校一部焼失

［赤坂区］　溜池《ためいけ》町、田町三から七丁目迄、新町二、三丁目一部、同四丁目、霊南坂《れいなんざか》町、榎坂《えのきざか》町一部、葵町一部

［小石川区］　諏訪町、新諏訪町、江戸川町一部、音羽町九丁目、大和町、桜木町、小石川町

ここで分かるのは、下町の地盤が軟弱だった地帯とその接点にある区域に被害が多い点である。郡部でも下町との接点地域は被害が多く、山の手の市街地になるほど被害が少ないのが特徴的だ。以下、郡部を点で見てみると、その結果が明らかである。

北豊島《としま》郡日暮里《にっぽり》町（全壊四百八十二）、三河島町（全壊一千七百二十九）、王子町（全壊一千二百五十四）、南葛飾《かつしか》郡亀戸《かめいど》町（全壊四百五十一）、大島《おおじま》町（全壊五百四十）、砂町（四百九十九）

という数字に比べて、

荏原《えばら》郡馬込《まごめ》町（全壊七十五）、目黒町（全壊四）、玉川村（全壊七）、豊玉郡中野町（全壊十四）、井荻《いおぎ》村（全壊十）、高井戸村（全壊六）、淀橋町（全壊三十三）、渋谷町（全壊三十三）、北多摩郡府中町（全壊三）、保谷《ほうや》町（全壊六）、千歳《ちとせ》村（全壊十一）

山の手郡部の被害は少ない。

そのうえで、震災当時の東京における人口および在日した朝鮮人の人口がどうであったかという記録が極めて重要になってくる。

東京市十五区部人口：約226万5000人

郡部人口：約174万人
合計：　　約400万5千人
在日した朝鮮人人口：約8万617人（内務省警保局統計）

在日朝鮮人の数

このうち、当日、東京には何人いたのか——震災時の東京にどれくらい朝鮮人が在住していたかを正確に調査することは、甚《はなは》だ困難な作業である。

在日人数八万余とされる根拠は次のような資料に基づく。

「虐殺」があったことを前提にして刊行された『現代史資料6　関東大震災と朝鮮人』（みすず書房／姜徳相《カンドクサン》、琴秉洞《クムビヨンドン》編）によれば、「政府による事件調査」という章で「朝鮮総督府官房外事課」があげた数字を示し、これを根拠としている。同書による「政府調査」報告は以下のとおりである。

「従来朝鮮人が内地へ渡航するには旅行証明書の携帯を必要としたが、既に之を存置《そんち》する必要なきに至つたので、大正十一年十二月十五日限り之を廃止した。偶々《たまたま》其の際、鮮内米価下落に伴ふ農村不況の為、国語を解せぬ無教育で動《やや》もすれば節制を欠き勝《がち》な労働者が内地を黄金郷と妄想して漫然、出稼ぎのため渡航する者遽《にわか》に増加し一面鮮人労働者の賃金低廉なるを見込無鉄砲に団体募集を企てる者が簇出《そうしゅつ》した等の事情にて出稼者が激増した」

と状況の説明をしたうえで、次のような年次別数字をあげている。

年別	内地渡航者	帰還者	内地残留者
大正8年	2万6543人	2万8867人	▲2324人
大正9年	2万6417人	2万6205人	212人
大正10年	3万3510人	2万4116人	9394人
大正11年	7万4462人	4万6326人	2万4136人
大正12年	9万5359人	4万9870人	4万5489人

以上の統計から、内地残留者の総計が大正十二年当時、在日した朝鮮人の人数と思われる。この五年間の合計残留者は八万一千五百五十五人となり、先の内務省数字との誤差が多少あるが、なにしろ住所不定者が多かったため、調査は困難を極めた。

この数字は日本政府の統計によるものだが、「虐殺あり」を主張する幾多の関係書による在日人数はこれより多くなる。

最も肝心な問題は東京、横浜、埼玉附近に何人在留していたか、という数字の算出である。季節労働者であったり、職場の移動、住所不定者等が多かったため算出は極めて困難ではあるが、政府の計算では東京在住朝鮮人は約九千人で、うち労働者六千人、学生三千人とされている（『現代史資料6』）。ただし、「多くの虐殺があった」とする関係書では在日の全朝鮮人数と同様、これより多目の人数をあげる傾向があることを申し添えておく。

ここまで、全体像を見るうえで統計面からさまざまな数字を確認してきた。

この「九千人」プラス近県在住者（約三千人といわれる）を基礎数字としたうえで「虐殺」が実際にあったのか、あったとすれば何人なのか、地震で死んだ朝鮮人はいったい何人なのか、脱出して上海《シャンハイ》などへ逃げた者は何人いたのか——それらの数字と実態を精査し直さなければ、真相は永遠に浮かび上がらない。

横浜から始まった

「朝鮮人が襲撃する」という説は、まず横浜から始まったとされる。それは九月一日の夜が一番早い情報で、翌二日の昼過ぎから夜にかけて一挙に広まったという。

発端は、「朝鮮人がこの震災に乗じて、殺人、強姦《ごうかん》のうえ、井戸に毒を入れるらしい」という情報が流れてきたことによる。東京市内にそうした「流言」とされる情報が入ってきたのは、おおむね二日の夕刻以降だった。はたして、それは今日まで伝えられているように「流言蜚語」だったのか。無数の目撃談は幻を見たに過ぎないとでもいうのだろうか。

横浜における目撃者の談話から、その一端をみておきたい。

「一日の大地震に続く大火災に辛ふじて身を以《もっ》て免《まぬか》れた私は何等かの方法でこの悲惨極まる状況を知らしめたいと焦慮《しょうりょ》したが大崩壊に続く猛火には如何《いかん》ともすることが出来ず、二日まで絶食のままで諸々を彷徨《ほうこう》した。（中略）交通機関の全滅は元より徒歩さへも危険極まりない。況《いわ》んや不逞《ふてい》の鮮人約二千は腕を組んで市中を横行し、掠奪《りゃくだつ》を擅《ほしいまま》にするは元より、婦女子二三十人宛を拉《らっ》し来たり随所に強姦するが如き非人道の所行を白昼に行ふてゐる。これに対する官憲の警備は東京市と異り、軍隊の出動もないので行届かざること甚だしく、遂には監獄囚人全部を開放し看守の指揮によりてこれが掃蕩《そうとう》に当たらしめたので大戦闘となり、鮮人百余人を斃《たお》したが警備隊にも十余人の負傷を生じた模様である。以上の如き有り様なので食糧飲料水の欠乏は極に達し、然《しか》も救援の何ものもないので生き残つた市民の全部は天を仰いで餓死を待つばかりである」（大日本石鹸株式会社専務・細田勝一郎談「河北新報」大正十二年九月五日）

横浜では発火と同時に海岸通には時ならぬ大旋風が巻き起こり、人は立っていられないほどであった。崩壊したホテルや裁判所、入管管理事務所等から辛うじて避難できた者は八方から広がる火の手を避けて丘へ、線路へ、公園へと逃げた。だが、それでも退路を断たれた人を救ったのは、折から横浜港に停泊していた各国の船舶だった。

栈橋に停泊していた船は一旦、火炎から逃れて沖合いに碇《いかり》を降ろした。その後、各船舶は応急の救助ボートを岸壁に向かわせ、多くの罹災者《りさいしゃ》の救助に当たった。アンドレールボン号、エンプレス・オブ・オーストラリア号、パリー丸ほか日本郵船の丹後丸、三島丸、リマ丸、岩手丸、東洋郵船ではコレヤ丸、大阪商船のろんどん丸などである。

次は、横浜港からパリー丸に救助された判事の遭難記録と品川の住人の目撃談である。

「(二日朝) 岡検事、内田検事は東京から通勤して居たので東京も不安だとの話を聞いてから自宅を心配し初《ママ》めた。私も早く東京との連絡を執《と》らうと欲つて居たので若《も》し出来ることなら両検事と一緒に上京し司法省及東京控訴院に報告しやうと思ひ、事務長に向ひランチの便あらば税関附近に上陸し裁判所の焼跡を見て司法省に報告したい、と話したが事務長は『陸上は危険ですから御上陸なさることは出来ない』といふ。何故危険かと問へば『鮮人の暴動です。昨夜来鮮人が暴動を起し市内各所に出没して強盗、強姦、殺人等をやって居る。殊に裁判所附近は最も危険で鮮人は小路に隠れてピストルを以て通行人を狙撃して居るとのことである。若し御疑あるならば現場を実見した巡査を御紹介しませう』といふ」（「横浜地方裁判所震災略記」パリー丸船内、部長判事長岡熊雄）

「品川は三日に横浜方面から三百人位の朝鮮人が押寄せ掠奪したり爆弾を投じたりするので近所の住民は獲物を以て戦ひました。鮮人は鉄砲や日本刀で掛るので危険でした。其中に第三連隊がやってきて鮮人は大分殺されましたが日本人が鮮人に間違はれて殺された者が沢山ありました」（「北海タイムス」大正十二年九月六日）

こうした証言は、あげれば際限がないほど多くを数える。だがこれに反し、逆に日本人によって多数の「無実の朝鮮人」が虐殺されたのだと主張する説が長い間、歴史観の主流を占めてきた。

本書の主題はその真実に迫ることにあるが、その前提としてまず時間の推移に従って事件の背景を検証しなければならない。「虐殺」説の解剖はのちの章で行うことにして、ここはしばらく地震発生当時の、それぞれの体験記録を繰りながら話を進めたい。

芥川龍之介の憤怒

大正時代は日清《にっしん》、日露《にちろ》の戦役で勝利したあと、第一次世界大戦への参加による思わぬ国《こく》威発揚《いはつよう》も相まった幕開けとなった。ために、庶民の夢は大いに膨らみ、民本（民主）主義が台頭し、西欧の影響を受けた絵画、文学、哲学などの開花が見られた時代でもある。

だが、大正六（一九一七）年二月にロシア革命が発生すると、ボルシェヴィキ指導による共産主義の出現がわが国にも大きな衝撃波となって襲ってきた。その波は大きく分ければ、中国奥地から上海を通過するルートと、朝鮮半島を経由して上陸してくる二つのルートで押し寄せてきたのだ。

大正ロマンと呼ばれるモダニズムの高揚や耽美的《たんびてき》な風潮は、こうした時代背景を負って詩歌《しいか》や美術などに表れた刹那《せつな》の個人主義に通底したものともいえよう。

「いのち短し　恋せよ乙女《おとめ》……」の『ゴンドラの唄』（大正四年）、「おれは河原の枯れすすき……」の『船頭小唄』（大正十年）、「逢いたさ見たさに怖さを忘れ……」の『籠の鳥』（大正十二年）――と震災期に歌われていたヒット歌謡をみれば、「ロマン」の香りと社会不安のアンビバレントが自《おの》ずとうかがえるような気がする。

昭和二年、関東大震災の余韻も冷めぬ夏、大正時代の苦悩を一身に背負ったかのように芥川龍之介《あくたがわりゅうのすけ》が自殺した。大震災にも劣ることなくじわじわと迫っていた「不安」、それがロシア革命によってもたらされたものだということを、芥川は如実に悟って死を選択したのだった。震災直後の芥川の手記である。

「僕も今度は御他聞に洩れず、焼死した死骸を沢山見た。その沢山の死骸のうち、最も記憶に残つてゐるのは浅草仲店の収容所にあつた病人らしい死骸である。この死骸も炎に焼かれた顔は目鼻もわからぬほど真つ黒だつた。が、湯帷子《ゆかたびら》を着た体や瘦せ細つた手足などには少しも焼け爛《ただ》れた痕《あと》はなかつた。（略）

僕はこの死骸をもの哀れに感じた。しかし妻にその話をしたら、『それはきつと地震の前に死んでゐた人の焼けたのでせう』と云つた。成程さう云はれて見れば、案外そんなものだつたかも知れない。唯《ただ》僕は妻の為に小説じみた僕の気もちの破壊されたことを憎むばかりである」

「僕は善良なる市民である。しかし僕の所見によれば、菊池寛《きくちかん》はこの資格に乏しい。戒厳令《かいげんれい》の布《し》かれた後、僕は巻煙草《まきたばこ》を啣《くわ》へたまま、菊池と雑談を交換してゐた。尤《もっと》も雑談とは云ふものの、地震以外の話の出た訳ではない。その内に僕は大火の原因は〇〇〇〇〇〇〇だささうだと云つた。すると菊池は眉を挙げながら、『嘘だよ、君』と一喝した。僕は勿論さう云はれて見れば、『ぢや嘘だらう』と云ふ外はなかつた。しかし次手《ついで》にもう一度、何でも〇〇〇〇〇はボルシエヴイツキの手先ださうだと云つた。菊池は今度も眉を挙げると、

『嘘さ、君、そんなことは』と叱りつけた。僕は又『へええ、それも嘘か』とたちまち自説（？）を撤回した。

再び僕の所見によれば、善良なる市民と云ふものはボルシエヴイツキと〇〇〇〇との陰謀の存在を信ずるものである。もし万一信じられぬ場合は、少なくとも信じてゐるらしい顔つきを装はねばならぬものである。けれども野蛮なる菊池寛は信じもしなければ信じる真似もしない。これは完全に善良なる市民の資格を放棄したと見るべきである。善良なる市民たると同時に勇敢なる自警団の一員たる僕は菊池の為に惜まざるを得ない。

尤も善良なる市民になることは、――兎《と》に角《かく》苦心を要するものである」（「ドキュメント関東大震災」）

伏字部分（〇〇〇〇は原文のママ）は、現代史の会編『ドキュメント関東大震災』（草風館）ほか関係資料によれば、朝鮮人を指す蔑称《べっしょう》が入るものと思われる。芥川龍之介は、大火の原因を一部朝鮮人の犯行と見ていたようである。

芥川龍之介は菊池寛に対する激憤の行方として、自死を選んだように思えてならない。死因は時代への絶望だとされるのが一般的な解釈だが、それは決して軽いものではないことがうかがえる。また「市民」という新たな概念を芥川が使っている点を考えると、芥川にも大正デモクラシーの影響が及んでいたことも否定できない。だが、「デモクラシー」の中身にロシア革命の影響が含まれるとすれば話は別だ。

いずれにせよ、勃興《ぼっこう》する共産主義の南下を芥川のように日本の危機とみる時代認識抜きには、大正という時代は考えられないのではないだろうか。

灰燼と果ててゆく東京市はまだまだ延焼が止まらぬまま、二日目を迎えていた。

八十三カ所から一斉に出火した火災は翌日の夕刻まで燃え続け、帝都の二分の一近くを焼き尽くしてようやく鎮火した。もはや燃えるべきものがなくなったからである。甘美《かんび》な香りを漂《ただよ》わせた大正ロマンは、一瞬の命を燃え尽きさせて炎に包まれたのだった。

「まえがき」でも述べたように、韓国の報道機関などでは「関東大震災はホロコーストだった」などと妄言《もうげん》を垂れ流しているが、日本国内でも似たような現象が発生している。

二〇一四年四月に刊行された『九月、東京の路上で』(加藤直樹著)は、サブタイトルに〝1923年関東大震災　ジェノサイドの残響〟などと謳《うた》っており、韓国報道機関と変わらぬ反日トンデモ本と言わざるを得ない。

いちいち相手にして反論する紙幅はないのだが、一点だけ芥川龍之介に関し、重大な誤読があるので指摘しておきたい。

先に述べたように芥川は盟友・菊池寛に、関東大震災の大火の原因は〇〇(原文は時節柄伏字だが、要するに朝鮮人による放火だという意味）だそうだ、と語ったところ、「嘘だよ、君」と否定されボルシエヴイツキの手先だそうだ、とも言ったが、また「嘘さ」と相手にされない。

いかに友人・菊池寛といえども、芥川の憤怒《ふんぬ》は収まりがつかなかった。このようなデモクラシーを謳歌《おうか》する時代の潮流に芥川の絶望の一端があったのではないか――と私は述べたのだ。

ところが、意図的なのか文学への理解力不足によるものかは知らぬが、加藤直樹氏は、

「菊池寛といえば芥川の盟友である。――菊池寛への憤怒が芥川自殺の原因だったとか、芥川が『共産主義南下』を日本の危機と見ていたとか――もはや日本近代文学史を大きく塗り替える革命的珍説としか言えない」

と、芥川の自死の原因を読み切れない。表層的な誤読により、芥川が覚えた大正デモクラシーがもつ本質的な恐怖感を理解できず、結論だけジェノサイドへ導こうとする。

さらに、同書『九月、東京の路上で』のオビ惹句《じゃっく》は次のようになっている。

「朝鮮人あまた殺されその血百里の間に連なれり　われ怒りて視る、何の惨虐ぞ　萩原《はぎわら》朔太郎《さくたろう》」

著者は朔太郎のこの一文を見つけてさぞ小躍りしたことだろうが、それは早とちりというものだ。

たしかに萩原朔太郎全集（筑摩書房刊、第三巻）で、同文は「近日所感」と題されて掲載されている。だが、萩原朔太郎は「事件」そのものを見たわけでも調査したわけでもない。彼は当時、群馬県前橋市に住んでいたが、東京の親戚を見舞うため徒歩で中山道《なかせんどう》を上る際に耳にした噂話を、散文詩として雑誌（大正十三年二月号『現代』）に発表したに過ぎない。ノンフィクションではないことをまず断っておきたい。

あたかも目撃し、流血を見たかにように書いてあるのはすべて詩人の想像の領域である。群馬県では藤岡事件という「朝鮮人殺害事件」が発生し、緊張していた自警団によって十七名が殺害されるという事件がたしかに起こっている。

だが、この十七名は無職、住所不定なのにポケットから銀の懐中時計が出てきたり、行動に不審な点があったことが裁判記録から判明している。自警団は「井戸に毒を入れた」「強盗を働いた」等の理由で殺害したとされる。

裁判の結果、殺害は過剰防衛と判断され、三十七名が逮捕、起訴された事例である。真相はさらに解明を要する課題で、日韓両国で協力して精査されるべきとは考えるが、だからと言って、萩原朔太郎の雑感をそのまま真実と思い込み、オビ惹句に使われるのは、いかにも韓国仕込みのプロパガンダ臭紛々《ふんぷん》とする左翼ヒステリー本、とだけ付け加えておきたい。

江戸の崩壊

すでに東洋一の大都市圏として栄えていた東京・横浜一帯は、瞬時にして崩壊してしまった。見渡す限りの焼け野原になった東京を見て、人々は名状《めいじょう》しがたい国難の恐怖を感じ取ったに違いない。それまでが、ロマンの甘い香りに満ちているかのような幻想時代であればなおさらのことだった。

見方を変えれば、江戸の消滅を目《ま》の当たりにするような末世を感じさせたのがこの大震災だった。記録によれば、「江戸三大地震」というのがある。

慶安二（一六四九）年六月二十日（午前二時頃）

元禄十六（一七〇三）年十一月二十三日（午前二時頃）

安政二（一八五五）年十月二日（午後十時頃）

この三回の大地震の恐怖は江戸から明治を経て、大正時代の人々の耳にも伝わっていた。慶安の地震では倒壊家屋は多数あったものの、死者は数百人に留まった。僅《わず》かに江戸城二の丸の石垣が壊れたり、東叡山《とうえいざん》大仏の頭部が落ちたといった被害が記録されている。被害は比較的軽微といえた。

これに比べると、元禄の地震の規模は大きい。桜田、芝新堀端《しばしんほりばた》、本所等では地割れがひどく、数寄屋橋見附の崩壊家屋での死者は四十人余に達した。市中の大名屋敷や町家の崩壊が夥《おびただ》しかった。

特に相模湾沿岸の被害が大きく、小田原、鎌倉等と江戸を合わせると死者は五千二百三十三人にのぼった。新井白石《あらいはくせき》の『折《おり》たく柴の記』に詳しい。

安政の地震はさらに被害甚大である。市中で最も被害の大きかったのが本所、深川、浅草等で、地盤の硬い山の手の被害は少なかったという点では今回の地震と似ている。死傷者は七千数百人、余震が続いた回数も百数十回に及んでおり、江戸町民の恐怖が長く続いたと『安政見聞録』などに記されている。

水戸藩江戸屋敷（現小石川後楽園《こうらくえん》）にいた徳川斉昭《なりあき》の側近、藤田東湖《ふじたとうこ》は火を消し忘れたといって屋敷に戻った老母を助けようとして、落ちてきた鴨居《かもい》を両手で支えた。鴨居は落下したが怪力を謳《うた》われた東湖、坐してなお背中で梁《はり》を支えつつ、片手で母を庭へ投げ出し助けた。だがその直後、襲った一震のため東湖は遂に圧死《あっし》する。尊王攘夷の士、藤田東湖は五十歳で震災に斃《たお》れた（高須芳次郎著『藤田東湖伝』）。

大正時代の地震学の泰斗《たいと》、今村明恒《いまむらあきつね》（東京帝大地震学教室主任代理）は九月五日の「東京日日新聞」で概略、次のような見解を表明した。地震そのものの再来はないとしたうえで、無用の憂いを取り除く民心安定を図った発言である。

「余しんはこの両日間経験せられた通りのことで、大きさと数とに於て次第に衰退しますので、斯の如き順序をとること学術的に言へば双曲線的に変ることは大地しんの通則でありますし心配する必要はありませぬ。（略）安政二年と明治二十七年との大地シンにより活動の勢力は消耗せられ、近く再び大地シンを起すべき余力なきことを認められて居ります」

一方、関東大震災は唯一の報道メディアである新聞社に壊滅的な打撃を与えた。

奇跡的にも社屋の消失を免れた「東京日日新聞社」だけが、紹介した五日付から正式に再発行の準備を整えられた。

それまでは号外、というより僅かな紙片で刷ったチラシのみが九月一日夕刻から発行された。情報を待ちわびていた市民の安堵感は一入《ひとしお》であったろう。

現在の「毎日新聞」（昭和十八年より）の前身である「東京日日新聞」は、当時としては新聞の体裁を最も早く整えていた情報発信源でもあったのだ。

市内十六の新聞社のうち、社屋の焼失を免れたのは「日日」以外には「報知新聞社」「都新聞社」のみである。

五日に必死の努力で発行された新聞は、しかし、床に散乱した活字、電気が十分に通じないために動かない印刷機、配達網の麻痺《まひ》、取材記者自身の被災など数多《あまた》の難関を乗り越えてのうえであった。したがって、活字に欠落が多く、号数もばらつき、その混乱ぶりと奮闘の様子が紙面を覆いつくしている。

それにしても、市民が得る情報は焼け跡に貼り出された新聞だけである。宅配などあり得ない惨状なのだ。新聞の宅配が不能になる状況は、近年の阪神淡路大震災や新潟中越地方の地震でも同様の事態があった。

ちなみに、ラジオ放送が開始されたのは、震災二年後の大正十四年夏からのことである。新聞から得る情報以外は、口コミだけだった。僅かな情報をもとに、「朝鮮人の襲撃」が口から口へと伝わるのは東京では震災翌日のこと、発信源と思われる横浜では一日の夕方から情報は広まった。

谷崎潤一郎

その横浜の壊滅ぶりを心《しん》から嘆いた谷崎潤一郎が書き残したものは、悲愴感《ひそうかん》漂うものがある。

谷崎の生家は東京・日本橋区蠣殻《かきがら》町二丁目（現日本橋人形町二丁目）で水天宮《すいてんぐう》の横にあり、いうまでもなく跡形もなく倒壊してしまった。間口の広い総二階建て土蔵造りの生家は、谷崎のもっとも誇りとする旧文化の名残《なご》りを留めるものだった。

谷崎はその当時、横浜市本牧《ほんもく》の家を引き払い、山手に移り住んでいたが、その日は箱根に遊んで、小涌谷《こわきだに》で震災に遭遇した。震源地に近い最大の危険区域である。箱根で仮の宿を取ったが翌日も横浜へは帰れず、一旦、単身で関西への避難を決め、芦屋《あしや》の友人宅に落ち着いた。本牧、山手ともに壊滅状態である。

日本橋も横浜も失った谷崎は、連載小説が途切れることをまず読者に詫《わ》びて次のように綴っている。

「横浜のおもひで――此の一篇を今は既に亡き数に入つた、あの港の知友に捧《ささ》ぐ
読者諸君にお詫びをしなければならないのは、さしあたつて今一と月の間、連載小説『神と人との間』の稿をつづけることが出来ないことである。何を云ふにも横浜にあつた家屋家財は悉《ことごと》く焼かれ、震災以後十二日目にやつと東京で家族に落ち合ひ、それから荻窪《おぎくぼ》の親戚や、大森の知人の家や、諸処方々へ泊り歩いて至る所に厄介をかけて、兎に角京都

に落ち着いたのが九月二十七日だつた。その間、殆《ほと》んど一ケ月に亘《わた》るあはただしい流転《るてん》の生活から漸《よう》く逃れたばかりの私は、すぐにあの稿をつづける気分にはどうしてもなれない。今の私の胸の中《うち》は、あのなつかしい港だつた横浜の思ひ出で一杯になつてゐるのである。東京のことはみんなが心配し、みんながいろいろの感想や意見を述べたが、東京以上にあとかたもなく滅びてしまつた横浜のことは、やや継子《まま》扱ひにされてゐる気味はないだらうか？　此の間船の上から始《ママ》めてあの港の廃墟を見たとき、私は不思議に涙が流れた。それほど私は横浜を愛してゐたのだつた」(「婦人公論」大正十二年十二月号)

ここまで感傷的な耽美派、大谷崎の文章はあまり知らない。

崩壊した横浜グランドホテル

東京の情報に限られがちななかで、九月七日の「東京日日新聞」は横浜の惨状の一端を知らせる記事を掲載した。一般的に東京の火焰地獄ばかりが言われるが、横浜の惨状はもっと多く知られるべきだろう。

「裁判長、検事正　みな圧死　横浜地方裁判所は執務中に全滅

末長横浜地方裁判所長、福鎌検事正以下四十有余名の判検事は、執務中全員圧死した。司法省では目下善後策《ぜんごさく》を講じてゐる」

昼食前の執務中、いくら忙しかったとはいえ沈着なはずの判事、検事たちが逃げる間もなく一挙に圧死してしまうほどの烈震が横浜を襲ったのである。続いて横浜市民を恐怖に陥《おとしい》れたのは、朝鮮人が襲撃するという情報だった。

「皆の視線は警察の方へと曲げられた。『あれ。泥棒が捕まへられて来た。』と老人が呟《つぶや》いた。私は『ハヽア。火事泥だらうな。』と思つて。気を附けて見ると、よく土方《どかた》等の被つてゐるリボンも何もない鍔広《つばひろ》のフエルト帽を被り、上は茶色の薄汚ないシヤツ一つで下に浅黄《あさぎ》の汚れた小倉《こくら》のズボンをはいた土方風の男が、若い人に右と左から手をとられて警察へ入る所だつた。後には警官がついてゐた。阿久津はすぐに席から駆け下りて様子を見に警察の中に入つていつた。しばらくして出て来て、『放火です。朝鮮人が放火したんです。』

放火と聞いて、私たちはゾツとした。又朝鮮人と言ふのを甚だ意外に思つた。私はカフエーの給仕《きゆうじ》だの、飴や筆を売りに来る行商人だのにいくらも朝鮮人を見てゐるが、いづれもおとなしさうな人の良ささうな者許《ばか》りだつた。（略）

あれ〳〵と言ふ中《うち》に、又一人連れて来られた。

『太い野郎だ。火つけ道具を持つてやがる。』と誰かゞ云ふ。成程彼の手には、五月のお節句にたべる熊笹で三角に長く包んであるちまきの様な格好のものを持つてゐた。『大方綿に石油を浸した物か何かゞあの中に入つてゐるんでせう。恐ろしい事をするやつがゐるなあ。』それからは、後から後から捕へられて来た。

その後に従《つ》いて来た私の知つてる少年が、『僕、彼奴の捕まる初めから見てゐたんだよ。彼奴、八丁目の材木屋の倒れ掛かつてゐる材木の中にもぐり込んで火を点《つ》けてゐる所を近所の子供に見付けられたんだ。中々捕まらないのをやつとの事で捕まへたんだよ。』と語つた。（略）

お向ふの家では、奥さんとお嬢さんとで雑巾を持つて板塀を拭いてゐた。私は一寸それが不思議に思はれたので失礼とは思つたが立ち止つて見てゐた。奥さん達は私に会釈《えしやく》して、『まあ。恐ろしいぢやございませんか。これが放火のしるしなんですと。そんな真似をされちやたまらないから、今一生懸命消している所なんですよ』私はその印を見せて貰つた。英語のKといふ字を左向きに書いたやうな、得体の知れぬ符牒《ふちよう》だつた。朝鮮の文字かも知れぬ、と後に成つて皆が云つてゐた。

私は先づ自分の家の塀をよく見たが、何も書いてなかつた。お隣りの塀を見ると、明らかに二個処《にかしよ》までも書いてあつた。私たちの声をきゝつけてお隣りの小母《おば》さんが家から出てきた。『小母さん。やられてますぜ』と私が云つたので、小母さんもびつくりしてその印を見てゐた」（『明治大正見聞史』）

横浜港の海岸通（山下町）にある横浜グランドホテルは明治六年の開業以来、繁栄する横浜のランドマークといっていい存在だった。

震災当時のグランドホテル社長ミッチェル・マクドナルドは、早めのランチにしようと彼の世話係をしていた日本人のボーイを呼んだ。

その瞬間、煉瓦《れんが》造りのアーチが崩れ落ちてきた。マクドナルドは小柄なボーイを抱きかかえるようにしたまま大音響とともに崩壊する煉瓦の山に埋まり、七十一歳の生涯を異郷の地で終わることになった。

ミッチェル・マクドナルド社長はラフカディオ・ハーンの親友だった。ハーンは来日して間もなくマクドナルドと知り合い、昵懇《じっこん》の間となったが、ハーンの死後は小泉家に残された遺稿や版権の管理などの面倒をみる親戚付き合いをしてきた。ハーンの死は明治三十七年である。

ハーンの長男・小泉一雄はその縁から横浜グランドホテルに勤務し、マクドナルドから英語やホテル経営学を学んでいた。独身だったマクドナルドは、ゆくゆくは一雄を後継者にするつもりもあって傍においておいたのかもしれない。

体が弱かった一雄はたまたま震災当日、信州の温泉で療養生活をしていた。そこへ号外が届き、横浜の惨状を知るや急ぎ横浜へ駆けつけたが、時既に遅かった。瓦礫《がれき》の山を呆然と眺めて立ち尽くす一雄の前で、マクドナルドの遺体が米極東艦船に積まれて本国へ運ばれて行く。

その後、横浜グランドホテルは再建されず、自然解散した。跡地に建てられたホテルの名は市民からの要望もあって「ホテルニューグランド」とされ、グランドホテルの伝統や面影を残すこととなった。昭和二年である。

そのホテルニューグランドは十八年後の空襲にも今度は耐え抜き、戦勝将軍マッカーサー元帥の宿舎となる。厚木に降りた昭和二十年八月三十日から数日ののちのことである。

飛行機で足で取材

新聞各社は取材の足に支障をきたし、機能が麻痺していた。電信電話回線はほとんど壊滅、鉄道交通も大部分が不通または混乱をきわめており時間が測れない。

そこで考えられたのが、ようやく技術開発され始めていた航空写真を撮りつつ、帝都を空から取材する案だった。

大阪支社にいた「東京日日新聞」の三好記者は、名古屋の第三師団に頼み込んで飛行機に同乗させてもらった。東京へのルートはこれ以外に考えられなかった。第三師団の了解が得られ、各務原《かかみがはら》飛行場（岐阜県南部）から空の取材に飛び立った。

陸軍が各務原飛行場を開設したのは大正六（一九一七）年だった。以下はその興奮ぶりを伝える記者の報告の一部である。


「東京が孤立に陥《おちい》つて通信機関も交通機関も全く杜絶《とぜつ》されて了《しま》つた。最後に残されたのは空の方面があるばかりである。記者は井上第三師団長の代理として佐藤大尉が飛行機で東上するとの話を聞き、同師団の同情に訴へ、二日午後三時五分絶好の飛行日和《びより》、下界はるかに御殿場辺りが惨タンたる有様を呈してゐる。機は横浜の空に現はれし時、横浜全滅とは大阪でも聞ひて来たもの丶、斯《か》くまでとは思はなかつた。まるで蚊いぶしをした後の灰が横浜全市にふりまかれて家が影を没したとしか思へない。

我が眼前に現はれた東洋一の大都新興日本の首府たる東京が僅か半日の地シンでこんな有様にならうとは一日の正午まで誰が思つたであらう。鬼神の息のやうに見ゆる黒エンが帝都の空を掩《おお》ひ本所、深川、日本橋、京橋、浅草はすつかり焼土と化し、人間の知恵の浅墓《あさはか》なことを嘲笑《ちょうしょう》するやうに帝都の大半は大地が赤い舌を出してゐる。丸の内の目標となる帝劇や警視庁は影を没し、銀座通りは何処であつたかわからなくなり、東京駅ばかりがちよこなんと座つてゐるのが燐寸《マッチ》箱を横にしたやうにしか見へない」（「東京日日新聞」大正十

二年九月四日）

「東京朝日新聞」は壊滅的打撃を受け、発行不能に陥っていた。そこで記者たちはどうしたか。電信も電話も不通、飛行機は飛び道具としては有効だが、鳥瞰《ちょうかん》はできても現場の詳細は見えない。脚力に自信のある者は歩きに歩いた。歩いて横浜まで行き、そこから神戸へ向かう郵船貨物船「岩手丸」に乗せてもらい、「大阪朝日新聞」に原稿を届けた。またある記者は厚木から東海道をひた走り、沼津まで行くと通じる電話に遭遇し、ようやく大阪へ送稿できたのだった。これはそうした記者の奮戦ぶりを伝える記事の一端である。

「激震猛火の東京を後にして一日午後京神街道を只平常の健脚をたよりにヒタ走りに走つた。我等記者二人は横浜より陸路汽車が不通なら便船に乗じて清水港に上陸して大阪本社に電話をする念で頭が一杯だつた。横浜に近着いた時には既に全市街が紅蓮《ぐれん》の焰で包まれてゐる真最中であつた。馬車道交差点へ出ると一台の電車が車体だけ焼け残つてゐる。その前後に三四人乗客らしい人が真つ黒焦げになつたまゝ倒れてゐたが正視するに忍びない。

税関近くのさる会社らしい建物の入口の石段には逃げ遅れた女事務員らしい姿の若い女が殆ど真裸のまゝになつて悶死《もんし》し果ててゐる。此の時餓死に瀕してゐる避難民を救助しやうと波止場人夫《はとばにんぷ》が決死隊を組織して、半ば海へのめり込まうとしてゐる五号上屋《うわや》へ入つて香港辺りから来たらしい立派な瓶に入つた飲料やら果物類を箱を破つてはどんどん持出し公園の方へ走つて行つた」（東京朝日新聞羽田三吉記者「大阪朝日新聞」大正十二年九月五日号外）

　この記者はサンパンと呼ばれるはしけに辛うじて飛び乗り、「岩手丸」に拾われて四日、神戸港に到着した。横浜港内のランチやボート類は、すべて罹災者を運ぶため超満員の状態だったという。

「東京朝日新聞」にはまだ健脚がいた。飛脚のような記者は東京を脱出するや、厚木街道から藤沢を経て沼津まで走り続けた。

「藤沢は全町家屋全く倒壊し、停車場、郵便局、町役場等無数に倒れ街道筋は屋根伝ひに行くの外はない。鎌倉、片瀬、鵠沼《くげぬま》、腰越《こしごえ》各海岸の被害は何《いず》れも藤沢以上で殊に二丈余の大海嘯《かいしょう》（注・津波の意）襲来し、死体は海岸に晒《さら》されてゐる。平塚大磯間では国府津《こうず》から来た汽車が畑の中に転落し乗車中の米国大使館附武官と独逸《ドイツ》大使館書記官二氏を始め二十六名即死した」（東京朝日新聞野田特派員「大阪朝日新聞」大正十二年九月五日号外）

もう一例、ある写真師の奮闘ぶりを紹介しておきたい。

カメラマンでも写真家でもない、町の写真師で生涯を終わった工藤哲朗は、青森県三戸《さんのへ》郡五戸《ごのへ》村で明治二十三（一八九〇）年に生まれた。「凶作は二年に一度、五年に一度は大きく、十年に一度は大飢饉《ききん》」といわれる土地をあとにした彼は、札幌へ出て写真館で修業を積んだあと、上京した。震災の年、工藤哲朗は三十三歳である。

地震が起きたときは、陸軍飛行学校のある所沢飛行隊で写真技師として勤務していた。地鳴りがするので遠くに目をやると、彼方の畑が波打って揺れ、確実に迫ってくるではないか。日本の航空写真の草分け的な存在であった彼は翌二日、東京市からの依頼を受け、震災直後の偵察飛行に飛び立った。

「写真を撮るなら空から行くしかない」

千葉県四街道《よつかいどう》に妻や娘を住まわせていた彼は、家族の安全だけを確認するや航空写真の機材一式を積み込んで、機上から下町の各地を綿密に撮影した。以前、陸軍がフランスの航空技術者を呼んだ時、本格的な航空写真技術を習得したのが役立ったのだ。現代とは比較にもならないが、飛行機のスピード、風の方向、機体の傾斜角度などを計算して撮影するというものだった。それも機体から半身を乗り出しての危険な撮影である。こうした震災時の航空写真は、調査資料や復興計画などに役立った。

翌日からは腕に陸軍の腕章、足にはゲートルを巻いて本所被服廠跡や上野、浅草、吉原《よしわら》などを歩き回り、異臭を放つ光景をくまなく写真に収めた。

「もうこんな阿鼻叫喚《あびきょうかん》を撮るのは嫌だ」

人格を変えるよう自分を騙すつもりでもなければ、とてもシャッターは切れないと思ったという。だが、自宅へ戻って現像すれば、暗室にあの生き地獄が現像液のトレーから再現されて浮かび上がってくる。彼はそうした凄惨《せいさん》な写真はしまい込んで、長い間、手を触れようとしなかった。

震災後の昭和四年、その工藤哲朗が両国の国技館そばに開いた写真館は、相撲写真館として一時代を築いた。両国一帯の下町を写真の舞台にした彼は、震災と東京大空襲をくぐり抜けた写真師であった。

手書きの号外

震災当日、崩壊した「東京朝日新聞」はもとより「東京日日新聞」も号外がようやっとだったことは述べた。

東京は無理だったとしても「大阪朝日新聞」はどうしたか。九月二日、日曜日の朝刊二面にようやく突っ込んだような小ぶりの震災記事を掲載できたのが第一報であった。

それを見る限りでは、だいぶ大きな地震が東海道方面を襲ったらしいこと、その結果、地滑りが起きて列車が沼津地方で不通となっている、電信電話が東京とは通じないことなどが初めて知らされた。

「一日正午前後より約五分間乃至《ないし》七分間に亘つて、東海道沼津附近を中心として近来稀有《けう》の強震あり、東海道線鈴川駅附近に地辷《すべ》りを生じ路線を破壊して列車不通となり。午後二時四十分（注・九月一日）大阪運輸事務所に入つた情報によると、東海道線鈴川富士両駅間の潤川？《ママ》鉄橋に地震のため大故障を生じ東海道線は上下二線とも一両日間開通の見込みが立たない」

といった情報が伝えられたに過ぎない。

だが、大阪、京都でも「激しい地震が市民を驚かした。近来稀《まれ》な地震で時計は停り、手《ちょ》水鉢《うずはち》の水は躍りだし市民は悲鳴を挙げて戸外へ駆出した」というから揺れるには揺れたのだろうが、東京、横浜などからみれば悠長なものといえよう。

だが「大阪朝日新聞」は本紙と別進行で、一日のうちに四号までの号外を出している。時間を経た最終号外では、

「東京全市に大火起る　倒壊家屋多く市中大混乱（名古屋電話）　名古屋運輸事務所から大

阪駅に達した情報によると、東海道線御殿場駅から駿河《するが》駅に至る間の震災甚《はなはだ》しく、家屋全部倒壊し死者六、七百名に達する見込みである」

と、事態の容易ならざる状態をようやく通じた名古屋からの電話をもって大阪市民に告げたのだった。この日以降、「大阪朝日新聞」は東京、横浜はじめ関東一帯の壊滅的な実態について、自動車などを乗り継いで必死に入京した記者の報告を交えて克明に報じている。

ところが、「東京朝日新聞」がようやく号外を刷れたのは四日のことだった。それも手書きの謄写版《とうしやばん》印刷である。いわゆる「ガリ版」を切って、必死に手で刷っている記者の姿が浮かんでくる。その謄写版「東京朝日新聞の号外」は手書き文字でこう書かれている。

「東京朝日新聞社は地震には大丈夫であったが、真夜中火災に罹《かか》り新聞発行が不能となったが、帝国ホテル内に仮事務所を置き、四日から毎日数回号外を発行して特報する事となった」

として、

「電燈と水道　山手一帯（牛込、四谷、新宿、赤坂方面）は四日夜から送電の予定。水道は二、三日中に送水の見込み」

「救助米続々来る　隣県各地及び関西方面から米其の他の食料品を続々輸送して来て居るから、飢餓のおそれは決してないから安心せられたい」

「死者調べ　死者　二万余　重傷者　三十万余　其他傷病者は無数で見込み立たず」

こうした手書きの号外も含めて、インターネット、テレビは言うに及ばずラジオもまだない時代の情報伝達には、新聞がいかに大きな比重を占めていたかが分かるというものだ。その新聞自体が電信電話は不通、鉄道網や道路が壊滅となると取材・情報の入手に破綻《はたん》のないはずがない。伝書鳩《でんしょばと》や実用化が始まったばかりの航空機という空を行く飛び道具の活躍もまた見逃せない時代であった。

猛火のなかの親任式

この震災で江戸が崩壊したと先に述べた。少なくとも、関東大震災が時代の大きな潮目となったことは疑いようもない。都市の「型」が変わったといってもいいだろう。

都市文化の変容をもたらした関東大震災は、震災後には地震に強いのを売り物とする「同潤会《どうじゅんかい》アパート」を市内各所に建造させた。近代的なアパートの出現は新しい家庭像を生み、サラリーマン家庭のための住宅は地盤に不安の少ない郊外の私鉄沿線などに造られるようになってゆく。そうした新しい都市計画が姿を見せるのは大正十三（一九二四）年から昭和初頭にかけてで、瞬く間に東京の容姿を大きく変貌させた。

だが、変わったのは住宅やビルや道路といったハード面だけではない。国家が置かれた四囲の環境からも、内側から変わらざるを得なかった時代でもあった。

その予兆は九月一日以前に始まっていた。

大正十二年八月二十四日、時の首相・加藤友三郎《かとうともさぶろう》が急死したのである。前年の六月、高橋是清《たかはしこれきよ》内閣が、立憲政友会の内紛に基づく閣内不統一で瓦解《がかい》したのを引き継いでの組閣だった。高橋内閣は僅か半年足らずでの降板だった。

しかも震災の一年十カ月前、大正十年十一月四日には原敬《はらたかし》首相が東京駅で暗殺されるという事情が背景にあった。そのあとを継いだ高橋是清が半年で瓦解とあっては、国民に政治不安が広がらないほうが不思議だろう。

その政治不信の只中でまたまた加藤首相の病死とあって、大正十二年の夏、国政は極めて不安定、国民の政治への憤懣《ふんまん》は頂点に達していたといってもいい。

日露戦役では輝かしい軍功を見せた海軍大将・加藤友三郎（没後、元帥）の葬儀の準備が進んでいる一方で、次期首相として海軍大将・山本権兵衛《やまもとごんべえ》に二度目の大命が降下した。大正十二年八月二十八日午後である。だが、新聞も国民もこの三日後に起きる地獄の災厄を誰一人として知る由《よし》もない。

「二十七日西園寺《さいおんじ》公より御下問に対し山本権兵衛伯を奏薦《そうせん》したる結果、徳川侍従長《じじゅうちょう》は二十八日午後三時十分、山本伯を高輪《たかなわ》の自邸に訪問、聖旨《せいし》を伝へた。その結果山本伯は午後四時卅四分赤坂離宮に伺候《しこう》、摂政宮《せっしょうのみや》殿下に拝謁《はいえつ》親しく後継内閣組織の大命を拝し、数日間の御猶予を乞ふて御前を退下《たいげ》した」(「東京朝日新聞」大正十二年八月二十九日)

これで分かるように、山本権兵衛にしても突然の大命降下だっただろう、組閣に数日の猶予を賜《たまわ》りたいと摂政宮(皇太子・裕仁《ひろひと》親王)に言上《ごんじょう》した。これより先、八月二十五日からは臨時首相として前内閣の外相・内田康哉《うちだこうさい》が任命され、急場を凌ぐ緊急避難措置がとられていた。

この時代は通常の流れとして、天皇の諮詢《しじゅん》に答える形で首班候補を西園寺《さいおんじ》など元老《げんろう》が奏薦し、大命降下となる。明治天皇が任命した元老は、伊藤博文《いとうひろぶみ》、黒田清隆《くろだきよたか》、山縣有朋《やまがたありとも》、松方正義《まつかたまさよし》、井上馨《いのうえかおる》、西郷従道《さいごうつぐみち》、大山巖《おおやまいわお》、桂太郎《かつらたろう》、西園寺公望《きんもち》の九名であった。

このうち、老衰が進み震災翌年に死去する松方正義を除いて、生存する元老は西園寺のみであった。西園寺は御召し直前に松方の同意を取り付け、ご下問あれば山本の名を挙げる用意をしていた。

西園寺と山本の関係はこれまでも決して良好ではなく、山本が元老に推挙されるたびに西園寺が反対したといわれてきた。だが、この内閣崩壊が続く政局不安定な時期にあたって、西園寺にも他の手立てはないように思われた。摂政宮時代を通じて昭和天皇の傍に寄り添い続けた元老として、西園寺の宮廷内での存在感が顕著になるのはこのあたりからである。

さて、組閣の準備に取り掛かっていた山本権兵衛だけが、驚天動地の大地震からひとり逃れられるわけはない。山本自身が身の危険に晒されたのは、組閣のため芝の水交社《すいこうしゃ》に平沼騏一郎《ぬまきいちろう》を呼び込んで話し合っていた瞬間だった。

初期の揺れで二階部分が崩壊し、山本は側近に付き添われて壁際に逃げたものの軽度の損傷を負った。裏庭から脱出した山本は心配する周囲に、

「君たちこそどうだね、アッハッハッ」

と平気を装っていたものの足を曳《ひ》きずっていたという。組閣交渉はかくして一、二名を残してずれ込む。明けて九月二日、新内閣の閣僚がようやく決まり、親任式の準備に入った。

摂政宮は当時、赤坂離宮から宮城へいわば「出勤」して公務をこなしていた。馬車の朝もあれば自動車の朝もある。二日の親任式は赤坂離宮へ山本以下が参内《さんだい》、午後七時から夕闇迫る帝都に黒煙が上がるのを眺めながら行われたのだった。新聞によれば、

「猛火中の親任式　摂政宮には前庭の四阿《しあ》に御野立《のだて》あらせられ、七時半親任式を行はせられた」

とある。四阿とはいわゆるあずまやである。まだ余震が周期的に襲ってくる。庭のあずまやでもなければ、安心して摂政宮を親任式に臨ませるわけにはいかなかっただろう。

降って湧いたような天災に見舞われた「震災対策内閣」の主要閣僚の顔ぶれは次のとおりとなった。首相、外務大臣は山本権兵衛、内務大臣・後藤新平《ごとうしんぺい》、大蔵大臣・井上準之助《いのうえじゅんのすけ》、陸軍大臣・田中義一《たなかぎいち》、海軍大臣・財部彪《たからべたけし》、逓信大臣・犬養毅《いぬかいつよし》、司法大臣・平沼騏一郎といった顔が揃った。

実は、この組閣の遅滞のために結果的には摂政宮が地震の直接的な被害から免れることができたという僥倖《ぎょうこう》もあった。八月末までに組閣が終わって親任式が済めば、摂政宮は箱根宮ノ下の御用邸に行幸《ぎょうこう》が決まっており、そこでの夏休みが予定されていた。

箱根が壊滅的打撃を蒙《こうむ》ったことは先に述べたとおりである。

このとき、大正天皇はご不例中であり、日光田母沢《たもざわ》の御用邸に滞在していて無事だった。

時代は労働力不足という問題を抱え、併合した朝鮮半島からは大量の朝鮮人が流入していた。第一次世界大戦後に開かれたワシントン会議でのアメリカの強硬姿勢によって、大正十二年の四月からは「石井・ランシング協定」(中国における日本の特殊権益を保証するもの)が廃止され、日本の権益が大幅に削減されたばかりである。

このようにして、内外に国民の憤懣は確実に蓄積されていた。そこへ起きたのがこの関東大震災であった。火焔のなかに聞けば、朝鮮人が大挙して襲ってくるという。嘘か真《まこと》か。唯一の情報源の新聞にも、九月三日になると「不逞《ふてい》鮮人各所に放火」「鮮人、至る所めったぎりを働く」(いずれも「東京日日新聞」)という記事が登場し、国民の前に明らかになる(第四章で詳細を紹介)。これが国難でなくて何であろうか。

次の章では、大正時代そのものの姿かたちを、大正天皇と皇太子・裕仁親王を軸に据えながらみておきたい。朝鮮を抱えることになった苦難の時代である。

第2章

液状化する大正時代

――朝鮮人激増――

永井荷風

大正九（一九二〇）年五月、永井荷風《ながいかふう》は以前から住まっていた牛込余丁町《うしごめよちょうまち》、さらに転居した築地を引き払い、麻布市兵衛町《あざぶいちべえちょう》に洋館（注・「偏奇館《へんきかん》」と命名）を新築し、ご満悦であった。いまでいえばホテルオークラの向かい側、アメリカ大使館の裏あたり。当時は東久邇宮邸《ひがしくにのみや》や住友本家などが並ぶ高級住宅地の高台の一隅である。

大正十二年九月一日の昼近く、この一帯も激しい揺れが襲った。もし、荷風が築地にでもいたら命の保証も危うかったに違いない。

「九月朔《ついたち》。𣋠爽《こっそう》雨歇《や》みしが風猶烈《なおはげ》し。空折々掻曇りて細雨烟《けむり》の来るが如し。日将《まさ》に午《ひる》ならむとする時、大地忽《たちまち》鳴動す。予書架の下に坐し嚶鳴館《おうめいかん》遺草を読み居たりしが架上の書帙《しょちつ》頭上に落来るに驚き、立つて窓《まど》を開く。──数分間にしてまた震動す。身体の動揺さながら船上に立つが如し。門に倚《よ》りておそる〳〵吾家を顧《かえりみ》るに屋瓦少しく滑りしのみにて窓の扉も落ちず。──震動歇まざるを以《もっ》て内に入ること能《あた》はず。──半輪の月出でたり。ホテルにて夕餉《ゆうげ》をなし、愛宕山《あたごやま》に登り市中の火を観望す」

震災初日の荷風は、地盤も強かったうえに自宅洋館が堅牢であったため、大禍なく過ごした。愛宕山に登って市中を睥睨《へいげい》する余裕もみられた。だが、余震が続く翌日からはあまり呑気《のんき》なことは言っていられなくなった風情《ふぜい》である。

「九月二日。昨夜は長十郎（注・河原崎）と庭上に月を眺めて暁《あかつき》の来るのを待ちたり。地震ふこと幾回なるを知らず」

「九月三日。微雨。白昼処々に放火するものありとて人心恟々《きょうきょう》なり。各戸人出し交代して警備をなす」

「九月五日。午後鷲津牧師大久保（注・四日、母の住む西大久保に安否を訪ね泊まった）に来る。谷中三崎《やなかさんさき》に避難したりといふ。相見て無事を賀す。晩間《ばんかん》大久保を辞し四谷荒木町の妓《ぎ》窩《か》を過ぎ阿房の家に憩《いこ》い甘酒を飲む。塩町郵便局裏木原といふ女の家を訪ひ、夕餉を食し九時家に帰る。途中雨に値《あ》ふ」（『断腸亭日乗』）

　灰燼《かいじん》の市中にいても花街の灯りが気になり、さらには知り合いの女の家へ上がって夕飯をご馳走になってのご帰館とはさすがに見上げたものである。荷風には大震災にあっても、昭和二十年の大空襲にあって偏奇館が焼失しても、事件や時代には敢えて一歩距離をとり、端然と高みから見下ろす風情が備わっていたように思える。

　また、荷風に劣らず泰然自若《たいぜんじじゃく》の風を見せるのが内田百閒《うちだひゃっけん》だったが、百閒はこの震災で女性の弟子を失い、行方を案じてさまよう。この時の思い出を戦後になって記している。

「大正十二年の大震災の時、本所石原町で焼死したらしい私の女弟子を、何度目かに探しに行つた帰り、両国橋の袂《たもと》から俥《くるま》に乗らうと思つた。市内電車はまだ動いてゐなかつたので、歩くのがいやだつたら人力車に乗る外ない。（略）懐工合を考へた挙げ句、俥屋にここから小石川雑司ヶ谷へ行く間の、どこでもいいから七十銭だけ乗せてくれないかと云つたら、すぐに梶棒をあげて走り出し、九段の坂下まで来て、はいこれで七十銭と云つた」（『第三阿房列車』）

永井荷風にも、内田百閒にも、それぞれの大震災があったのだ。

与謝野晶子

震災の日、与謝野晶子《よさのあきこ》は七人の子供たちや夫の鉄幹《てつかん》とともに麹町《こうじまち》区富士見町の自宅にいた。家族全員が一緒にいたことは幸運だった。

記者の訪問に答えて晶子は、「二日ばかりお濠《ほり》の土手で野宿したので身体をこわしてしまつた」と断りながら、次のような談話を残している。

「十一時四十分ごろ大急ぎで食事をとり、髪を結つて着物を着替へると地震です。第一震は左様とも思ひませんでした。その内突然激しい第二震が参りましたので子供達を机の下やピアノの下に入れました。何しろ宅のすぐ前は細川さんの煉瓦塀《れんがべい》でうら手はせまい露地になつて居り、屋根瓦が凄まじい音を立てゝくずれ落ちてるぢやありませんか、三度四度と地震がひつきりなしにやつて来ますので遂に決心をして裏口からそつと濠の土手まで一同難を避けました。この時はもう向う側の歯科医専が紅蓮《ぐれん》の焔《ほのお》に包まれて居りました。そこでまる二日間露営した訳ですが家を逃れる時、地震の恐ろしい事ばかり考へて火事のことは念頭になかつたので何一つ持つて出なかつたのです。然《しか》し、主人も子供も皆揃つて居り二日目の火事が迫つてきたつて良いと云ふので更に他の安全な場所に逃げる用意をしました」(「東京朝日新聞」九月二十七日)

晶子はこの時、満四十四歳だった。その文学的素養は主に王朝文学に依《よ》っている。これまで長い時間を費して『源氏物語』五十四帖の新訳に打ち込んできて、最後の「宇治十帖《うじじゆうじよう》」を残すまでになっていたが、震災と火事のためにすべてが灰となってしまった。彼女が創立に尽力した神田の文化学院に原稿は置いてあったのだ。新校舎の建設中だった文化学院もこの震災で丸焼けになったのである。晶子訳『新訳源氏物語』は、さらに十七年の歳月をかけて昭和十三（一九三八）年に完成された。

ついでながら晶子にもう少し触れておきたい。浪漫派《ろうまんは》歌人として脚光を浴びていた与謝野晶子が、召集された弟の身を案じるあまり「君死にたまふことなかれ」を発表し、しかもその第三連部分に「すめらみことは戦ひに　おほみづからは出ませね」、つまり「天皇自身は戦場に出かけられない」と詠《うた》ったためにひと騒動持ち上がった。「家や家族だけが大事、国は滅びてもいいのか」の批判が巻き上がったのも時節柄、当然に思えた。明治三十七（一九〇四）年、日露戦役のさなかであった。

だが、晶子のその後の作品では「厭戦《えんせん》」歌人とはほど遠い、むしろ御国《みくに》のために戦う兵士を激励する歌が多く詠われるようになる。

強きかな天をおそれず地に恥ぢぬ　戦をすなるますらたけをは
水軍の大尉となりてわが四郎　み軍にゆくたけく戦へ

第二首は、四男が海軍大尉として出征する際、詠《よ》んだ歌である。「君死にたまふことなかれ」の家族愛だけで反戦歌人でもあるかのように、この歌が今日でも独り歩きするのはまさに滑稽でしかない。このときの晶子は単に家族愛、生活保守から詠ったに過ぎないと思われる。強《し》いて晶子の変化の原因を他に求めるならば、鉄幹との出会いがあげられるだろう。その鉄幹とは――。

国士、鉄幹

時は明治二十八（一八九五）年四月である。鉄幹、本名・与謝野寛《ひろし》は李氏《りし》朝鮮の都・京城《キヨンソン》（現ソウル）に現れた。

晶子との再婚を果たす六年前のことだ。このとき、与謝野寛に付き添うように親しくしていたのが堀口九萬一《ほりぐちくまいち》、詩人・堀口大學《だいがく》の父で漢城に赴任して領事官補を務めていた。そこへ日本から三浦梧楼《みうらごろう》領事が赴任《ふにん》してきた。九月一日のことである。

三浦は李朝政権を実質的に操って反日親露政策をとり、恐怖政治を主導してきた高宗《コジヨン》の后・閔妃《ミンピ》暗殺計画を胸に秘めていた。そのために三浦は高宗の父親で、息子の嫁・閔妃とは宿命の政敵関係にあった大院君《テウオングン》を担《かつ》ぎ出し、クーデターをもって決起するよう仕掛けたのである。その片腕になったのが堀口九萬一だった。

十月八日朝、九萬一と日本軍人や壮士たちは王宮に突入し、大院君を連れ出す一方で後宮の隅々まで探索し、遂に王妃を殺害する目的を達したのだった。

閔妃暗殺の実行に九萬一自身が関与したかどうかは不明だが、彼が外交官の身分で王宮

（景福宮《キョンボックン》）に出入りしたことは間違いない。

この前後の経緯に関しては、外交資料館に保存されている当時の在漢城一等書領事・内《うち》田定槌《ださだつち》から外務次官・原敬《はらたかし》に宛てた「今回王城事変ノ顛末《てんまつ》」に詳しい。

だが、はたして与謝野寛がどこまでこの事件に直接関与したのかは詳《つまび》らかになっていない。

友人の堀口九萬一が、裁判などを考慮して彼の名を出さなかったこともある。だが何より、この事件での送還者リストのなかに「領事館補堀口九萬一の従者」としてヨサノカンの名が仮名で残されており、かかわりがあったことを物語っている。

どんな理由にせよ、他国の王妃を暗殺したとなれば、政府としては処罰はしなければならなかった。十月末、仁川《インチョン》から三浦梧楼以下、四十八名の事件関係者が次々に宇品《うじな》港へ送られ裁判となった。官吏や民間人は広島地方裁判所へ、軍人は広島第五師団での軍法会議で、それぞれ「法に則《のつと》った」裁判を受けた。

与謝野寛は事件当時、日本人学校乙未《いつび》義塾の教師として在鮮していたが、当日は現場にいなかったということで不起訴処分に終わった。だが、周辺の記録からみれば彼は少なくとも事件の計画に参加し、謀議くらいまではかかわったのではないかと思われる。やはり、堀口の計らいがあったと考えるのが妥当だろう。まだ与謝野寛は二十二歳という若さだった。

韓山《からやま》に秋風たつや太刀なでて　われ思ふこと無きにしもあらず
太刀なでてわが泣くさまをおもしろと　歌ひし少女《おとめ》いづちゆきけむ

第一首についてはこう解説がある。「京城に秋風立つ日、槐園《かいえん》（乙未塾長の雅号）と共に賦す。王妃閔氏の専横、日に加はり、日本党の勢力、頓《とみ》に地に堕《お》つ」。第二首に詠われた少女とは白梅という芸妓《げいぎ》。宴会で酔いつぶれた寛を介抱したり、寛が刀を抜いて朝鮮の両班《ヤンバン》（特権官僚）を斬ろうとしたとき、身をもってそれを遮《さえぎ》り、酔いが醒《さ》めると不平不満を聞いてくれたという。やや大言壮語《たいげんそうご》の気味がある寛が、本当に剣を抜いたのかどうかは分からない。

朝鮮に渡っていた時分の与謝野寛は、国士然とした質実剛健な益荒男《ますらお》ぶりが際立っていた。一方で、帰国後早々には短歌の才能で頭角を現し、北原白秋《きたはらはくしゅう》、吉井勇《よしいいさむ》、石川啄木《いしかわたくぼく》などを見出して『明星《みょうじょう》』を創刊することになるのは周知のとおりである。

寛が朝鮮にいて作った作品に「人を恋ふる歌」がある。いつしか誰か分からぬままに曲が付けられ、広く人口に膾炙《かいしゃ》した。十六番まで詩はあるが一部だけ引用したい。

妻をめとらば才たけて　みめ美《うるわ》しく情けある
友をえらばば書を読みて　六分の俠気《きょうき》四分の熱
恋の命をたずぬれば　名を惜しむかな男《おのこ》ゆえ
友のなさけをたずぬれば　義のあるところ火をも踏む

（明治三十四年、詩歌集『鉄幹子』収録）

ここまでみてくると、燃えるような信頼関係や義憤《ぎふん》煮え立つものが、朝鮮半島と日本を行き交う人々の共通の思念として醸成されていた時代でもあったことが分かる。

ではなぜ、日本人がそれまでして義憤と情熱をもって朝鮮半島に立ち向かわなければならなかったのか。また、いかにしてこれほど多くの朝鮮民族が日本に流入してきたのか。そこに焦点をあてなければ、関東大震災の背景が浮かび上がっては来ない。

与謝野鉄幹と対照をなすのは、現代でいえば大江健三郎であろうか。大江は「世界P・E・N・フォーラム」の会場で、次のように関東大震災について述べている。

「——文学の人間としてできる仕方で、それが国家的に呼び起こすかも知れない、新規のナショナリズムに抵抗することをしたい。（略）地震のような大災害とナショナリズムの異様な突出とをなぜ私が結びつけるかといえば、それは一九二三年の震度六の関東大震災で起った朝鮮人虐殺事件に兆候が見えていた、ウルトラナショナリズムへの歴史を思うからです」（二〇〇八年二月二十二日、世界P・E・N・フォーラム「災害と文化」基調講演）

中国によるチベットやウイグル自治区への弾圧には口を閉ざす大江の同じ口から、関東大震災をいきなり超国家主義の台頭と結びつける言葉が出ることは故なしとしない。この作家の発想は、すべて沖縄における「軍の強制関与」と同じ認識回路で結ばれているのだ。実際の歴史はそれほど単純ではない。

やや複雑な経過を述べなければならないが、なるべく簡潔に朝鮮半島との歴史関係を振り返っておきたい。

壬午《じんご》事変

李朝五百年余に及ぶ歴史の最終ページの主役は、やはり閔妃といわざるを得ない。

閔妃が歴史に登場するのは一八七三年、夫である国王・高宗がそれまで父親の大院君が摂政の座に就いて振るってきた権力を剝奪《はくだつ》したときに始まる。

二十一歳に達した高宗が、王妃である閔妃の入れ知恵から父・大院君を追放したのだ。閔妃が高宗に嫁いだのが十五歳のとき、それから七年目の二十二歳にして実質的な最高権力者の地位に立った。日本はまだ明治六（一八七三）年である。

明治十四（一八八一）年五月、高宗と閔妃は大院君に権勢を見せ付ける政策として日本の軍事顧問を招聘《しょうへい》して教練をさせ、旧軍に代わる特殊部隊の創設に手をつけた。教官に指名されたのは、日本公使館付武官であった堀本礼造《ほりもとれいぞう》陸軍少尉である。堀本の指揮する新軍「別技軍」は旧軍と比べれば装備も軍装も目立って新しくなり、しかも給料も格段の差があった。

そのため旧軍の下級兵士の間に不満が爆発し、壬午《じんご》事変と呼ばれる暴動に発展した。旧軍兵士に配給された米に砂や糠《ぬか》が混じっていたことが引き金になった。下級兵士の怒りも当然のように思えたが、真相は怒り心頭に発した大院君が背後で扇動したものだといわれている。

明治十五（一八八二）年七月、旧軍が叛乱を起こし、加えて一般民衆もこれに加担した。兵器庫を破った兵士たちは政府高官の屋敷に火を放ち、遂には日本人軍事教官の堀本少尉を追い詰めた。

堀本は逃げ場を失い、旧軍兵士たちになぶり殺しにされたのだ。

暴徒と化した一隊はさらに日本公使館を襲撃、花房義質《はなぶさよしもと》初代朝鮮公使以下、公使館員と警官合わせて三十名ほどは命からがら夜陰に乗じて漢江《ハンガン》を下り、小船で仁川まで逃げ延びた。

だが、仁川の公館も安全ではなかった。豪雨のなか、全員で仁川港に向かって逃げたが、六人が殺され、五人が重傷を負うという事態になった。仁川では公使館員の死傷に留まらず、清国兵によって殺害された婦女子もおり、事態を複雑にさせた。

生き残った花房公使はようやく小船に乗り移り、沖へ逃れ、三日後にイギリス船に救助されたのである。まさに九死に一生だった。

この事件では一般の在留日本人にも死傷者多数が出ており、軍人、警官の死者は靖國神社に祀《まつ》られている（アジア歴史資料センター）。

多少の不謹慎を顧《かえり》みずにいえば、朝鮮半島に日本が介入して一文の得にもならなかった教訓の第一例である。続いて第二例を紹介しよう。

甲申《こうしん》政変

明治十七（一八八四）年、干支《えと》は甲申《こうしん》の十二月、改化論の主唱者、金玉均《キムオッキュン》が日本公使・

竹添進一郎《たけぞえしんいちろう》らの協力を得て、閔氏打倒のクーデターを計画するという事件が勃発《ぼっぱつ》した。

十二月四日夜の漢城郵征総局（中央郵便局に相当）開設祝賀会に集まる守旧派を一掃しようという計画が練られた。

事前に開化派の幹部が日本公使館内で謀議をした内容によれば、守旧派ら奸臣《かんしん》を暗殺する実行は金玉均らが行い、政変のあとは竹添公使らが駐留する日本軍二百名をもって治《おさ》めるというものだった。さて、当日が来た。

計画ではこの時刻に王宮に火の手が上がるはずだったが上がらず、その混乱に乗じて路上で一挙に暗殺しようとしたプランは挫折した。だが、金は日本軍に出兵を依頼し、その威力をもって高宗、閔妃ら主要王族と後宮の女たちを昌徳宮《チャンドックン》から別棟の景祐宮《キョンウグン》に移した。周囲は日本兵で固めてあった。

これで一旦は金玉均の政変は成功したかに思えたが、これに甘んじている閔妃ではなかった。彼女は日本兵の隙をみて伝令を清国軍の兵営に走らせ、救助を要請したのである。清《しん》からみれば、国王夫妻からの正式な出動要請を受けたことになる。

これで清軍は誰憚《はばか》るところなく出兵して、日本軍とその庇護下《ひごか》にある開化派を一掃できる。

このときの清軍の指揮官が袁世凱《えんせいがい》と呉兆有《ごちょうゆう》である。さて、意気上がる清軍は無慮一千五百人、対する日本軍は百五十余名であった。両軍対峙《たいじ》するなか、竹添公使が日本軍に撤退を指示したのは当然である。彼我《ひが》の差は明白だった。

金らは「約束が違う」とばかり公使に抗議したが、日本軍は昌徳宮の包囲を解き、一斉に退去した。事実上の敗走である。

このとき、一般の居留日本人も巻き添えを食い、多くの犠牲者を出す羽目になった。一命を取り留めた居留民は日本郵船の「千歳丸」に乗り込んで仁川から避難したが、多くの避難民は日清間の新しい紛争の開始を予想したのだった。

福沢諭吉

清の介入によって、近代化を目指す甲申政変が一敗地に塗《まみ》れたことは先に触れた。発端は、明治十五（一八八二）年に日本に留学していた金玉均が福沢諭吉《ふくざわゆきち》の唱える儒教道徳の打破に刺激されて帰国したことが大きい。アンシャン・レジーム＝閔氏打倒を支援したのは福沢諭吉だった。

福沢諭吉は当初、アジアの近代化に力を注ぎ、さまざまな支援を惜しまなかった。福沢より十六歳若い金玉均は、そうしたなかで最も福沢の助力を仰いだ革新派青年の一人だった。福沢は朝鮮から来た青年に多分こう説いた。

「在昔《ざいせき》は社会の秩序、都《すべて》相依るの風にして、君臣、父子、夫婦、長幼互に相依り相依られ、互いに相敬愛し相敬愛せられ、両者相対して然る後に教を立てたることなれども、今日自主独立の教に於ては、先づ我一身を独立せしめ、我一身を重んじて、自ら其身を金玉視《きんぎょくし》し、以て他の関係を維持して人事の秩序を保つ可《べ》し」(『徳育如何』)

福沢はこのようにして、東北アジアからの留学生に文明社会の必要性を熱く語った。「一身独立」を堅持しながら、「祖国の大義」を担《にな》う必要を説いたのである。『徳育如何』は、すでに著名だった『西洋事情』や『文明論之概略』などに言う中華思想の排除や儒教精神からの脱却といった彼の主張の上に立った流れといえる。

だが、明治十七(一八八四)年十二月の甲申政変の失敗以降、福沢の考えは大きな変更を余儀なくされる。

福沢諭吉は政変を成功させるため、門下生を動員して大量の日本刀を集めて箱詰めし、現地へ送った。白鞘の刀身の数は八十振《ふり》とも百振ともいわれる。もとより福沢は剣の達人で、自身も大刀の居合を晩年まで得意とし、稽古を欠かさなかったという記録が残っている。

この政変のシナリオ自体が、金玉均の師事する福沢に依るところが大きかったことはいうまでもない。

失敗は福沢にとって、アジア革新への希望を急速にしぼませることになった。『脱亜論《だつあろん》』は、そうしたなかで福沢が書いた新聞社説だといわれている。鎮圧のため蛮行を働く清に対しても、まだ依然として儒教体制にどっぷりつかり金玉均を殺害した朝鮮にも、福沢諭吉は深い絶望を覚えたに違いない。

閔妃暗殺

高宗の后妃・閔妃の暗殺と日清戦争は不可分の関係にある。明治二十八（一八九五）年十月、日清戦争の勝利直後に閔妃の暗殺が実行されたいきさつは概略、すでに述べた。もともと朝鮮王国は長い年月にわたって、中華清朝を宗主国として生き延びてきた。ところが日本の手で清国が排除されたため、閔妃は親ロシアに方針転換する。

日本としてはようやく清から朝鮮を解放したものの、次はロシアの南下とあってさらに頭が痛い。一難去ってまた一難、遂に閔妃を亡きものにしたのはいいが、恨《うら》みを末代まで残す結果となった。あまり褒められた政策とはいえないだろう。

日本公使館が直接かかわったのだから国の関与があった、といわざるを得ない。

后《きさき》を暗殺された高宗は、おそらく次に暗殺されるのは自分ではないかと考えたに違いない。彼は慌ててすぐ裏手にあるロシア公使館に逃げ込み、そこで国政を司《つかさど》ることになった。清が駄目ならロシアに援助を求めて生き延びる、それが彼らの知恵だった。そのうえ、高宗はさらに一計を案じた。

后妃の葬儀を大々的にやることで、暗殺した日本への反感を盛り上げようというのだ。あれほど悲惨な独裁政治に喘《あえ》いできた朝鮮の国民は、見事に反日感情を剝き出しにして閔妃の死を号泣して悲しんだ。

高宗の政略は見事に功を奏した。ロシア公使館で、彼は大いにほくそ笑んだに違いない。大国に翻弄されざるを得ない李氏朝鮮の弱い立場は同情に値するかもしれないが、日本にとっては看過できない事態であった。

高宗がロシア公使館に逃げ込めばロシアは欣喜雀躍《きんきじやくやく》、当然、見返りにあらゆる利権を独占するようになる。李朝王国は宗主国を清からロシアに変えただけで、多くの国民には何の利益もない。ロシア支配に抵抗した者も少なくはなかった。

ひとつ申し添えておかねばならないことがある。この時期、李朝の刑罰の残酷なことは近代以前、中世状態だった。

反抗する者には笞刑《ちけい》と呼ばれる鞭《むち》打ち刑が容赦なく行われ、国賊に対しては常軌《じようき》を逸した残酷な処刑が日常的に執行されていた。

先に紹介した開化派のリーダー、金玉均は日本へ亡命したものの結局、閔妃の追手に追い詰められて上海《シャンハイ》へ逃げた。だが、遂に刺客《しかく》に暗殺された彼の遺体は朝鮮へ運ばれ、八つ裂きの刑に晒《さら》された。

直接の命を下したのが高宗か閔妃かは不明だが、朝鮮王国の正式な手続きに則って遺骸《いがい》は八つ裂きにされ、胴体は漢江に捨てられ、首や手足は木架《きか》に晒されて国内各地を引き回されたのである。遺骸にこうした陵辱《りようじよく》を加えたり、墓を暴く風習は日本にはなく、多くの日本人を驚かせたものだった。これは長い間の中華支配の影響と思われる。

ずっとあとのことになるが、戦時日本に協力した汪兆銘《おうちようめい》夫妻の墓が家郷の中国で暴かれ、遺体に暴虐が加えられたことはあまりに有名だ。

李朝のこの旧弊《きゆうへい》を必死になって止めさせたのは、のちの朝鮮総督・齋藤實《さいとうまこと》（大正八年〜昭和二年）である。

憎しみのあまりとはいえ、遺体への想像を絶する陵虐《りようぎやく》をここで紹介したのは、のちの関東大震災時に「大虐殺あり」とする人々が日本では発想もできない殺害の蛮習《ばんしゆう》を「あった」と言い募ったので、敢えて前もって触れておく。

さて、ロシアの権益が南下し、問題を放置すれば日本の存亡《そんぼう》にかかわることにもなりかねなかった。

明治三十（一八九七）年、高宗は国号を朝鮮から大韓帝国に改める宣言をし、自分が新皇帝の座に就いた。また、三十三（一九〇〇）年には義和団《ぎわだん》事件が発生し、それに乗じてロシアが満洲の権益を一層強めるという事態が生じていた。

結局、閔妃暗殺は何の利益も日本にもたらさなかった。

日本はどうしてそんなに朝鮮半島にこだわらねばならなかったのだろうか。

この間にも、極めて識字率の低かった教育の改善や西欧文化の紹介、道路整備や漢城――仁川間と漢城――釜山《プサン》間の鉄道開発など、数え切れないほどのインフラ整備を手がけ、施してきた。

李朝近代化への経済投資を惜しまなかった日本は、感謝はおろかさらに朝鮮民族から恨まれ、迷惑顔をされるのだ。実に間尺《ましゃく》に合わないことのように思われた。

だが、日本が大韓国領有にこだわるのはこれからが本番となる。西欧列強、とりわけロシアの支配を排除しなければ、日本は極東での安寧《あんねい》は得られない。

中華支配やロシアの南下防止と引き換えに、朝鮮半島から多くの流入民を抱え込まなければならなかったのが大正時代の日本の運命と重なる。

日韓併合

明治四十三（一九一〇）年八月、いわゆる「日韓併合条約」（公式には「日韓併合に関する条約」）が公布された。

国民の間にはその前年、伊藤博文《いとうひろぶみ》が暴漢によってハルビン駅頭で暗殺された事件の記憶がまだ生々しく残っていた。

救国の抗日義士として、韓国は伊藤博文暗殺者、安重根《アンジュングン》を英雄に祭り上げたが、わが国からみれば哀れなテロリストに過ぎない。彼は伊藤博文の顔も知らぬまま英雄を気取って銃弾を発射、伊藤以外の随行員にも銃を乱射した。しかも、今日では安重根の単独説はほぼ覆され、主犯は他にいるとの説が有力なのだ。

伊藤はどちらかといえば、韓国併合や日露戦役に対しては消極的な立場をとっている政治家だった。そんなことも頭にないテロリストの銃撃が、一般の日本国民に「朝鮮人は恐ろしい」という印象を与えたのは至極納得のいく結果だった。

伊藤が暗殺される前年には、日韓交渉の日本側外交顧問として働いていたアメリカ人、ダーハム・スチーブンスがやはり朝鮮人テロリストの手で銃殺されるという事件が発生していた。要するに、抗日のためならば暗殺など厭《いと》わないというテロリスト集団がいたるところで暗躍していたというのが実情だった。

安重根は当然死刑となったが、この日以降、抗日民族主義者たちはこの暗殺者の刑死をも恨みの山に積み重ね、抗日戦線の象徴としてきた。

そういう時局のなかで、明治天皇は「日韓併合」に関する重大な詔書《しょうしょ》を下した。時の首相・桂太郎《かつらたろう》と外相・小村寿太郎《こむらじゅたろう》は、できるだけ李王家の存続に心配りをみせる案を練った。その代わり、高宗が使用してきた「大韓帝国」を「朝鮮」と改め、首都「漢城」を「京城」とした。

十月には朝鮮総督府が開庁され、初代総督には陸相の寺内正毅《てらうちまさたけ》大将が任じられた。

日韓併合は、民族主義者やテロリストたちの抵抗意識を高めたことは事実だが、条約そのものは国家間同士の国際条約に則った平和裏《へいわり》の調印だった。これは国際社会からも承認された事実である。

イギリスによるボーア戦争やアメリカによるハワイ制圧、フィリピン、キューバなどをめぐる「米西戦争《べいせいせんそう》」とは比べ物にならない。西欧列強の武力による植民地化は日本が韓国を併合するより早く、すでに明治三十年代には完成しつつあった。

自国の李王朝に政治力がなく、清国、ロシアの侵略に抵抗した日本の庇護下に朝鮮が組み入れられた事情には概略、以上のような経緯があったのだ。

日本による朝鮮保護という歴史は、たしかに李王朝の滅亡を招来したかもしれない。閔妃暗殺はじめ朝鮮からみれば恨み骨髄のように言われることは甘んじて承知したうえで言えば、自国の近代化に目を啓《ひら》かなかった彼らが、もしロシアに征服されていたらどうだったか。

李王朝はやがて、そう、大正六（一九一七）年には全員が殺害されたに違いない。ニコライ二世とその一族、ロマノフ王朝の末期と同じ運命をレーニンやトロツキーが施さないはずがないからである。

それに引き換え、日本は高宗が側室・厳妃《オンビ》との間に設けた皇太子・英親王李垠《イウン》殿下を日本へ留学させた。やがて、大正九（一九二〇）年には梨本宮守正王《なしもとのみやもりまさ》と伊都子《いつこ》妃の第一王女・方子《まさこ》との婚儀へと進む。二人の結婚の際には、韓国独立運動家による暗殺未遂事件も発生している。

政略結婚の色彩が濃かったことから、悲劇の結婚としてこれを捉《とら》える文献が圧倒的に多い。だがしかし、悲運な歴史の波に翻弄されたとはいえ、二人の結婚生活は仲睦《なかむつ》まじく幸せなものだった。

そこで、ここにひとつの疑問が湧く。今日まで朝鮮民族は、はたして自分たちの王家への信頼や慈《いつく》しみといった感情を持ち続けてきたのであろうか。

これに関して、韓国事情に詳しいジャーナリスト黒田勝弘（産経新聞ソウル支局長）は次のように述べている。

「不思議なことだが、日本が敗退し朝鮮が解放された後、李王家再興や立憲君主制の主張が民衆の間からほとんど出なかったのである。

現在の韓国には李王家を生んだ全州李氏という私的集団は存在するが、政治的、社会的に『王統派』は存在しない。景福宮など王宮の復元は国家的事業として活発だが、李王家は国家からまったく無視されている。五百年以上も続いた李王家の伝統が、わずか（?）三十五年の日本支配によって崩壊し省《かえり》みられないのだ」（『李朝滅亡』解説）

併合による土地調査事業政策が農民から土地を奪い、悲惨な生活を強いたとする見解がこれまで主流を占め、日本人が土地を奪ったといわれてきたが、これにも誤解がある。

「土地収奪」はあったのか

ひと言で言えば、朝鮮の土地管理は中世のままだった。

そこで日本が資本主義の第一歩として、土地の近代的な所有権の確定を奨励したところから誤解が始まっている。

そのいきさつを少し見ておこう。

この時期、総督・寺内正毅《まさたけ》の最大の仕事は治安維持と土地調査事業であった。土地の調査のためには朝鮮全土の地形の測量を行い、それぞれの土地の所有権を確認しなければならない。そこで総督府は次のような土地調査令を出した。

「土地の所有者は朝鮮総督の定むる期限内に、その住所、氏名又は所有者の名称、及び所在、地目《ちもく》、字番号等を臨時土地調査局長に申告すべし」

この通達は各地の係官を通じて全国に伝えられた。朝鮮総督府の役人の総数はなんと三万人以上いたというから、徹底した通達が履行《りこう》されたに違いない。

ところが、近代的な法令に馴染《なじ》まない農民、識字も不能な者など多数あったため、申告しない農民が多かった。

所有者のいない土地が国家や日本から進出してきた業者の手に渡ったのは、そうした経緯からだった。

結果的に申告漏れが続出したため、耕す土地を失った者が流民となった。きめ細かい土地行政が執行されたかどうかについては検証の余地が残るかもしれない。接収は裁判所によるもので、その結果、未墾地や未申告の土地が日本の企業や財閥に払い下げられたのである。

現代の行政感覚からみれば、寺内総督の土地政策が万全だったかといえば疑問は残る。

三十万人以上もの農民が不満を募らせた事実はあった。たとえば、土地所有権を移管しても、小作農《こさくのう》としての権利を留保させる手だてはなかったものだろうか。

しかし、日本人が土地をすべて奪ったかのような歴史改竄《かいざん》をするこれまでの歴史教科書は事実を歪《ゆが》めている。

近年では、この土地の所有権確定への再評価さえ韓国で起こっているという。土地を日本人に売って膨大な利益を得ることに目がくらんだ朝鮮農民も多かった。反対に、一攫千金《いっかくせん》《きん》を夢見て渡鮮する日本人ブローカーもいたであろう。寺内総督は頭を痛め、最後には土地を売る農民には憲兵を派遣してこれを諫《いさ》めたほどだった。

いずれにせよ、所有権の不明な土地や金銭で合法的に売買された多くの土地が、朝鮮全土を走る鉄道網や発電所、学校、工場などのインフラとなっていまに残るのである。

「改名」は強制ではない

また、後年のいわゆる「創氏改名《そうしかいめい》」(昭和十四年制令)に関しても、族譜《ぞくふ》を消滅させたわけではないのに今日まで多くの誤解を招いている。震災時のことではないが、誤解が多いので確認しておきたい。

創氏とは夫婦別姓を慣習としてきた朝鮮民族の戸籍に、家族単位の氏を作成したことを意味する。朝鮮では同族、同出身地同士の結婚を認めない慣習があったことは周知のとおりである。すなわち、本貫《ほんがん》といって氏族（男系の血族）の祖先が生まれた地名と姓とを併記して、他の氏族との区別をしてきた。

そこで、総督府ではこの本貫と姓を残したまま氏のみ新しく創る、という制度を考え出した。伝統的な夫婦別姓に日本の「イエ」の制度を導入し、夫婦共通の姓＝氏を作ったのである。戸籍が分かりやすく合理化された。

このことによって戸籍行政が進化し、慣習を尊重しつつ近代化が図れたわけである。日本内地の戸籍制度に近いものに改革したことは、むしろ民族間の差別や格差を解消するために意義があったとみるべきなのだ。

多くの間違った日本の歴史学者や韓国、北朝鮮では内地風の創氏改名が例外なく強制的に行われたかのように、今日でも主張している。

たしかに総督府の「政令第１２４号」によれば、「内地人に紛《まぎ》らわしき姓名を許可せず」とある。

だが、こうした条項はむしろ固有の民族としての朝鮮人の権利と尊厳を守るために役立ったともいえるのではないだろうか。

繰り返すが、内地風創氏は決して強制ではなく、戸主の判断に委《ゆだ》ねられていたのだ。この事実は、朝鮮風の法定創氏をした人々がかなりいたことからも理解されよう。

東京を選挙区にして衆議院議員に二度当選した朴春琴《パクチユングム》、舞踏家の崔承喜《チエスンヒ》、あるいは陸軍中将にまでなった洪思翊《ホンサイク》などあげればきりはない。

留まることのない日本への移住者の増加が明治末期から始まった。その波は誤解や貧困に端を発して怨念を増幅させつつ、大正時代に入るにしたがって激増した。

皇太子訪韓

日韓併合条約の締結をみた明治天皇は、急速に体力の衰えを示し始めていた。日清、日露の戦役を通じて成し遂げたわが国の国力の充実を見届けると、すべての気力、体力を使い果たしたかのように満五十九年の生涯を閉じた。明治四十五（一九一二）年七月二十九日夜十時過ぎの崩御《ほうぎょ》だったが、嘉仁《よしひと》親王が践祚《せんそ》するまでの時間を考慮して、三十日午前零時四十三分薨去《こうきょ》と発表された。

清国との戦もロシアとの戦も、突き詰めれば「朝鮮戦争」だった。清国とロシアを朝鮮半島から排除しない限り、日本の安定を望むことは困難だったからである。

そのことを一番心得ていたのが明治天皇であった。もちろん、明治の元勲の主力が長州で占められていたから、天皇と長州閥による決断の重みだとも言える。だが、ここではその話に深入りはしない。なぜ大正という時代が苦難を強いられたのか、そこへ戻らねばならない。

大正元（一九一二）年は明治四十五年七月三十一日に始まる。このとき、大正天皇は満三十二歳になっていた。節子《さだこ》皇后との間にはすでに三人の親王が成長している。迪宮裕仁《みちのみやひろひと》（のちの昭和天皇）、淳宮雍仁《あつのみややすひと》（のちの秩父宮《ちちぶのみや》）、光宮宣仁《てるのみやのぶひと》（のちの高松宮《たかまつのみや》）である。三人の親王は明治天皇在位のうちに生まれたので皇孫《こうそん》であったが、大正四年に生まれた澄《すみの》宮崇仁《みやたかひと》親王（のちの三笠宮《みかさのみや》）だけは皇子として誕生したことになる。いずれにせよ、皇位後継に関して周囲は何の心配も必要なかった。

その大正天皇は皇太子時代に朝鮮を訪ねている。時間が前後するが、振り返っておかなければならない。

明治四十（一九〇七）年十月、李朝朝鮮の皇太子・李垠殿下の日本留学の交換条件案として嘉仁親王の朝鮮行啓《ぎょうけい》を発案したのは、そもそも伊藤博文であった。すでに幾度もの訪問を重ね、日韓条約の推進に腐心してきた伊藤は、その最後の詰めを図っていた。

具体的には、日露戦争が終結する明治三十八（一九〇五）年十一月に取り交わされた「第二次日韓協約」の締結である。この協定をもって日本は統監府を設置し外交権を獲得、内政や財政に関しても強い影響力を得た。伊藤はその初代統監である。

ところが、大韓帝国初代皇帝・高宗（注・李王家としては二十六代）はこの協約に反発し、日本への抵抗姿勢を崩さなかった。彼はオランダのハーグに密使を派遣、西欧列強に日本統治の無効を訴えた。明治四十年六月のことである。だが、アメリカ、イギリス、フランス、ドイツからは支援拒否、開催国のオランダ外相やロシア代表からさえ面会拒絶に遭い、不首尾《ふしゅび》に終わった。

「日韓協約」が国際的に認められた正式な条約であるというのはそうした理由による。この協約を基にして「日韓併合」の実現に至るわけだから、日本が一方的にあたかも非合法に植民地化したかのような解釈は、あまりに歴史の事実を歪めたものと言わざるを得ない。

この一件があって高宗は退位することになり、最後の朝鮮王となる純宗《スンジョン》が二代目皇帝の地位についた。母は閔妃である。伊藤は日本に好意的姿勢を示す純宗に、皇太子・李垠の日本留学と引き換えに日本の皇太子の訪韓を説いた。その計画の実現が明治四十年秋のことである。

行啓旅程をみれば、十月十日に東京を出発、広島の宇品港から軍艦「香取」で仁川に上陸。皇帝・純宗との会見など漢城での多忙な滞在日程をこなし、二十一日には仁川から鎮海《チネ》を経由し長崎に戻るというもので、かなりの強行スケジュールだったことが知られている。

この年の八月には抗日運動の叛乱が半島全土に広がり、治安の悪化が懸念されていた。いわゆる「義兵運動」と呼ばれる武装抵抗の激しさから、現地日本軍との衝突が繰り返されていた。その最中の訪問にもかかわらず、嘉仁皇太子の訪韓は親善に大きな第一歩を踏み出す成功を収めた。

まだ十一歳だった李垠との親しい語らいが、若い李朝皇太子の将来への希望を育《はぐく》んだ成果は計り知れない。

帰国してから、さらに天皇に即位してからも熱心に朝鮮語の学習を重ねた。「見せかけの親善行啓」という皮相な観測だけではかりきれない訪韓目標があったと見ていい。

大正天皇「御不例」

大正天皇が誕生直後から病弱だったことは多くの資料に詳しい。幼少期も決して丈夫ではなかった。

だが、九條節子との結婚以来、嘉仁親王はことのほか健康の回復めざましく、全国各地の行啓も多数こなし、述べたように韓国訪問の強行スケジュールまでこなしている。そのうえ、四人の親王の成長は将来の国家安定を願う国民にとっては願ってもない慶事に思えたであろう。

だが、大正六（一九一七）年頃から公務に支障をきたすようになり、病状の悪化が懸念され始めた。

大正七（一九一八）年十二月二十七日、第四十一議会開院式には「風邪のため」出席できなかった。

大正天皇の傍に付き添うように接していた首相・原敬《はらたかし》の日記には、

「陛下御風邪にて臨御《りんぎょ》なきに因り余勅命《ちょくめい》を奉じて勅語《ちょくご》を奉読したり」

とある。

さらに大正八（一九一九）年七月になると、宮内大臣・波多野敬直《はたのよしなお》がかなり微細にわたった病状説明を発表した。

「動《やや》もすれば心身の御疲労あらせられ、且つ御尿中に糖分を見、又坐骨神経痛に悩まされ（略）御倦怠の折柄には御態度に弛緩《しかん》を来し、御発語に障碍《しょうがい》起り、明晰《めいせき》を欠くこと偶々之あり」

これでは国民に心配するなというほうが無理というものだろう。

震災の二年前である。大正十（一九二一）年十一月四日には、原敬首相が東京駅で暗殺されるという事件が発生した。

その直前、十月十三日の原敬は懸案だった摂政宮《せっしょうのみや》を置く一件を落着すべく奔走してきたが、ここにきて一挙に解決への目処《めど》がついて安心したと日記に記している。暗殺される半月ほど前の記述である。

「十月十三日
皇太子殿下、加藤海相及び徳川議長に御陪食被仰付、余及び内田外相も同時に御召しありたり。御食後欧州に於ける御見学上の種種御物語ありたり。
東宮御所にて牧野宮内談、去十一日松方内大臣皇后陛下に拝謁して、摂政を置かるゝ事の不得已次第を篤と内奏したるに、陛下に於かせられても兼て御覚悟ありたるものと見え、御異論なく先づ一安心せり」（『原敬日記』５巻）

この年、三月から九月にかけて皇太子（のちの昭和天皇）はヨーロッパ各国の公式訪問を成功裏に終え、帰国したばかりだった。皇太子は満二十歳を迎えていた。

暗殺事件の直後、宮内大臣・牧野伸顕《まきののぶあき》と新首相・高橋是清《たかはしこれきよ》は皇太子・裕仁親王を摂政に任じる詔勅《しょうちょく》を宣するると同時に、一方で宮内省からは次のような「御不余《ごふよ》」（御不例と同義）の報を発表させた。

摂政を置くことは明治憲法以降、皇室典範《こうしつてんぱん》によって成人皇族に認められている。

「天皇久キニ亙ルノ故障ニ由リ大政ヲ親《みずか》ラスルコト能《あた》ハサルトキハ皇族会議及枢密院顧問ノ議を経テ摂政ヲ置ク」(皇室典範代十九条第二項)とある。

時節柄、政府首脳は摂政就任を急務と考えていたので、天皇の病状発表と皇太子の摂政宮就任問題は表裏一体の問題として同時に発表された。

その十一月二十五日に国民に知らされた天皇の病状(第五回病状発表)は、かなり深刻なものだった。

「天皇陛下は御降誕後間もなく脳膜炎様の御大患に罹《かか》らせられ、其後常に御病患多く(略)腸加多児《カタル》、気管支加多児、百日咳《ひやくにちぜき》、腸チフス、胸膜炎等、諸種の御悩みあらせられ、御姿勢は端正を欠き、御歩行は安定ならず、御言語には渋滞を来たす様ならせられたり」

ここまで発表するか、というほど徹底的に天皇の御不例ぶりをあからさまにしたうえで、したがって皇太子の摂政就任が急務なのだと、以下のような結語に繋げる。

「畏《おそれ》多きことながら(略)摂政を置かるべきものと議決せられ、皇太子殿下は其議決に依り皇室典範の規定に従ひ摂政の任に就かせたまふことの已《や》むを得ざるに至利たるは洵《まこと》に恐懼《きようく》に堪《た》へざる所なり」(『皇室皇族聖鑑』大正編)

摂政宮の準備の必要は理解できるが、だからといってこうした病状発表のほうがよほど「恐懼に堪へ」ないのではあるまいかとも思える。

ここまで、大正天皇の病状の深刻さが政府首脳のみならず多くの国民に与えたであろう不安について顧みた。

この時代、天皇のご不例はとりもなおさず国家基盤の不安定をも招来しかねない。その意味では、裕仁親王の早期の摂政就任は当然の成り行きと国民には理解された。

だが、時代が背負う不安材料は天皇の健康に関することだけではなかった。

天皇の御不例が巷間《こうかん》噂され始めた大正六（一九一七）年十月にはロシア革命が成立し、労働運動の波は朝鮮半島を席巻《せっけん》し始めていた。国内では、米価の大暴落による市場の混乱や米騒動が頻発するという不況感が国民を襲っていた。

労働運動の激化は無政府主義、社会主義、共産主義までが、流行の大正デモクラシーの流れに棹《さお》を差して一挙に膨張する勢いを得ようとしている。

そうしたロシア革命の成功からコミンテルン創立への一連の趨勢《すうせい》が、民族主義と一緒になって発火したのが、韓国における「三・一独立運動」といわれるものである。

火薬庫

朝鮮半島がいつになっても日本の火薬庫であることに変わりはない。

いま、日韓併合から数えて九十九年。「日韓協約」から振り返れば一世紀を越えている。日韓併合から関東大震災までが十三年、その震災から今日までが八十六年ということになる。関東大震災に合わせて朝鮮人が大挙して不穏《ふおん》な行動をとり、国政を危うくしようとする前提になったのが「三・一独立運動」であった。

大正八（一九一九）年三月一日、京城中心部の公園でキリスト教、仏教、天道《てんどう》教など各派の代表三十三名が「朝鮮独立宣言」を読み上げることから騒ぎは始まった。

そして、この宣言に刺激された数千人規模の学生、労働者が市内で過激なデモ行進をしながら口々に「独立万歳《マンセー》」を叫んで、警備する日本側官憲と衝突を繰り返す事態となった。学生、労働者の大群はデモや投石に留まらず、官公庁、警察などを襲撃し、火を放つ暴徒と化した。さらに在留邦人の生命も危険に晒されていた。

運動は全土に拡大し、警官側の死傷者も多数を数えるに至った。当然、違法デモには厳しい弾圧を加えることになった。法治国家である以上、やむを得ない正当な鎮圧といえる。これが五月まで続いた。

独立運動派にも多くの死傷者や家屋の焼失など、悲惨な結果が訪れた。逮捕、送検された被疑者は実に一万二千六百六十八名、起訴された者は六千四百十七名に及んだが、死刑、無期懲役になった者はいない。懲役三年以上十年程度の判決が中心という軽微な刑の申し渡しでこの事件そのものは終息に向かう。

だが、司直の手を逃れて国外へ逃亡した被疑者である運動家たちの数は計り知れない。独立運動の中心人物は上海へ一旦上陸し、満洲の間島《カンド》（注・現中国の吉林《きつりん》省東部で、ロシア、北朝鮮と向かい合う一帯）で武装闘争の再起を図っていた。また、ある一群は密航者となって日本へ潜入して時期の到来を待ったのである。

朝鮮各地に燃え広がった暴動に対して、日本国内の反響はさまざまだった。多くの新聞は暴動に対して批判的だったが、朝鮮問題に影響を持っていた学者や政治家の間では、政府の武力行使の行き過ぎを批判する論調も起きた。

吉野作造《よしのさくぞう》（東京帝国大学法学部教授）は大正デモクラシーを代表する一人だが、彼はこうした武断統治を失敗だと批判し、朝鮮総督府の政策転換を求める論文を雑誌「中央公論」などに発表している。

原敬内閣が武力による統治に限界を感じ、朝鮮人の待遇改善を掲げる宥和《ゆうわ》政策をとり始めるのは、そうした世論の影響もあったと考えられる。

アイルランド内戦

よく似た民族独立運動がこの時期、イギリスとアイルランドの間で起きていた。いわゆるアイルランド内戦は大正八（一九一九）年以降、激しさを増すが、火種は大正五（一九一六）年頃から起きていた。日本と朝鮮の関係に似ている事情が海峡を挟んだ両国にもあった。このダブリンの騒乱を伝える「大阪朝日新聞」を見てみよう。

「愛蘭《アイルランド》に戒厳令
総督以下人質となれるか

ダブリンより愛蘭南部地方一帯に戒厳令《かいげんれい》敷かれたり。同地との通信は尚杜絶《とぜつ》の状態にあるを以て動乱に関する詳細を知る能はざるもの丶如し。米国に達せる情報に依れば総督ウイムボーン卿以下暴徒の人質となれり。

四月二十二日正午重大なる暴動起り、ヂン・フエインと称する武装せる一揆《いっき》団の大衆、ダブリン市の主要なる街園の一なるスチブンス・グーリンを占領し、暴力を以て中央郵便局を乗取り此処にて電信電話線を切断し――」

こうした事態に対して、イギリスは一貫して武断政治で臨んだ。もちろん、幾多の交渉や条約を経ての末ではあるが、暴動には武力で対応するのがイギリスのやり方だった。アイルランドは英国との宥和的条約への反対派、共和国派、不正規軍対イギリスが支援する自由国政府軍、条約賛成派とに分裂した壮絶な戦闘を日本の大正中期に行っていたのである。イギリスからは強力な火器、装甲車、機関銃などが自由国政府軍に渡っていた。民族派の火器は小銃程度の小火器だけだ。日本が宥和策、「日鮮同化」政策でいわば「太陽政策」に切り替えたのに比べ、イギリスは武断政治を貫こうとしていたのだ。

だが、イギリスも長い間、過激なテロ活動に悩まされたことを考えれば、民族主義への対処の困難さは似たようなものだともいえる。

民族の大量移入

原敬首相の温和な対応や齋藤實総督の環境改善政策、インフラ改善などが始まっても抗日運動家たちが収まることはあり得ない。運動には、ロシア革命によって自信を得た社会主義者たちが背後に必ず張り付いていたからである。

彼等は農民や低賃金層の労働者を巻き添えにしつつ、大挙して日本を目指し始めた。それはボルシェヴィキの組織論に基づくものだった。

先にも紹介した日本への移入数字を改めて詳しく見ておきたい。

職を失ったり、一攫千金を夢見たりして流入した朝鮮人はさまざまだが、人口そのものが大増加したことも要因のひとつである。日本統治が始まった成果として、医学の普及や衛生観念の改善が進み、死亡率を減らす成果が上がったためだ。

人口増加は、農業以外に生活手段を持たない朝鮮住民の移住をもたらす結果となった。これが大正に入った日本が抱えざるを得なくなった難問である。

［在日朝鮮人の人口推移］

明治四十二年	七百九十人
大正四年	三千九百八十九人
大正五年	五千六百三十八人
大正六年	一万四千五百一人
大正七年	二万二千二百六十二人
大正八年	二万八千二百七十二人
大正九年	三万百七十五人
大正十年	三万五千八百七十六人
大正十一年	五万九千八百六十五人
大正十二年	八万六百十七人

大正十三年　十二万二百三十八人
大正十四年　十三万三千七百十人
大正十五年　十四万八千五百三人
昭和二年　十七万五千九百十一人
昭和十六年　百四十六万九千二百三十人
昭和十九年　百九十三万六千八百四十三人

（『日本帝国年鑑』内務省警保局統計による）

政府の統計では、震災時に在日した朝鮮人は約八万人余とされる。ただし、統計に加えられない密航者や住所不定者を加えると十万人以上いたのではないかと思われる。１章であげた「政府調査」の数字とも誤差があり、確定が難しい。このうち東京近県に約三千人、東京市には約九千人いたというのが公式数字である。

彼らが海峡を越えて日本に移住してきた理由にはさまざまあろう。生きるために必死の覚悟で日夜、働いていた朝鮮人が多数いたことは承知している。

だが、独立運動家や社会主義者の強い影響を受け、テロ行為や重大な犯罪に手を染める者も続出した。日本人の日常生活を脅《おびや》かす行為が、国民の間に朝鮮人に対する大きな不信感を根付かせる原因となってゆく。その過程を見なければならない。

朝鮮人労働者が彼らの悲運な歴史を心に秘めて海峡を渡り、そこでも過酷な労働に耐えて家族を養ったり、勉学に励んだりする姿を知らないわけではない。だが、日本人のなかにも多くの貧しい農民や過酷な運命に翻弄されつつも汗を流し、家族や国家のために生きた人々は当時、たくさんいたのだ。

この時代、多くの植民地政策が世界を席巻し、列強は武力を持って強硬政策をほしいままにしていた。そのなかにあって、まさに自存自衛のため日本は朝鮮半島や満州に進出し、西欧、ロシア、中国からの干渉を防御しなければならなかった。

日本政府と朝鮮総督府の統治政策が完全無欠だったとはいえまい。むしろ、武断政治から宥和政策へ意識的に政策変更されていった過程で、一般朝鮮人の不信感を増加させた恨みさえある。「内鮮一体《ないせんいったい》」「日鮮融和《にっせんゆうわ》」といったスローガンは耳に甘く聞こえるが、それで解決するほど問題はやさしくなかった。

かえって問題の核心を水面下に押しやり、過激思想の民族主義者たちの運動を陰ながら助けかねない政策だったともいえる。

日本が朝鮮に対して「加虐意識」を持つようになったのは、総督府の過酷な経済政策によって職を失い、日本内地へ流入した彼ら労働者が恨みと憎しみを持っていることに日本人が気づいたからだと思われてきた。はたして事実であろうか。

「朝鮮人虐殺はあった」とするノンフィクション作品『関東大震災』で、吉村昭はこの問題について次のように述べている。

「（日本人が）そのことに同情しながらも、それは被圧迫民族の宿命として見過そうとする傾向があった。

つまり、日本人の内部には朝鮮人に対して一種の罪の意識がひそんでいたと言っていい。ただ、社会主義運動家のみは朝鮮人労働者との団結を強調し、前年末には朝鮮人労働者同盟会の創立を積極的に支援していた。

そうした社会的背景のもとに、大地震の発生した直後、社会主義者と朝鮮人による放火説が自然に起ったのである」

ここで吉村昭が言うのは、社会主義者と朝鮮人が火をつけて廻ったという説は、彼ら運動家への不信感が背景にあったからそういう流言が生まれたのだ、という論旨である。

さらに吉村の説を引けば、以下のように続く。

「その流言がだれの口からもれたのかは、むろんあきらかではない。ただ日本人の朝鮮人に対する後暗さが、そのような流言となってあらわれたことはまちがいなかった」

後ろ暗さがあったから流言がどこからともなく湧いてくる、とは奇怪な論法と言わざるを得ない。

真相は、流入してきた朝鮮人が震災直前まで日本国内でどのような地下活動を繰り返してきたか、その実態を探ってみれば分かることである。

「後ろ暗い」から「流言」が流れたのではない。テロや犯罪が厳然として目の前で起こっていたから、その恐怖が日常的にあったから噂は広まったのではないか。しかも、噂ではないのだ。実際に放火や殺人、強姦《ごうかん》事件が震災発生直後に起こったのである。自己防衛の正当性が認められなければならない。

過激な抗日運動家

大正六(一九一七)年のロシア革命による社会主義の勃興《ぼっこう》に続いて八年春、朝鮮半島を席巻した「三・一独立運動」の嵐は、朝鮮人の日本内地への流入を否応《いやおう》なく促進した。

労働運動指導者と民族主義者、底辺の労働者、学生が一体となって日本を運動拠点に定め、朝鮮独立と社会主義運動の拡大を目指したからである。

以来、日本における朝鮮人の犯罪が新聞に載らない日はないといっていいくらい事件が多発している。細かな事件まで網羅すれば、紙幅がいくらあっても足りない。そこで危険な犯罪、テロの温床となる事件にのみ絞って以下、各新聞から要旨を拾っておこう。差しあたって、大正九（一九二〇）年から十二年の震災までの間をざっと見ておく必要がある。「流言」の前に何が実際に起きていたかの検証が肝要である。

このことは改めるまでもないが、一般の朝鮮人生活者、その日、その日を懸命に生きようとしていた多くの朝鮮人を貶《おとし》める意図など微塵《みじん》もないことを断っておきたい。テロを計画し、日本国家を転覆《てんぷく》しようとする過激な運動家のために、多くの朝鮮人が巻き添えを食い、不幸な運命に見舞われた例もあるに違いない。

それこそが、彼ら運動家が言い募る「民族の独立」を冒瀆《ぼうとく》する行為であることを知るべきである。

「十五万円強奪の
不逞鮮人の片割れ
神戸にて捕はる

一月四日朝鮮銀行が朝鮮羅南より間島鮮銀出張所に輸送中なりし銀行券十五万円龍井村《ロンジン》に於て護衛巡査他一名に重傷を負わせ該券を強奪し去りたる不逞鮮人尹駿熙《ユンシユンキ》他四名が浦塩《ウラジオ》

に於て逮捕され、二名は逃走行方不明なる事は当時報道したる如くなるが、七日午前八時ごろ神戸市内今在家町《いまざいけ》一丁目北黒白米商にて白米二俵を買ひ、港内に停泊中なる露国義勇艦隊シチェフ号に運ばして鮮銀五円券五枚を支払ひたる鮮人あり、（中略）はからずも夫《そ》れが盗難の十五万円の一部なることを発見し忽《たちま》ち警察の大活動となり前記シチエフ号より鮮人及び同船乗組員支那人露学周《ろがくしゅう》（二十八年）を連行取調べ中なるが該犯人に相違なき見込なりと」（「大阪朝日新聞」大正九年二月十一日）

記事にある間島とは満洲の朝鮮北部国境に沿った地域、すなわち鴨緑江《おうりょくこう》上流から豆満《とまん》江《こう》北方地方のこと。かねてよりこの地域では朝鮮人の人口が増加し、加えて民族独立運動の拠点とされていた。当然、ウラジオストックにも近い。この現金強奪事件からは、社会主義者が中軸にいる独立運動一派の活動資金調達が目的だったことが浮かび上がる。

「首相邸を襲はんとした
鮮人の大陰謀露見
――爆弾数個と陰謀書類

去る十日警視庁にては何《いず》れよりか数名の鮮人を拉致《らち》して厳重なる取調べを続行しつゝあ

るが、右は一世を震駭《しんがい》すべき頗《すこぶ》る重大事件の発覚したるものにて、昨年十月三十一日の天長節の当夜外務省に起つた爆弾事件以上の由々《ゆゆ》敷《し》き某重大事件にして拉致されたる鮮人は、本郷区湯島天神町一の九金麗館止宿徐相漢《じよそうかん》（二二）、下谷区龍泉寺町二三七、日鮮商会金《きん》洪秀《こうしゆう》方洋服職工金成範《きんせいはん》（二二）、同人止宿中央郵便局集配人梁張海《りようちようかい》（三三）外数名のものにて、彼等の家宅を捜索したるに果して爆弾数個を発見し、更に陰謀書類なども顕《あらわ》れたるにより、ここに警視庁にては事実を闡明にするに至りしより（略）彼等は本年三月一日の所謂《いわゆる》独立記念日に方《あた》り各方面の不逞鮮人と呼応して密かに某大官を襲撃せんと企《くわだ》てたるも時機を逸したれば（略）首相官邸を襲はんとしたるものにて、右爆弾は上海方面より密輸したる形跡ありと」（「神戸新聞」大正九年四月十七日）

　前年三月に起きた「三・一独立運動」はその後、記念日としてこの日を特別に盛り立てるようになっていた。「昨年十月三十一日の天長節」とあるのは、大正天皇のご誕辰《たんしん》（誕生日）は正式には八月三十一日だが、暑い盛りでもあることから秋の好日にずらし、この日を天長節として祝っていた。それにしても、上海からこうして爆弾が運ばれるという実態は、過激派の実力を如実に物語っている。

「在阪鮮人宅に爆弾数個を発見

南区天王寺公会堂に集合し独立云々《うんぬん》の不穏文書を配布したる事実もあり更に厳重なる捜査を行ひし結果、南区日本橋筋附近鮮人李某方に於て去月二十九日頃端《はし》なく爆裂弾数個を発見したれば、宮本署長は直に徳田高等主任と共に部下を集めて本件を厳に秘すべき旨を命じ、即刻李方を襲ひ家宅捜索の末、不逞鮮人との往復書簡を押収し朝鮮総督府に向け李某と不逞鮮人との関係、連絡等の照会をなしたり」(「大阪朝日新聞」大正九年十月九日夕刊)

「変名して早大に入り

上海間島方面と連絡を取る

東京警視庁で四五日前から西神田、早稲田の両署と協力し、刑事を各方面に派して秘密の裡《うち》に活動を続けて居る。右は早稲田鶴巻町某下宿屋止宿の朝鮮平壌生れ某(二十八年)を中心とする或一団の鮮人に関する事件で警視庁は彼等の行動を重大視して居るが、某は元上海にある鮮人仮政府の大蔵大臣或は総理大臣秘書としての重要な地位にあつた男で、警視庁の一警部が彼の行動を内偵するため其地に渡航した際、同警部を密偵と知り多数の部下に命じて警部を絞殺した(警部は後蘇生して辛うじて帰国)こともある。

某は上海における不逞鮮人団の或重要なる任務を帯び昨年九月下旬、上海から東京に入込み変名して早稲田大学政治科に入学し、絶えず上海、京城、間島方面にある不逞鮮人団と気脈を通じ最近は市内各所に神出鬼没を逞《たくま》しうして密議を凝らして居る」（「大阪朝日新聞」大正十年三月三日夕刊）

長い引用を敢えてしたのは、震災二年前、大正十年頃になるとこうした独立運動家による活動が活発化し、さまざまなケースが新聞紙上で報じられ、国民の恐怖感はいやが上にも増大していたことを確認しておきたかったからである。

今日の感覚からすれば過剰な思想弾圧、家宅捜索に見えるかもしれないが、大正期では大いに社会状況が異なっていた。

再三繰り返すが、天皇が御不例中で若き皇太子がこの十一月に摂政宮に就《つ》いて、父宮・大正天皇の名代《みょうだい》を務めねばならなくなる矢先である。摂政宮就任の儀式が執り行われる二十日前には、原敬首相が暗殺される。安田善次郎《やすだぜんじろう》が暗殺されたのも九月のこと。朝鮮半島からは続々と移住者が流入していた。

国民のなんとも名状しがたい不安感というものが蔓延《まんえん》していたことは想像に難くない。

そんな折に、独立運動を日本国内で展開しようとする一群の抗日運動家が各所で活動を活発化していれば、内務省警保局が中心となって警察を動員したのは当然の捜査活動であろう。

この記事によれば、首謀者は上海や間島との連絡を密に取っているという。

上海には「三・一」暴動で容疑をかけられた者が半島から脱出し、フランス租界内に「大韓民国臨時政府」を樹立していた。首班は李承晩《イスンマン》である。この亡命活動家たちは、現金強奪で資金を作り、密航しては爆弾を運び、東京や大阪市内でテロに向けての謀議を重ねていたのだ。国民に「朝鮮人は安心だ」と説得するほうが無理というものだろう。大多数の健全な朝鮮人への裏切り行為だという点も重ねて記憶しておきたい。

いま述べた日本国内の不安定な政治、宮廷の状態を見透かしたように、上海を軸とした彼等の抗日活動は活性化していた。次の報道からは、内務省主導による内偵捜査もまた必死だったことが分かる。

「不逞鮮人の自白から
内地在住の一味も知れた

十月二十三日上海経由で神戸に入港した郵船静岡丸二等船客鮮人催濱武《さいひんぶ》（二七）が上海仮政府の密使である事を発見、神戸水上署から警視庁に護送した。（略）其の自白する処によると今回来朝した第一の目的は華盛頓《ワシントン》会議当日を期して東京を中心に内地在住の鮮人学生団に猛烈な大示威《じい》運動を行ふことで、次《つい》では極めて巧妙な方法によつて東京と上海との連絡方法を講じる為めであつたと云ふ。書類によると上海仮政府の第一次計画としては彼等不逞の徒が多年目的とせる国民議会を開くことで、組織は日本内地の屯田兵《とんでんへい》にかたどり二万の会員を募つて、其の会員中から米国その他に留学生を送り独立運動の中心人物を養成する筈になつて居た事も判明した。斯《か》かる大事件が内地で発見されたのはこれが始めだ《ママ》との事である」（「神戸又《ゆう》新日報」大正十年十一月十一日）

大正十一年に入ると、特高（特別高等警察）は独立運動一般への取り締まりから一部の過激派分子の取り締まりへと捜査方針を転換し、的を絞ることにした。

独立運動派は、ベルサイユ条約会議（大正八年）関係者や米国の上院議員などとの接触の場で独立支援を取り付けようとしたものの不調に終わった。そこで、多くの活動家はより過激な運動に鞍替《くらが》えしたことが特高の調査でも分かっていた。事実、神戸港などから潜入する独立運動家はこのところ小物ばかりであった。特高は方針を変えた。

「目下の形勢では過激派の手先に使はれる不逞鮮人を取締る事が最大の眼目となり、当局

（特別高等課）でも独立問題を余り問題にせず、過激派に対する彼等の行動に警戒を加へるやう取締りの傾向が一変してきた」（「大阪朝日新聞」大正十一年二月十日）

そもそも特別高等警察は明治四十四（一九一一）年に創設されたもので、内務省警保局保安課に属し、一般の警察からは独立した指揮系統に置かれた。大正十二年には大阪、京都など主要九府県にも特別高等課が設けられ、過激な社会運動の取り締まりや公安警備の要として活動した部署だった。

「総督府投弾の犯人は
田中大将を狙撃した男
朝鮮総督府では十九日朝に至り、昨年九月十二日総督府に爆弾を投じた犯人の検挙顛末《てんまつ》を発表した。
当時犯人捜査に全鮮官憲は努力したが逮捕に至らなかつた。所が本年三月二十八日上海で田中大将に爆弾を投じ更に拳銃を放つた犯人二名が英国巡査及び支那巡査に逮捕され我領事館に引渡を受けたとの電報を得、右二名の犯人は領事館で取調の結果
京畿道高陽郡龍江面華徳里　金益相《きんえきそう》（二十八年）

咸鏡北道穏城《オンソン》郡永瓦面、常時間島在住　呉成昆（二十五年）と判明した旨通知を受け警務局は直に各道に手配し、取調べたところその自白（注・金の実弟とその妻の自白）で金益相が総督府爆弾犯人なる事判明し、（略）一方上海総領事館に於ける金益相も総督府爆破犯人であることを自白したとの通報あり」（「大阪朝日新聞」大正十一年五月二十日）

田中大将とは当時、軍事参議官に就いていた田中義一《たなかぎいち》である。田中大将は大正十一年三月、フィリピン訪問のあと上海を訪れ、朝鮮独立運動家から爆弾テロを受けたが、幸い無事だった。

彼はその後、大正十二（一九二三）年、震災時の山本権兵衛《やまもとごんべえ》内閣で陸相を務める。さらに昭和二（一九二七）年、首相の座に就くものの、昭和四（一九二九）年、張作霖《ちょうさくりん》爆殺事件（満州某重大事件）の天皇への報告や始末に関して天皇の信頼を著しく損ね、辞職した。

さて、ここまで見てきたのは関東大震災の年以前の抗日運動家たちの過激な活動の断面である。震災の年、大正十二年に入ればなお一層、彼等の活動は激しさを増していた。

「大仕掛けの武器密売

拳銃一万挺、弾丸九十万発

武器密輸出事件に関し横浜戸部署は県高等課刑事課及警視庁と協力し、京浜に亘《わた》り犯人捜査中だが遠藤警部補は六日神戸に急行し、共犯者遠藤銀之丞（三十二）を逮捕し七日夜横浜地方裁判所検事局で取り調べの結果大仕掛けの武器密輸出が発覚。米国銃砲製造会社の連発ピストル一万挺並に（略）十万発の弾丸を買ひ受け船員の手を経て青島《チンタオ》に密輸出し朝鮮独立陰謀団に売込んだと発覚した」（「大阪毎日新聞」大正十二年五月九日）

組織的な朝鮮人の抗日運動には、国民の大多数が緊張を感じないわけにはいかなかった。こうした事件が現実に起きていたところへ九月一日の大震災が発生したのだ。

朝鮮人が殺人、強姦をやる、井戸に毒を入れるから警戒せよ、との「流言蜚語《りゅうげんひご》」が流されたといわれる。それははたして「流言蜚語」だったのか、真相に迫りたい。

第3章

「流言蜚語」というまやかし

――自警団は「正当防衛」だった――

吉野作造の暴論

「朝鮮人が襲撃してくる」という「流言蜚語《りゅうげんひご》」が横浜に端を発したことは、すでに触れてきた。その実証的証言も紹介した。

だが、その事実が学者やジャーナリズムまでを巻き込んで「襲撃はなかった」ことにされてきたのだ。九十年経った現在でも、そのまやかしは変わらない。

発生当初は政府も新聞も「朝鮮人が襲撃する」と危険を呼びかけていたのだが、三日も経つとがらりと態度を豹変《ひょうへん》させた。なぜそうなったのか、その詳細については次章で述べたい。ここでは横浜からどのようにして情報が伝達され、またそれに東京市民がどう対処したかの確認をしておこう。

その前提として、「朝鮮人が虐殺された」とする説の展開に最も指導的な役割を担《にな》った吉《よし》野作造《のさくぞう》博士の見解を聞いておかねばならない。

「震災地の市民は、震災のために極度の不安に襲はれつゝある矢先に、戦慄《せんりつ》すべき流言蜚語に脅かされた。之《これ》がために市民は全く度を失ひ、各自武装的自警団を組織して、諸処に呪ふべき不祥事を続出するに至つた。この流言蜚語が、何等根柢《こんてい》を有しないことは勿論《もちろん》であるが、それが当時、如何にも真《まこと》しやかに然《し》かも迅速に伝へられ、一時的にも其《そ》れが全市民の確信となつたことは、実に驚くべき奇怪事と云はねばならぬ。荒唐無稽《こうとうむけい》な流言蜚語が伝播《でんぱ》されたのは、大正十二年九月二日正午頃からである」

との前提を下したうえで吉野は、「予は茲《ここ》では予の耳に入つた諸種の事実を簡明に纏《まと》めるのに過ぎない」とわざわざ断ったうえで「其の大要は次の如きものである」とその伝聞を述べている。

「**朝鮮人虐殺事件**

朝鮮人は、二百十日から二百二十日迄の間に、帝都を中心として暴動を行ふ計画をして居たが、偶々《たまたま》大震災が起つたので、其の秩序の混乱に乗じて、予《か》ねての計画を実行したのである。即ち彼等は、東京、横浜、横須賀、鎌倉等の震災地に於て、掠奪《りやくだつ》、虐殺、放火、強姦《ごうかん》、毒物投入等あらゆる兇行《きようこう》を行つて、六連発銃、白刃を以《もつ》て隊伍《たいご》堂々各地を荒らしたのである。震災当時の火災が、斯くの如く大きくなつたのも彼等の所為《せい》で、隊を組みて震災地を襲ひ、首領が真先になつて家屋に印をつけると、其の手下の者が後から、或《あるい》は爆弾を投じ、或は石油にて放火し、又は井戸に毒物を投入して廻つたのである。戒厳令《かいげんれい》が布《し》かれて兇暴を逞《たくまし》うすることが出来なくなつて、地方に逃げて行つた。そして右の如き暴動、兇行は朝鮮人の男のみには限らず、女も放火し、子供も毒入りサイダーを日本人に勧めた」(『ドキュメント関東大震災』)

吉野が耳にした伝聞こそ真相なのではないだろうか。火付け道具を持ち歩き、目印をそれと思う家の塀に付け、材木屋に火を点《つ》ける朝鮮人を目撃した証人が厳然としていたことはすでに紹介のとおりである。

自虐の系譜

吉野論文は、さらに「流言」説を続ける。

「震災時の民衆を大混乱に陥《おとし》いれた所謂《いわゆる》『鮮人襲来』の流言の出所に就いては、説が区々《くく》として一定しない。警視庁幹部の説によれば(大正十二年十月二十二日の報知新聞夕刊所載)流言の根源は、一日夜横浜刑務所を解放された囚人《しゆうじん》連が、諸所で陵辱《りようじよく》強奪放火等の有らゆる悪事を働き廻つたのを、鮮人の暴動と間違へて、何処からともなく、種々の虚説が生まれ、殆《ほと》んど電光的に各方面に伝波し、今回の如き不祥事を惹起《じやつき》するに至つたのだといふ。(略)

また関東自警団総同盟其他の調査に依《よ》れば、流言の最初の出所は横浜であり、それが高津方面から多摩川を越えて、渋谷蒲田《かまた》大森品川等を経て帝都に流れ込んだのである。流言蜚語の出所に就いては、今尚ほ疑雲《ぎうん》に包まれて居るが、当時、此の流言に対する官憲及軍憲の処置が、当を得ざりし事は之を認めざるを得ない」（前掲書）

吉野作造は民本主義を代表する学者として論壇中央にあり、大山郁夫《おおやまいくお》などとともに大きな影響力を持っていた。

普通選挙論、貴族政治の縮小、軍部改革論などリベラルな論陣を張り、当時の知識層を惹《ひ》きつけた。そして、学者としてのいささかの矜持《きょうじ》を持っていないはずはなかった。彼を支持する学生らを中心に、大正七（一九一八）年には東大新人会（赤松克麿《あかまつかつまろ》、麻生久《あそうひさし》、宮崎《みやざき》龍介《りゅうすけ》らが創設）が設立されていた。東大新人会は吉野を乗り越え、さらに過激なマルクス主義者、労農運動家、無産主義者を輩出する母体となるのだが、本稿ではこれ以上触れない。

その吉野作造にしてこうも簡単に事実を見逃したうえで、「流言」で落着させたのはどうしたことか。

「警視庁幹部の説」というが、横浜で止むを得ず解放した囚人は、あくまでも「鮮人襲来」

に当たって警備の手遅れを補うためであったことが証言されている。

彼等は監獄に戻れば、刑期の短縮などの恩恵が待っていたはずである。よしんば、いっとき解放された囚人の一部に暴挙に及ぼうと考えた者がいたとしても、彼ら囚人が市内を荒し回ったとの説は、何か都合の悪い部分を隠蔽《いんぺい》するための意図的な作為が感じられてならない。

先に「日本人の内部には朝鮮人に対して一種の罪の意識がひそんでいた」ために「流言」を流し虐殺したのだ、とする吉村昭の説を引いた。

吉村昭の『関東大震災』は、火災の実態や震災そのものを後世への教訓として調査した点では画期的な作品と評価されている。だが、虐殺の事実認定に日本人の「罪意識」を持ち出したという意味では、吉野作造が当時、唱えた筋立てに依拠《いきよ》し倣《なら》ったものだ。そこに、日本人が戦後六十年以上を経過してなお変わることのない「自虐意識」を持ち続けることになる素因が潜んでいる。

吉野論文には論理の飛躍がある。「善意の調停者」の破綻《はたん》、といってもいい。

朝鮮人が犯《おか》した小さな犯罪や、彼等の性向をことさら日本人が拡大して恐れおののいた結果があの「流言蜚語」を生み、「虐殺」へ繋がったのだという筋書きで成り立っているのだ。だが、そんな瑣末《さまつ》で、些細《ささい》な事象から事件が発生したわけではない。事件発生の実態は後述するが、ここでは差しあたって吉野作造の詭弁《きべん》に近い論調を紹介しておきたい。

「鮮人暴動の流言出所に就き、親交ある一朝鮮紳士よりこんな話を聞いた。横浜に居る朝鮮人労働者の一団が、震火災に追はれて逃げ惑ふや、東京へ行つたらどうかなるだらうと、段々やつて来た。更でも貧乏な彼等は、途中飢に迫られて心ならずも民家に行つて食物を掠奪し、自らまた多少暴行も働いた。これが朝鮮人掠奪の噂さを生み、果ては横浜に火をつけて来たのだらう、などと尾鰭《おひれ》をつけて先きから先きへと広まる。かくして彼等の前途には警戒の網が布かれ、彼等は敢無《あえな》くも興奮せる民衆の殺す所となつた。飢餓に追れる少数労働者の過失が瞬《また》く間に諸方に広がつて、かくも多数の犠牲者を出だすに至つたのを見て、我々は茫然自失《ぼうぜんじしつ》するの外はない」(「中央公論」大正十二年十一月号)

「朝鮮人労働者の一団」が貧乏だからといって民家に押し入るのを「心ならずも」だと庇《かば》い、「掠奪し」「多少暴行も働いた」のが「尾鰭をつけて」事件が拡大したのだと博士は述べる。

だが、たとえ貧しくても、他家へ暴力をもって押し入ればそれは日本では強盗というのである。「掠奪の噂さを生」んだのは至極当然ではあるまいか。この一例をとってみても、当初、警察が発した「鮮人襲来」の報は決して間違いではなかったといえる。さらに別の件に関しても、吉野は次のように日本人の過剰反応を言い募《つの》る。

「よし(注・暴動、放火などが)あったとした所が、あの位の火事泥は内地人にも多い。普通あゝ云ふ場合にあり勝ちの出来事で、特に朝鮮人が朝鮮人たるの故を以て日本人に加へた暴行と云ふ訳には行かない。況《いわん》や二三の朝鮮人が暴行したからとて凡《すべ》ての朝鮮人が同じ様な暴行をすると断ずる訳には行かぬではないか」(前掲誌)

要するに放火や暴行があったからといって、日本人だって同じ事をすることがあるのだから、朝鮮人だけが日本人を狙ったことにはならない、というのだ。博士の一般朝鮮人への配慮は分かるとしても、震災のさ中に日本人が暴行、掠奪、強姦などをした例は皆無に近い。絶無とはいえないにせよ、戒厳令が布かれ、自警団が日本人へも同じように目を光らせて警戒に当たった。自警団は何も朝鮮人や中国人だけのために組織されたわけではない。日本人はお互いが可能な限り助け合い、この末世の災厄を通過したことを忘れてはならない。

吉野作造の詭弁としかいえない例をもう一件、紹介して先に進みたい。

「仮令《たとえ》下級官憲の裏書があつたとは云へ、何故にかく国民が流言を盲信し且《か》つ昂奮《こうふん》したかと云ふ点である。多数の奉公人を使ふ一家の主人が、或る一人を非常に虐待したとする、虐待されても格別反抗もしないので、平素は意に止《ママ》めなかつたが、その中図らず放火するものがあつて、家が全《ま》る焼けになつたとする。此時誰云ふとなく火を放《つ》けたのはその男だと云ふものがあると、人々が悉《ことごと》く成程と信ずるに相違ない。そは平素は意に留めなかつたが、彼は平素虐待されて居る所から、必ずや主人を恨んで居つた筈だと、各々《おのおの》のこころが頷《うなず》くからである」(前掲誌)

虐待する主人が日本人で、火付けを疑われた奉公人を朝鮮人になぞらえるこの図式的な比喩《ひゆ》こそ、非論理的で吉野作造とも思えない。

「自警団」は自衛組織

自分の住む町内は可能な限り自力で守るという伝統は、長い間、わが国の慣習であった。「自身番《じしんばん》」と文字どおりいうように、町人のなかから選ばれた者が治安維持にあたる自衛組織である。江戸市中警戒のための庶民の知恵として、「番所」という詰め所も設置された。

関東大震災時に作られた自警団も、そもそも朝鮮人の襲来に備えたものではない。町内の平穏《へいおん》な日常を守るために各所で結成されたものである。「火事場泥棒」のような輩《やから》は遺憾《いかん》ながらどこにも存在しうるもので、そうした犯罪から各戸を守り、さらには余震などの心配から二次災害の危険を食い止めねばならなかった。

九月一日午後、震災発生直後から自警団が改めて強化された。消防関係者、成年男子、トビ職などが在郷軍人を主軸に置くなどして、各町内で次々に武器の調達を開始した。竹槍、鳶口《とびくち》、棍棒《こんぼう》、日本刀、荒縄など暴漢への対策が講じられたのだ。火焔《かえん》渦巻く一日の夕刻、彼等は自分たちの町内への延焼や火事場泥棒、不良行為などから家族を守るべく鉢巻を巻いて夜回りの当番などを決めていた。

牛込柳町《うしごめやなぎちょう》で自警団を組織した関係者の発言である。

「『今夜あたり、ドサクサにまぎれて盗賊が横行するかも知れない』とか『放火がありはしないだらうか』との疑ひが浮かんだ。地震の恐ろしさに、どこの家でも、家族は、悉《ことごと》く戸外に避難してゐたのだ。かうして、盗賊跋扈《ばっこ》も放火も想像するに難くなかつた。ソコで、期せずして心ある人々は、町の出入り口に出張して、警固の任に当つた。町会や青年団の成立している町では、夫《そ》れらの幹部が夜警をすすめたのであつたが、さう云ふ機関がない

所では、全く誰れの布令もなかつたので、自発的に起つたのであつた」（「太陽」大正十二年十月号）

そこへ一挙に事態が急変するような情報が入ってきた。これまでみてきたように、横浜で「鮮人来襲」が発生し、それが東京へ急速に流れ込んでくる、というものである。

この情報が決して「流言」でも「蜚語」でもない真実であることは、すでに具体例を示して述べた。

再び吉村昭を引けば、自転車に乗った男が「流言」を撒き散らしながら荏原《えばら》郡一帯を恐怖に陥れたのがきっかけだと述べている。

「『不逞朝鮮人の集団が三隊に分れて六郷川《ろくごうがわ》を渡って来襲してきたが、その中には銃を肩にしている者もいる』とか、『道路沿いの井戸に毒薬を投げこんでいる』という風説も流れた。

これらの流言は同郡内の各町村を大混乱におとしいれ、雨戸をしめて閉じこもる者もあれば、避難準備をはじめる者もいた。また男たちは、手に手に竹槍等をかざし半鐘《はんしょう》を乱打して警戒に当った。

通報を受けた大森署では、電信電話が杜絶《とぜつ》しているので状況をたしかめることができず、署員を六郷方面等に放って偵察させた。が、風説を裏づけるような事実はなく、それが悪質な流言にすぎないことを確認した」(『関東大震災』)

しかし、そんな甘い偵察で襲撃の実態が分かるわけがないとして住民は納得しなかった。警察官は抗議の住民に取り囲まれ、

「なにをそんな悠長なことを言っているのだ。目撃者が数多くいる。そんなのんきな事を言っていて警察官が勤まるのか」(前掲書)

と罵倒《ばとう》されたというが、怒るのは当然である。

先に紹介したように、吉野作造が信頼する「朝鮮人紳士」でさえ「飢に迫られ」た朝鮮人の一団が暴行、掠奪を行ったと告白しているではないか。こうした一団が、次から次へと多摩川を越えて東京市内へなだれ込めば、騒ぐなというほうが無理である。

かくして、自警団は二日に入ると一層強硬手段をもって朝鮮人の潜入に備えるようになった。これを「自衛」という。

死体の分別

自警団が設けた関所ができたため、町中を歩いていた朝鮮人、もしくはそれとおぼしき人物は片端から誰何《すいか》され、抵抗する者は殴られたり、暴行を受けたり、警察へ連行され、そこで厳しい尋問を受けるなどした。

なかには、激昂《げっこう》していた自警団のために殺されなくてもいい命が失われた例がないとはしない。不幸な朝鮮人が皆無ではなかったことは事実として確認されるべきであろう。

ここでは、そうした死体が殺人行為なのか、震災の結果なのか極めて判断しにくい死体が多いことを示すサンプルを引いておく。一般の朝鮮人が覚えたであろう恐怖についても十分に理解できるケースの一つだろう。

「私は一九二三年、二十二歳の時に日本へ渡った。八月下旬になると土方《どかた》仕事をすることになった。九月一日、私は仕事を休んでいた。地震が始まり地獄絵図の中の夜を迎えることになったが、私は知り合いの人達と釜や米を持って荒川の土手に避難した。私たちはこの時十三人（婦人八名）でいましたが、八時頃日本人たちは津波がくるといって大騒ぎを始めました。消防団、青年団が一緒に来て、私達の身体検査を始めました。検査をしながら『小刀一つ出てきても殺すぞ』と脅かした。だが、私達の中から小刀一つ出てくるわけがなかった。そのうち縄を持ってきて、私達十三人をじゅずつなぎに縛り上げ、『少しでも動いたら殺すぞ、このまま待っていろ』と彼等は土手に私達十三人を残したまま去って行った。夜も更《ふ》けて雨がしとしとと降り出した。十二時頃になると、橋の向こう側で激しい銃声が聞こえてきた。しかしそれが何の音であるかは分からなかった。夜が明けて五時頃になると、鳶口《とびぐち》を手に手に持った消防団員八人が『云う通り動かずにじっとしていたから命を助けよう、警察へ行けば大丈夫だから。ここにいたら殺されるぞ』などと云った。これを聞いて、夜中に聞いた銃声が何であるのか分かった。ここで初めて朝鮮人虐殺の事実を私達は知ったのである。自警団は夜が明けてから朝鮮人と分かれば、片端から鳶口や日本刀で虐殺し始めた。橋のたもとに来るとそこは死体で足の踏み場もない位であった。これらの死体は全部朝鮮人の虐殺死体であった。十四日目には将校が来て『明日は千葉へ行かねばならない。そこへ行けば三度の飯が保証される』と告げた」(『現代史資料6』「関東大震災における朝鮮人虐殺の真相と実態」一部省略あり)

だが、「銃声」と「虐殺」が一致する確たる資料は示されていないのだ。

「私達十三人」の朝鮮人は保護された。片や「虐殺された」朝鮮人もいた。「虐殺された」朝鮮人がどのような素性《すじょう》の人々だったかは、ここでは何ひとつ触れられていない。

いまそこにあるテロ

日本人にとっても、貧しくとも真剣に汗を流して働いていた在日朝鮮人にとっても、この大震災は不幸な出来事であった。

再三述べるが、無辜《むこ》の朝鮮人が命からがらの目に遭《あ》わざるを得なかった例が少なくないことは承知している。生死を境とした恐怖心を孕《はら》むような状況が、各自警団側にはあったのだ。それは既述のように「鮮人襲来」が真実だったためである。やや過剰といわれても、町内と家族の身の安全を最優先に考えて怪しき振る舞いの朝鮮人を難詰《なんきつ》し、相手が反抗したり逃げ出したりすれば暴力沙汰になってもこれを抑え込むのは自衛上、やむを得ない処置だ。

そうでなければ、組織的な主義主張をもって日本を大混乱に陥れようとするテロリストたちに組み伏せられ、町内の破滅は国家の破滅へと進んだに違いない。

一方で末世の地獄とも思える大震災、大火災の打撃を受けていた市民と自警団にも心理的な混乱は起こっていただろう。

だが、それももとを質《ただ》せば社会主義者と抗日民族主義者が共闘し、上層部からの指令を受け、天災に乗じ、思いを遂げようとした輩《やから》がいたからだということを忘れてはならない。

被害者は日本国民と大部分の無関係な朝鮮人生活者だったのだ。
三河島《みかわしま》で花火工場を襲撃した朝鮮人一団に遭遇し、その恐怖の体験を語った人物の記録を見てみよう。

「時刻は二日の午前一時か二時頃である。徹宵《てつしょう》して空腹と疲労を忍《しのん》で日暮里《にっぽり》の親戚を尋ねたが日暮里の半分は消滅してる。已《や》むなく南千住《みなみせんじゅ》から三河島に落延びた。同地方は火災はなかつたが新発展地で新築家屋も建設中の家屋も将棋倒しとなつていた。私どもは三河島字町屋《あざまちや》七二一の標札のある潰家に陣を取り休息し、正午頃やつと食事に恵まれた。同夜十二時頃、鯨波《とき》の声がするのでビックリしたが南千住一帯を巣窟《そうくつ》とせる鮮人団が三河島附近の煙火《はなび》製造場を夜襲して火薬類を強奪し、婦女を陵辱《りょうじょく》し、食糧軍資金を掠奪するといふので、在郷軍人、青年団が決死隊を組織し警戒中であると聞き、私どもは非常に恐怖し、妊婦を伴《つ》れ同夜は田圃《たんぼ》の中に露宿して難を免《まぬか》れたが、仙台から青森に避難すべく日暮里に引返す途中二人の鮮人は撲殺《ぼくさつ》され、一人の鮮人は電線に縛られて半死半生《はんしはんしょう》の体であつた。また附近の墓場には扮装賤《いや》しからぬ年増《としま》婦人が鼻梁《びりょう》をそがれ出血甚だしく、局部にも重傷を負ひ昏倒してゐたが、七八人の鮮人に輪姦《りんかん》されたといふ事で地方の青年団は極度に憤慨し、鮮人と見れば撲殺し、追撃が猛烈であつた。鉄道線路は軍隊で警戒し、その通路を安全地帯とし仮小屋を建て、避難してゐるものが無数で、何《いず》れも鮮人の襲撃を恐れたためである」（神田区淡路町二ノ四筑波館、山瀬甚治郎談「河北新報」大正十二年九月六日）

「鼻をそぐ」というような残酷な行為は、日本にはなかった蛮習《ばんしゅう》であるという事例は前にも述べた。

もう一件、東北大書記の男性が被害状況を視察、記録するため仙台より急遽《きゅうきょ》上京した。五日正午には帰着し、その実情を新聞記者に語った談話である。

「川口町の混乱は実に名状すべからざる有様で、避難民は大群を成して押し寄せてくる。川口町から徒歩で赤羽まで行くと此処にも避難民が一ぱいでとても通れない程だ。空腹を訴ふる子供や足を挫《くじ》いた婦人、重傷と飢餓とに死にかかつてゐる男など救ひを求めてゐる。（略）やつと上野に着いて山に登つてみればまるで焼石の河原のやうだ。僅《わずか》に浅草の観音様や大建物の鉄筋のみが見えてゐる。青年団、軍人分会、自警団員等はいずれも刀鉄棒樫木棒を持つて警護に任じてゐる。なんでも震災後の火災は左程でもなかつたが、一日夜から不逞鮮人が随所に放火し、上野の如きも朝鮮婦人が石油をまきそれに鮮人が後から爆弾をなげた為めなさうで、罹災民《りさいみん》の鮮人を憎むことは迚《とて》も想像以上である。この附近の人達は岩崎邸に避難したのであるが、邸内の井戸に毒薬を鮮人に投ぜられたので非常に困って居る。それで、四日午前には万世橋《まんせいばし》で七人、午後には大塚で二十人、川口で三十人の不逞鮮人隊が捕縛《ほばく》され、その一部は銃殺されたといってゐた」（渋谷東北大学書記談「河北新報」大正十二年九月六日）

目撃談の真偽

ただし、公正を期するために申し添えなければならないのは、この談話の主にしても朝鮮人が放火したのを自身の目で見たわけではない。

また、岩崎邸井戸への毒薬投入にしても同様である。上野の町中の混乱状態のさなかに彼が耳で聞いたに過ぎないことは証拠としてやや弱い。

「河北新報」はこの談話に、「不逞鮮人の暴動は事実」と見出しを打っている。暴動そのものは事実に違いないが、横浜で確認されたような証言と比べれば強度に欠ける。

だが、上野へ来るまで多くの犯罪を繰り返しながら一団となって市中を襲っていた経緯を聞いていれば、自警団の血相が変わり、市民が恐怖におののくのは当然のことである。常識的にはこの談話が目撃証拠でないとはいえ、ありのままを伝えている可能性が高いと思われる。

大森の高台に広大な敷地を持つある夫婦は、近所の住民多数を自宅の庭に招じ入れ、朝鮮人の襲来からようやく逃れた。その始末記の一部を長いが引用しておきたい。

「(二日) 自分はまだはつきりと覚めやらぬ眼をこすりつつ『何だ』と言ふと妻は『○○が攻めて来たそうです』と震へ乍《なが》ら答へる。自分の住んで居る所から五六町も隔つた処に大仏《おおぼとけ》(注・現品川区大井) と云ふお寺がある。野中の一ツ家で東京からの遊楽散歩には丁度宜い箇所になつて居る。それが近頃土地熱、住宅熱にうかされて附近の丘陵や松林を漸次《ぜんじ》切り開いて埋立地を作つて居る。之に従事して居る土工は全部○○である。彼等は遊楽の婦人にからかふ、悪戯《いたずら》をする、折角《せっかく》好ましき此遊楽地も○○の働く様になつてからはすつかり恐怖の土地になつて仕舞つた。(略) 果せるかな、妻は自分に彼等の襲撃を告げた。

自分の宅は小高い山の上に在る一千坪の一廓が三つにしきられて、私は其一廓の一隅を占めている。此一廓の周囲は凡《およ》そ生垣《いけがき》で更に此の一廓に続いて五六百坪宛の空き地が二ツある。(略) ことある場合の避難地としてはまことに適当な個所である。それを認めてか、自分が妻に揺り起こされてまだ身仕度《みじたく》も整へぬ間にもう附近の人達が続々と自分の家目指して避難のため押寄せて来た。

二日神戸発の某船の船長の一家族もあれば、其船で官命を帯びて渡航した某省の某高等官の家族もある。小学校の女教員、今年某大学を出て初めて家庭を持つた若夫婦、常には言葉も交わさなかつた妾《めかけ》生活をして居る町の角に住んで居る女すら此中に交つて居た。総勢二十五六名、婦人、子供、お婆さんが多くて男性は僅《わず》か四五人である。さうして集まつた人達を最も安全なる避難ケ所として地続きの空き地へと導いた。生茂《おいしげ》る叢《くさむら》や芒《すすき》の中にすつぽりと姿を隠さしめた。其場合、勢ひ自分は指揮官たらざるを得ぬ、自分は『若《も》し○○が掠奪を目的とするならば、全然無抵抗で行きませう。併《しか》し多少でも生命に危害を加へる様な形跡があつたならば、私達は婦人子供を先々逃がし乍ら出来るだけ抵抗を続けて逃げませう』と宣告した。巡査の一人があご紐をかけて、自転車に乗って駈《か》けて行く。それを把《とら》えて『どんな形勢ですか』と訊《たず》ねると彼は『今○○の数三百人程が団体を作つて六郷川で青年団や在郷軍人団と闘つて居る。其中の五六十人が丸子《まるこ》の渡し附近から馬込《まごめ》に入り込んだと云ふ情報がありました、さうして毬子を渡つた処で十五六人女や子供を殺したさうです。皆さん警戒して下さい』と叫び乍らどこかへ飛んで行く。

自分はこれは誠に容易ならざる事と思つた。（略）警鐘の響が四方八方から起る。ワーツと言ふ様な喊声《かんせい》がどこからか聴こえる」（中根栄談「福岡日日新聞」大正十二年九月二十三日。伏字部分は他の関係資料によれば朝鮮人を指す蔑称《べつしょう》が入る）

この記録は幸いにも自身が朝鮮人から直接攻撃を受けたわけではない。だが、尋常ならざる恐怖を附近住民とともに体験し、警官もそれに加わって異常な状況が生み出されていた。

ここまでに幾度となく日韓併合以来の渡来者増加については触れてきた。こうした事態が生じたのは、日本人の日常生活の安寧《あんねい》を乱す政府の失政があったことは否めない。インフラの整備や教育などにいくら手厚い保護を加えても理解されなかった。その結果、渡来朝鮮人の共通意識には日本人への恨みが抜けがたく刻まれた。

だが、その反日感情を巧みに利用しようとした社会主義者と過激民族主義者が陰にいたことはなかなか理解されずに、朝鮮人への恐怖感だけが日本人に植え付けられたきらいがある。

いずれにせよ、大正十二年九月に朝鮮人への言い知れぬ恐怖感が、テロに推移する実態を伴ったことは歴然とした事実だった。

不審火　Ⅰ

東京市の焼失面積は全市の四四％、およそ五割が灰燼《かいじん》に帰《き》したことになる。午前十一時五十八分の一回目の強震に続く余震は、体感レベルで総計九百三十六回に達した（中村精二理学博士）という。余震が火災を引き起こした例がなくはないだろう。だが、はたしてそれだけで東京の半分が焼失するものかどうか、当時の市民も目を疑ったに違いない。

大火災は一日正午に始まり、九月三日夕刻まで続いた。実に五十二時間にわたって燃え続けたことになる。その原因はいくつかの悪条件が重なったためとされている。

たとえば、建造物が燃えやすいこと、ビルもレンガ造りなど崩れやすいものがあったこと、地震によって水道管が破裂し消火能力が失われたこと、昼どきで七輪などに火を起こしていたこと、特に町中の飲食店では客に出す料理のため盛んに火を使っていたことなどが挙げられている。

さらに、延焼が食い止められずに火勢が衰えなかった原因としては薬品類のためとしている。

なぜか。学校、試験所、工場、医院、薬局などに保管されていた引火しやすい薬品が棚から落ちて発火したのだと説明されている。その証拠に、学校からの出火が多いと述べる関係書が多い。

たしかに、蔵前《くらまえ》の東京高等工業学校、富士見町の日本歯科医学専門学校、市ヶ谷の陸軍士官学校の一部、東京帝大の工学部などからの出火があったのは、そうした関係がなくはあるまい。

ところが、出火場所には専門的な薬品など必要とするはずもない女学校や小学校など多数が含まれていた。かなりの区部が完全焼失するほど延焼している。

火災が九月一日の正午から夕方までに起きたことは、地震との関連と理解できる。出火は市部で百三十四カ所、郡部で四十四カ所、合わせて百七十八カ所にも及び、どうにか消し止められたのは八十三カ所くらいだといわれている。

出火と同時に消防隊員や地元の町内会、自警団らの必死の消火活動によって半分近くは鎮火させたが、九十カ所以上の火災が強風に煽られ、延焼した。

この日の風向きは南風もしくは南東から吹いていた。前夜来の台風の通過の影響から、風と雨が交互にやってきては、時に積乱雲《せきらんうん》が高く聳《そび》えるという荒れ模様の一日だった。夕刻になっても一向に衰えない火焔が、立ち上がる積乱雲を紅蓮《ぐれん》に染め上げてゆく夕景を多くの市民が呆然《ぼうぜん》と見上げていたのだった。

さて、南東方向から吹く風にしては風上にある所から思わぬ火の手が上がる、それも一日夜から二日以降になって、突然燃え始める事態に市民はようやくそれが放火によるものだと気がつく。当然、自警団は朝鮮人の放火以外に考えられないと思うようになった。そうした市民に確証を与えたのが新聞記事だった。

「不逞鮮人各所に放火――帝都に戒厳令を布く
――一方猛火は依然として止まず意外の方面より火の手あがるの点につき疑問の節あり、次《つい》で朝鮮人抜刀事件起り、警視庁小林警務長係外特別高等刑事各課長刑事約三十名は五台の自動車にて現場に向つた。当市内鮮人、主義者等の放火及宣伝等頻々《ひんぴん》としてあり」(「東京日日新聞」大正十二年九月三日)

二日の午後になって新しい火災が発生するということは、常識では考えにくい。罹災者は避難し、その後はもはや燃えるものは燃え尽きていたはずだ。そうした不審火は市内各所から発生したが、牛込や四谷、市ヶ谷附近の発火はいかにも不自然な時間に発生している。

多くは空家、小学校、印刷所、商業ビルなどから発火したのだが、いったいどんな可燃物が貯蔵されていたというのだろうか。

一般的に可燃物の薬品とは、次のような物質が危険物として指定されていた。硫化《りゅうか》リン、硫黄《いおう》、赤リン、マグネシウム、塩素酸塩類、硝酸《しょうさん》、過マンガン酸塩類、黄燐《おうりん》、ニトロ化合物、それに純度の高いアルコールや石油といったところだ。

大正十二年の一般的な家庭や町内の小学校、商業ビル等にそのような発火性の強い薬品が貯蔵されていたとでもいうのだろうか。

風上に逃げたにもかかわらず、不審火の発火のため一帯が火の海と化し、落命した市民の数は知れないほど多い。

横浜で目撃されたように、朝鮮人の放火があったとされるゆえんである。

不審火 Ⅱ

東京市内の不審火出火の代表的な例を二カ所、確認しておきたい。いずれも震災発生からかなりの時間を経過して発火した場所である。

まず、牛込のケースから見ておこう。

「火に見舞はれなつた《ママ》が唯一の地として残された牛込の二日夜は不逞鮮人の放火及び井戸に毒薬投下を警カイする為めに青年団、在郷軍人団及び学生の有志レンは警察官軍隊と協力して徹宵し横丁毎に縄を張つて番人を付し通行人を誰何《すいか》する等緊張し、各自棍棒、短刀、脇差《わきざし》を携帯する等殺気が漲《みなぎ》り、小中学生等も棍棒をたづさへて家の周囲を警戒し、宛然《えんぜん》（注・あたかも）在外居留地に於る義勇兵出動の感を呈した。市ケ谷各町は麴町《こうじまち》六丁目から平河町は風下の関係から火の粉が雨の如く降り鮮人に対する警戒と火の恐れで生きた心もなく戦場さながらの光景を呈した。牛込佐土原町では二ケ所に於て鮮人放火の現場を土佐協会の大学生数名が発見、直ちにもみけした、又三日朝二人づれの鮮人が井水に猫入《ママ》らずを投入せんとする現場を警カイ員が発見して直ちに逮捕した」（「東京日日新聞」大正十二年九月四日）

隅田川が東京湾へ合流する河口にぽつんと独立して埋立地、月島がある。隅田川はかつて吾妻橋《あづまばし》から下（注・ほぼ浅草から下流）を大川と呼ぶ慣わしがあり、その大川は河口で月島によって二分され、東京湾へ流れ込む。

当時、深川や築地《つきじ》方面との通路は相生橋《あいおいばし》一本で、佃《つくだ》の渡しなどが機能するのみだった。防備上の理由からであろう。画期的といわれた勝鬨橋《かちどきばし》の完成は皇紀《こうき》二千六百年記念に湧く昭和十五（一九四〇）年を待たなければならない。つまり、震災時には渡し船と相生橋を除いては陸の孤島であった。

ということは、多くの下町の住人たちは、月島へ逃げれば火焔地獄から助かるに違いないと考えた。当然のことと思えた。

ただしそれには、燃え盛る深川を走り抜けなければ相生橋を渡れない。当初は大丈夫といわれていた深川まで、すでに火の海だったのだ。この原因も解明されていない。本所《ほんじょ》に近いとはいえ深川はいく筋もの大小運河によって仕切られ、一挙に燃え広がるとは信じられない地域だった。運河を飛び火したり、避難民の荷車などの家財に火がついて延焼したとしても、限度がある。深川区すべてが焼失するには、放火が加わった可能性があったと指摘されるのも当然だ。

さて、その猛火の町をくぐり抜けて、ようやくの思いで月島へ逃げ延びた人の記録がある。まさに生き地獄の体験談といっていい。

「去る一日正午の強震で住民は一斉に電車通りとか鉄工場の空地へ避難した。最初の強震あつて約三十分も経つたと思ふ頃、銀座尾張町と芝口の二ケ所の出火あり黒煙濛々《もうもう》として物凄く、消防隊が駆けつけたけれど水の便がないので火勢は、刻々猛烈となつて行くばかり。（略）夕景に至つて恰《あたか》も暴風の状態となり、本所深川方面は火の海と化した。その頃までも住民等は異口同音《いくどうおん》に川を隔《へだ》ててゐるから月島だけは大丈夫と多寡《たか》をくつて逃支度《にげじたく》もせず、飛来せる火の手を消したりなどして対岸の火事見物をしてゐたところが火足は頗《すこぶ》る迅速に、ソレ商船学校が燃え出した、ソレ糧秣廠《りょうまつしょう》だといふ塩梅《あんばい》に猛火はだんだんと月島の方向さして襲つて来る」（「河北新報」大正十二年九月六日）

この体験談を語った人物は、足許に火がつき始めたためこの直後、あわてて月島を目指して避難した。深川のはずれ、越中島《えっちゅうじま》の商船学校も糧秣廠も燃えていたというから、その中間にある相生橋を渡るには決死の覚悟が必要だったに違いない。

大正期に入って月島には市営住宅が次々と建てられ、増加する人口を吸収していた。その市営住宅に火がついたのは、避難民が入り始めて間もなくのことだった。

住宅の先には約三万坪の空き地があって、下水管置き場に使用されていた。住民多数と避難民たちはその鉄管、土管のなかへ避難した。土管類の直径は一メートル、長さ三～四メートルほどあったらしい。そのなかに三万人もの住民がもぐりこんで退避したという。

話の続きを聞こう。

「この土管の中に約三万人の月島住民は避難してゐた。勿論着のみ着のままで……辺りには火薬庫がある。これが万一破裂しやうものなら生命はこれまでだと生きた心地もなく恟々《きょうきょう》として潜んでゐた。(略)これより先、越中島の糧秣廠にはその空地を目当てに本所深川辺りから避難してきた罹災民《りさいみん》約三千人が雲集《うんしゅう》してゐたところが、その入口の方向に当つて異様の爆音が連続したかと思ふと間もなく糧秣廠は火焰に包まれた。そして爆弾は所々で炸裂《さくれつ》する。三千人の避難者は逃場を失つて阿鼻叫喚《あびきょうかん》する。遂に生きながら焦熱《しょうねつ》地獄の修羅場を演出して、一人残らず焼死して仕舞つた。月島住人は前記の如く土管内に避難し幸ひに火薬庫の破裂も免《まぬか》れたため死傷者は割合少なかつた。それだけこの三千人を丸焼きにした実見者が多かつた」(前掲紙)

繰り返すが、越中島の東京湾沿いにある糧秣廠と月島とは、枝分かれした大川を挟んで目と鼻の距離にある。

もとより糧秣廠とは、軍が馬の秣《まぐさ》を収納するだけの簡素な倉庫である。爆弾などが置いてあるはずもない。広さは広いが、火の気に警戒してきたのは軍の常識である。そこへ爆発物の音が連続して聞こえ、火の海となったというのは尋常ではない。話は核心に入る。

「而《しか》も鮮人の仕業であることが早くも悟られた。そして仕事師連中とか在郷軍人団とか青年団とかいふ側において不逞鮮人の物色捜査に着手した。やがて爆弾を携帯せる鮮人を引捕へた。恐らく首魁者《しゆかいしや》の一人であらうといふので厳重に詰問した挙句遂に彼は次の如く白状した。

『われわれは今年の或時期に大官連が集合するからこれを狙つて爆弾を投下し、次《つい》で全市到るところで爆弾を投下し炸裂せしめ全部全滅鏖殺《おうさつ》(注・皆殺しの意)を謀らみ、また一方二百十日の厄日には必らずや暴風雨襲来すべければその機に乗じて一旗挙げる陰謀を廻《めぐ》らし機の到来を待ち構えていた（略）』

風向きと反対の方面に火の手が上がつたり意外の所からパチパチ異様の音がしたり燃え出したりしたのは正に彼等鮮人が爆弾を投下したためであつた事が判然したので恨みは骨髄に徹し評議忽《たちま》ち一決してこの鮮人の首は直に一刀の下に刎《は》ね飛ばされた」（前掲紙）

もちろん、現代の法秩序からいえば、いくら爆弾投下を自供したからといって、その場で民間人の手で首を刎ねるという行為は許されない。

だが、大災害のさ中に計画的なテロ行為をもって大量殺人が行われれば、市民の怒りはもっともなことといえよう。そして、このような例はほかにも少なからずあったと考えられる。これがいわれるところの「虐殺」のカウントに加えられているのだが、避難していて殺された犠牲者の立場を考えれば当然の処置だといえよう。

大前提として、まず朝鮮人がどんな主義主張があったにせよ、この大震災に乗じて無辜の市民多数を殺傷したこと、集団をもって市民を襲い、結果として尋常ならざる恐怖感を与えたゆえの結末であることを忘れてはならない。

火災の実地調査

大正十五（一九二六）年になると東京市役所は『東京震災録』を発表し、実地調査の記録として公表している。

ここでも、薬品の落下などを延焼の大きな一因に挙げている。市内の火元の原因が正確に分からないと薬品の落下のせいにしてしまうのは、この調査でも同じだ。そんなに東京市内は劇薬で一杯だったのか。

火災に関する東京市の記録は概略、以下のとおりである。

「九月一日の大地震が起るや、東京市内及び隣接郡部に於いては、家屋の倒壊若《も》しくは薬品の頽落等に依り、各所に火災起り帝都の殆どは半ば之が為に焼夷《しょうい》せられたるが、飛火場所の総数は市郡を通じて実に百七十八ケ所の多数に上れり」

と薬品の落下を火災発生の重要事項に挙げている。薬品のせいにして済ませる報告書はまだ続くが、要点のみ引いておこう。

「尚ほ此外火災現場より飛火して更に新なる火元となり、火勢を増大したるもの、市内のみにて百余ケ所を下らず。而《しか》して隅田川を越えて対岸に延焼したる如き著《いちじる》しき例は、調査容易なるも、其他は到底精査し難きもの多きを以て総て之を省略せり。

出火の原因は、其不明なるものを除き、最も多きは薬品にして、市内のみにて三十三に達し、竈《かまど》の二十之に次ぎ、七輪十二、瓦斯《ガス》六、油鍋五、火鉢三、営業用炉二の順となる」

他人事の役人報告以外の何ものでもない書類の典型だろう。最後は「到底精査し難きものは総て之を省略せり」と調査を放り出す始末だ。だが、これには次章で述べるような政府筋の政略あってのことと考えることが可能である。

ただし、火災発生時刻について、同報告書でもいくつかの不審火について触れないわけにはいかなかった。

「大体に於て殆ど総ての火元は、其原因の如何を問はず、地震直後に発火したるものと見て差支《さしつかえ》なきが如し。唯だ北豊玉《きたとよたま》郡南千住三ノ輪百十三番地小山某方は九月一日午後三時に、麴町区内幸《うちさいわい》町一丁目三番地植木旅館は九月一日午後八時に、芝区金杉二丁目十九番地山口徳次郎方は九月二日午後零時に、下谷《したや》区北大門町一番地風月堂は九月三日午前二時に発火したるを例外とす」

僅かな例外を挙げて事態の収拾を図ろうとする当局苦心の報告書だが、それだけに裏にある放火の事実が一層見え隠れせざるを得ない。

幸田文、井伏鱒二

この震災では町内を守る者、自分の妻や子を守る家族などの絆が強く結ばれ、またいわれるよりは遙かに官民一体となって助け合う情景がそこここに見られた。

その生活者としての、根が張ったような強靱さが災害の復興を早めたことはいうまでもない。自警団や町内会と各戸が結ばれていた時代だったからこそ生き抜けたことは重要なポイントだ。

大正という不安定な時代背景を負いながら、それぞれの家族が押し寄せるさまざまな厄災からどのように必死に逃れ生きたのか。先に芥川龍之介による「勇敢なる自警団の一員」たる市民の憤怒《ふんぬ》を見た。そのほかにも、作家の目を通して捉《とら》えられた自警意識の覚悟は挙げればきりがない。ここでは幸田文《こうだあや》と井伏鱒二《いぶせますじ》の作品を見ておきたい。天変地異の恐怖におののきつつも、生きることへの覚悟が決然として感じられる。

［幸田文］

「横浜へ中の姉をさがしにいっていた兄が帰ってきた。横浜もまた惨憺《さんたん》たる状態で災害を蒙《こうむ》っており、港を見れば聞かずともその阿鼻《あび》がわかったという。姉の家のあたりはただ平たい焼野原になり、誰にきいても首をかしげて、さあこの辺の人はおそらく、とだけしか答えなくて、絶望し、けれども救護所や軍人会のテントへは一々連絡を頼んで帰京し、それでも念のためと東京の本店跡へ足を伸ばして、そこで無事を知ったという。義兄も姉も海へ逃れ、そこで火水の苦しみに逢い、重油にただれ、浮きつ沈みつを外国船に救われたらしい。

『気の毒で、ちょっと目のあてられないくらいな顔だ。やけどなのか、あざなのか。それともあれが重油のただれなのかなあ、首から上がやられている。流産もかわいそうだが、火傷《やけど》もあとが残るだろうからなあ。』

舅《しゅうと》姑《しゅうとめ》、長男の家族と一緒に姉たちも、練馬《ねりま》に借りた家にいるが、動くのも大儀そうで、あの図々しいところのある姉がひどく神妙に、一生をとり止めた仕合わせを感謝して『死ぬ時はなにもわからなくなるんだろうけど、死ぬまでの、死にきれない間は、そりゃもう苦しいなんてものじゃない』というばかりだったという。るつ子はじっとしていられなかった。

『あたし、看病に行きたいわ。』」

幸田文の『きもの』という小説の一節である。この小説の女主人公、るつ子は著者自身の姿をほとんど映し出しているとみえる。もちろん、小説家としての韜晦《とうかい》や手法から人間関係に操作が加えられてはいるが目に写った事柄、重油に埋まった横浜の海など直截《ちょくせつ》な情景をも記している。

こうした事実を捉える厳密な描写は、私小説の形を借りつつも、私小説の枠を越えて読むことを可能にしてくれた。

父・幸田露伴《こうだろはん》の死後、文は急に執筆を開始した。『きもの』はまだ家族全員が揃っていた時代に起きた天災の奥に主題を求めている。姉の家を祖母とともに見舞うるつ子のその先をもう少々追ってみたい。

「おばあさんとるつ子は兄の書いた地図をたよりに、練馬の畑みちをたずねて行った。見るかげもなく姉の顔は繃帯《ほうたい》されていた。やけどが深く、それに暑気のために治りがわるいとか。（略）西垣一家のうち本当の無一物になったのは、この姉である。着ていたものさえ、火に千切《ちぎ》られ、潮に脱がされ、からださえも傷だらけ、残ったものはいのちだけという一番悲しい状態だったが、その代り姉は夫の愛を確かめた幸福を、授けられたらしかった。どうやら重油の海に漂《ただよ》っているあいだじゅう、夫が絶えず抱きあげ、名を呼び続けてくれたおかげで、ずるずると水の下へのめりこみそうになる、生死の境をきりぬけたようである」（『きもの』）

［井伏鱒二］（中略あり）

「大正十二年九月一日。あの日は、夜明け頃に物すごい雨が降りだした。いきなり土砂降りとなったものらしい。地震が揺れたのは、午前十一時五十八分から三分間。後は余震の連続だが、私が外に飛び出して、階段を駆け降りると同時に私の降りた階段の裾《すそ》が少し宙に浮き、私の後から降りる者には階段の用をなさなくなった。下戸塚で一番古参の古ぼけた下宿屋だから、二階の屋根が少し前のめりに道路の方に傾《かし》いで来たように見えた。

もうお昼すぎになっていたが、急に思い立ったので郷里へ帰ることにした。財布は帯に捩《ねじ》込《こ》んで、カンカン帽に日和下駄《ひよりげた》をはき、下宿のお上や止宿人に私は左様ならをした。中央線の大久保駅まで歩いて行くと、街道に暴動連中の警戒で消防団や自警団が出ているので、大久保から先は線路伝いに歩いて行った。ときどき余震の来るたびに、線路沿いの電信柱が揺れて不気味だが、見通しのいい一本道だから暴動連中が襲って来れば遠くからでもわかる。

いずれにしても一晩くらい野宿しなくては立川まで行けないので、藷《いも》畑に立込んでカンカン帽を枕に寝ることにした。その場所は、現在の中野駅附近の図面で言うと、丸井百貨店の正面入口から七、八メートルばかり西に寄ったところである。

大通りの四つ角には、鳶口を持った消防団員や六尺棒を持った自警団員が、三人四人ぐらいずつ立って見張をつづけていた。この人たちの着ている印半纏《しるしばんてん》の赤い線が頼もしく見えた」

井伏鱒二の代表的自伝長編『荻窪風土記』のなかから、「関東大震災直後」と「震災避難民」を引いた。当時、井伏は早稲田の学生で安下宿にいて地震に遭う。「暴動連中」に気向かう姿勢を見せながら一旦、故郷へ帰る途上である。高円寺にいる友人に会おうと歩いて行くと自警団に遭遇する。彼はそれを「頼もしく」感じながら友人宅に辿り着く。その夜、井伏鱒二は友人宅でどうしたか。

「私は長老の自警団員に教わった通り、桐の木畑のなかを探して光成信男《みつなりのぶお》の家を訪ねた。中年すぎの来客が、玄関の小縁に腰をかけて、巻きゲートルを解いたり巻きなおしたりしながら、家が焼かれて家族みんな失った話を繰返していた。光成はその人と一緒に非常警戒に出て行ったので、私も後からついて行った。六尺棒がないので光成のステッキを借りた。昼夜交替の立番である。

高円寺での夜警には、私は光成信男に連れられて駅南側の自警団に入って立番をした。

女子供は別として、仮にも男は、それぞれ自警団の仲間入りをしなくてはいけないのである。暴漢騒ぎで、誰しも気が立っていた。夜のしらじら明けに引揚げるとき、畑のなかの稲荷《いなり》様の赤い鳥居が錯覚かと思われるほど小さく見えた」

「それぞれ自警団の仲間入りをしなくてはいけないのである」というのは、そういう決まりがあるから仕方なく参加した、というのではない。井伏鱒二はそれが暴漢から町を救う、女子供を庇《かば》う、男として当然の義務だと知って友人の町の自警団に加わったのである。想像しにくいかもしれないが、井伏には国難への覚悟があったことがうかがえる。

さらにいえば、井伏鱒二の覚悟には町内や家族は大切だという常識的な観念を超えて、町内と家族以上に大切なものはないのだ、という強い生活感覚があった。その視点にこそ、自警団が持っている本質的な強度と正統性があるように思える。

第4章

「襲来報道」を抑えた後藤新平の腹

――戒厳令下の治安担当者たち――

自警団の「覚悟」

ここまでさまざまな経緯を見てきたことで、朝鮮人の襲撃事件が決して「流言蜚語《りゅうげんひご》」などという絵空事《えそらごと》ではなく、実際に襲撃があったからこそ住民と自警団が自衛的に彼らを排除したのだということが理解されると思う。

今日、流通している関東大震災関係の専門書の大部分は「流言蜚語のために自警団等が朝鮮人を虐殺した」という前提に立って書かれている。

何もしない朝鮮人と見られる男が歩いて来たとしよう。

町内壊滅の騒乱状態にあったとしても、町内会、自警団、青年団員がその朝鮮人をいきなり殺すなどという行為ができるものだろうか。何もしない人間を次々に「虐殺」するなどという行為は、狂人のような指導者がいて洗脳でもされていなければ簡単に実行できるものではない。

だが、仮に爆弾や凶器、毒薬でも持ち歩く集団が町内に入って来たとすれば、自衛のため相手を殺傷する「決意」や「覚悟」が自警団員に発生するのは状況から当然である。そうしなければ自分たちの町が破壊され、妻や子が殺されるのであれば、先に行動を起こすのは正当防衛である。

そうした強い覚悟があってこそ初めて可能な、そしておそらく手を染めたくもない行為をさせることになったケースを「流言蜚語」による「虐殺」とはいわない。それが自警団であろうと、警察官であろうと、彼の最終解決手段は正義といっていい。

普通の生活者である朝鮮人が誤認から殺害されるなどという不幸な例がまったくなかったとは断定できない。さらに調査が必要だろうが、基本的には、襲撃計画を実行しようとした朝鮮人が殺傷されたのだ。

そのようなケースがはたしてどのような数字になるのかは、のちの章で検証しなければならない。いま必要なのは、現実に朝鮮人による襲撃があったことと、その場合に対してのみ自警団が強い覚悟をもって対処した事実を検証する作業である。

何もしない気の毒な朝鮮人を「虐殺」するようなヒマは、自警団にはありはしなかった。だが、誰からも強制されずに最後の覚悟によって自分たちの町内と家族の命を自分たちで護《まも》るという決意を持っていたのが大正時代の人々だった。

命令がなくても崇高な覚悟——それは沖縄戦におけるいわゆる集団自決であろうと、自衛的殺傷であろうと同質である——があった日本人は自分で断崖《だんがい》から飛び降りたし、自分で手榴弾《しゅりゅうだん》を破裂させたのではないだろうか。

同じことがこの大震災でも言えるのだ。

理由もなく「殺人事件」が実行された事実はない。ない事実は「嘘」ということである。朝鮮人による襲撃があったから、殺傷事件が起きたのである。

実際に起きた事実をあとになって隠蔽《いんぺい》し、「朝鮮人の襲撃はなかった」ことにしたのは、実は政府そのものなのである。俗にいえば、自警団は政府によって突如としてハシゴを外されたのである。

震災発生当初、新聞各紙は暴行を繰り返しながら東京市内へ侵入してくる朝鮮人の犯罪を、事実の情報に従って大きく掲げ、国民に警戒を促《うなが》す警鐘《けいしょう》を鳴らしていた。ところが、間もなく戒厳令下《かいげんれいか》の政府から事実の公表を止められる事態となった。奇怪としかいいようのない「超法規的措置」がとられたのだ。奇妙なことに、朝鮮人による暴虐行為はなかったことに一転させられたのだ。

その転変のいきさつは、新聞によって明らかである。

襲撃を伝える新聞

まずは、朝鮮人の集団襲撃を伝える第一報である。

「目黒と工廠の火薬爆発

朝鮮人の暴徒が起って横浜、神奈川を経て八王子に向つて盛んに火を放ちつゝあるのを見た」（「大阪朝日新聞」大正十二年九月二日）

「不逞鮮人各所に放火し　帝都に戒厳令を布《し》く

一日正午の大ヂシンに伴ふ火災は帝都の各所より一斉に起り、二日夕刻までに焼失倒壊家屋四十万に上り死傷算《さん》なく、同時に横浜横須賀等同様の災禍に会ひ、相州鎌倉小田原町は全滅の惨を現出した。陸軍にては昨深更《しんこう》災害の防止すべからざるを見るや出動の軍隊に命じて焼くべき運命の建物の爆破を行はしめた。この災害の為め帝都重要の機関建築物等大半烏有《うゆう》（注・何もないこと）に帰し、ヒナン民は隊を組で黒煙たちこむる市内を右往左往して飢に瀕し、市民の食糧不安について鉄道省は各地を購入方を電命し、府市当局は市内各所に炊き出しをなし、三菱地所部も丸の内で避難民のために炊き出しを行った。

一方猛火は依然として止まず（略）、当市内朝鮮人、主義者等の放火及宣伝当頻々《ひんぴん》としてあり、二日夕刻より遂に戒厳令をしきこれが検挙に努めてゐる。因《ちな》みに二日未明より同日午後にわたり各署で極力捜査の結果、午後四時までに本郷富坂町署で六名、麹町《こうじまち》署で一名、牛込区管内で十名計十七名の現行犯を検挙したがいづれも不逞鮮人である」（「東京日

日新聞」大正十二年九月三日）

「鮮人　いたる所めったぎりを働く

二百名抜刀して集合　警官隊と衝突す

今回の凶変を見たる不平鮮人の一味はヒナンせる到る所の空屋等にあたるを幸ひ放火してをることが判り、各署では二日朝来警戒を厳にせる折から、午後に至り市外淀橋のガスタンクに放火せんとする一団あるを見つけ辛《かろ》ふじて追ひ散らしてその一二を逮捕したが、この外放火の現場を見つけ取り押へ又は追ひ散らしたもの数知れず、政府当局でも急に午後六時を以て戒厳令をくだし、同時に二百名の鮮人抜刀して目黒競馬場に集合せんとして警官隊と衝突し双方数十名の負傷者を出したとの飛報《ひほう》警視庁に達し、正力《しょうりき》主事、山田高等普通課長以下三十名現場に急行し、一方軍隊側の応援を求めた。尚ほ一方警視庁本部備へつけの鉄道省用自動車を破砕すべく爆弾を以て近寄つた一団二十名を逮捕したが逃走したもの数知れず」（「東京日日新聞」大正十二年九月三日）

「鬼気全市に漲《みな》ぎる

不平鮮人団はいづれも帽子をまぶかにかぶつてゐるもので、普通の男子はすべて帽子をぬぎ、左手に白布をまとふことゝし、若《も》しウサンな男と出あつた際はまづ生国を問ひ答へのにごるものは追究し、ソレと窮する時は直ちにこぶしの雨を降らす有様で殺気は次第に宮城前広場、日比谷公園より丸の内一帯、同日午後九時頃鮮人の一団三十余名ヒナン民を以て充満した二重橋の広場に切りこんだとの報に接し江口日比谷署長は部下を率ゐ警戒に任じ、十時半頃に至りその一味を発見すると彼等は日比谷公園ににげこみ、十数名の一団は時の声を挙げて此処にヒナンしてゐる老幼男女を脅《おびや》かし各所に悲鳴起り（略）目下警戒に主力を注いでゐるのは渋谷地方で鮮人等はこの方面がやけ残つてゐるので放火をしやうとたくらんでゐる」（「東京日日新聞」大正十二年九月三日）

「日本人男女　十数名をころす
目黒競馬場をさして抜刀の儘《まま》集合せんとし不平鮮人の一団は、横浜方面から集まつたものらしく、途中出会せし日本人男女十数名を斬殺し後憲兵警官と衝突し三々伍々《さんさんごご》となりすがた影を隠したが、彼等は世田ケ谷を本部として連絡をとつてをると」（「東京日日新聞」大正十二年九月三日）

「横浜を荒し　本社を襲ふ

鮮人のため東京はのろひの世界

横浜方面の不逞鮮人等は京浜間の線路に向て鶴嘴《つるはし》を以て線路をぶちこはした。一日夜火災中の強盗強姦《ごうかん》犯人はすべて鮮人の所為《せい》であつた。二日夜やけ残つた山の手及び郊外は鮮人のくひとめに全力をあげられた」(「東京日日新聞」大正十二年九月三日)

東京の新聞各社が壊滅したことはすでに触れた。被害が比較的軽微で済んだ「東京日日新聞」だけは号外を除き、まず九月三日に復旧、次に刊行されたのは「報知新聞」が九月五日、「都新聞」が九月九日、「東京朝日新聞」に至っては十二日になって一部復旧し、市内版の発行にこぎつけたが、地方発送は十六日からという惨状であった。輸送手段の崩壊、宅配すべき各戸の焼失を考えれば、それでも懸命の復旧作業の成果といえるだろう。

この新聞記事が情報を待つ市民の手に届くのは、街頭に貼り出された新聞によって読み、また口伝《くでん》にその情報が伝播《でんぱ》した。自宅への配送などありえないからだ。

ここに挙げた記事はほとんど警察情報である。東京警視庁の九月二日発表、ということはかなり早い情報として三日朝の新聞に掲載されたものだ。

この段階で内務省、警察幹部がありもしない「朝鮮人襲来」をでっち上げる必要性は皆無である。大地震が起きたタイミングを即刻利用して朝鮮人への敵愾心《てきがいしん》を煽る必要に急遽《きゆうきょ》かられ、インチキ記事を流した、とでもいうのだろうか。そのような必要性は、日本政府にも新聞社にもこの段階であるわけがない。

あったのは、ここまでの資料で分かるように、年来の朝鮮独立運動と社会主義者が組んだ組織的犯罪が頻発し、国民に恐怖感を与えてきたという事実である。

爆弾犯人や現金強奪事件といった国家中枢を麻痺《まひ》させようとするかの犯罪に多くの日本人が脅えていたのが大正時代のこれまでであった。したがって、警戒心は怠らないよう警備当局も市民も心掛けていたに違いない。

そうした万一への警戒態勢はあったが、発生もしていない殺人、強姦、抜刀切り込みなどという作り話をこの災厄時に流す意味は見出せない。

「虐殺があった」とする多くの文献は、これら警察発表と新聞記事のすべてを虚報と決め付け、「朝鮮人による襲撃」などというのはでっち上げで、虐殺を正当化するための作り話である、としている。そのトリックを突き止めねばならない。

戒厳令

山本権兵衛《やまもとごんべえ》内閣の親任式は帝都の空がまだ真っ赤に燃え上がっていた九月二日の夕刻、慌ただしく赤坂離宮で行われた。

八月末、山本の組閣が進まないため、緊急避難措置として前内閣の外相・内田康哉《うちだこうさい》が臨時首相を務めていた。そこへ予想もしない大地震が襲った。

九月一日の昼過ぎ、内田は加藤前内閣の閣僚を総理官舎に集め、臨時閣議を開いた。治安維持と救援対策の協議のためである。とりわけ、治安維持が急務であるという点では誰しもが意見一致した。そこでまず、内務大臣・水野錬太郎《みずのれんたろう》とともに警視総監・赤池濃《あかいけあつし》に対策を練るよう指示が出された。実は赤池はそれより早く、二時三十分には水野に戒厳令の必要を説いていた。

閣議の要請を正式に受けた赤池は、一日午後四時三十分、第一師団と近衛師団に出兵の要請をする。手続きとしては、まず東京衛戍《えいじゅ》司令部に要請を出し、衛戍司令部からの要請に応える形で軍が出動するのが手順というものだが、赤池は緊急事態であることから同時にそれを済ませた。

さらに赤池は単なる帝都への出兵程度では間に合わないと判断、水野内相に戒厳令の発令を強く依頼した。

赤池と水野は旧知の仲である。四年前の「三・一独立運動」のマンセー《万歳》暴動事件の直後、水野錬太郎が朝鮮総督府政務総監、赤池濃は同警務局長という立場にあった。その際、総督は長谷川好道《はせがわよしみち》から齋藤實《さいとうまこと》に代わったばかりであった。武断政治を実施した長谷川に代えて、政府は宥和《ゆうわ》派の齋藤實を登用し、文化政策で沈静化を図ろうとしたのだ。だが、独立派のテロは治まるどころか一層過激になった。まず大正八（一九一九）年九月二日、テロリストによる総督府爆弾投擲《とうてき》事件が発生した。

犯行は組織的テロ集団「義烈団《ウィヨルダン》」の金益相《キムイクサン》によるものと分かり、やがて上海で逮捕された。

そうした危険性を身をもって十分体得していた二人が、震災時の警視総監と内務大臣に就任していたというめぐり合わせである。朝鮮人のテロの実行力を熟知している二人は、まさにはまり役でもあった。

そういう二人が中央にいたから、「朝鮮人襲来」をでっち上げ、「流言蜚語」を流布《るふ》し弾圧の手段としたに違いない——というのが、歴史を歪《ゆが》めてきたこれまでの諸資料のいうところとなる。片端から同じような歴史観が際限なく活字化されているので、並べ挙げれば紙幅に到底収まらない。代表的な例を挙げておこう。

「二日朝になって各所にひろがる朝鮮人暴動の流言は政府首脳をおびやかした。とくに水野内務大臣と赤池総監は、三・一独立運動直後にそれぞれ朝鮮総督府の政務総監・警務局長の要職にあり、独立運動の弾圧にあたった経験をもっているだけに、人一倍朝鮮人の圧政に対する報復をおそれていたにちがいない。

彼らがこの流言を聞いて、あるいは事実かと動揺したことは想像に余りある」(『国民の歴史21』「民本主義の潮流」)

いずれにせよ、水野たちの主張がとおり、森岡守成《もりおかもりしげ》東京衛戍司令官は戒厳令を政府に要請した。本来ならば、枢密院《すうみついん》顧問官の同意を得る必要があるがこの際、余裕はないので特例の緊急詔勅《しょうちょく》の裁可《さいか》を仰ぎ、戒厳令の一部施行が先行実施された。異例の措置とはいえ違法とはいえない。これを批判する説については後述するが、国家緊急の折からむしろ臨機応変の処置であった。

さらに、この時期の勅令の御名《ぎょめい》が「嘉仁《よしひと》　裕仁《ひろひと》」と連名であることも注目に値する。戒厳令の勅令である。

「勅令第三百九十八号　一定ノ地域ニ戒厳令中必要ノ規定ヲ適用スルノ件

朕茲《ちんここ》ニ緊急ノ必要アリト認メ帝国憲法第八条ニ依リ一定ノ地域ニ戒厳令中必要ノ規定ヲ適用スルノ件ヲ裁可シ之ヲ公布セシム

嘉仁　裕仁

内閣総理大臣　伯爵内田康哉
　各大臣副署」

九月二日、東京全市、京浜地区に戒厳令が布かれたが、この段階ではまだ朝鮮人の暴動は収まることなく燎原《りょうげん》の火のごとくに広まっていたのである。

二日は朝から富坂署、大塚署などから朝鮮人の火薬庫襲撃情報や放火の連絡が入り、警視庁では応援対策に追われていた。

夕刻になると、軍と警察は合同して指令を発した。

「鮮人中不逞ノ挙ニ次イデ放火其ノ他凶暴ナル行為ニ出ヅルモノアリテ、現ニ淀橋、大塚ニ於テ検挙シタル向キアリ、就イテハコレラ鮮人ニ対スル取締リヲ厳重ニシテ警戒上遺算ナキヲ期セラルベシ」（『現代史資料６』「大正震災誌」）

二日夜からは山本権兵衛新内閣である。水野錬太郎に代わって内務大臣に就任したのは、後藤新平《ごとうしんぺい》だった。

後藤新平は帝都復興院総裁として、のちに震災後の復興計画に奮闘する。後藤の入閣は、いわば参謀長格と誰もが思っただろう。だが後藤に託された大きな役割は、水野の武張《ぶば》った朝鮮政策から警備方針を転換することだった。

国体＝摂政宮《せっしょうのみや》の安全を維持するのが自分の使命だと後藤は腹を決めていた。そのためには宥和策を選び、一時しのぎをする作戦に切り換えるのが得策だと考えたに違いない。この点は震災と朝鮮政策を考えるうえで見逃せない政策変更の要である。おそらくこの選択は、後藤新平が下したこれまでの裁断のなかでも際立って難解なものといえるだろう。

一方で、必要な勅令の裁下を得た森岡東京衛戍司令官は、地方からも師団の出兵を要請、東京府全域、神奈川県全域、さらに千葉、埼玉にまで戒厳区域を拡大した。そのため、総括的に拡大された関東戒厳司令部が設置され、福田雅太郎《ふくだまさたろう》陸軍大将が司令官に、参謀長には阿部信行《あべのぶゆき》陸軍少将が任命され、戒厳体制はひとまず整った。

福田大将は軍事参議官であり、戦時特命の司令官要員である軍事参議官が任命されたことは、現場の兵の高揚と緊張感を高める効果があったと思われる。

新体制の確立とともに、朝鮮人襲来への警告や取り締まりは一旦強化された。内務省警保局はいわゆる特高を指揮する部署として、各地へ緊急電を発している。

「東京附近ノ震災ヲ利用シ、朝鮮人ハ各地ニ放火シ、不逞ノ目的ヲ遂行セントシ、現ニ東京市内ニ於テ爆弾ヲ所持シ、石油ヲ注ギテ放火スルモノアリ。（略）鮮人ノ行動ニ対シテハ厳密ナル取締ヲ加ヘラレタシ」（前掲書。発信人名義、警保局長後藤文夫）

だが、事態は意外な方向に展開を見せ始めることになる。

いきなり「鮮人を迫害するな」という総理大臣談話が発せられ、自警団の武装解除が命じられる大転換が起こった。一線の警官や自警団にしてみれば、突然、味方陣地から冷水を浴びせられた思いで驚愕を隠せなかっただろう。後藤の舵取りによって予想外な方向転換が始まった。

帝国ホテルの恐怖体験記

警備当局が把握していた「鮮人による襲撃」情報が間違いではなかったことは、ここまでの新聞記事と目撃談などで明らかである。

そのなかで、炎上する警視庁の目の前、皇居前広場、日比谷公園界隈《かいわい》の避難民は襲撃に脅えながら二日目の夜に入っていた。

丸の内一帯から日比谷公園にかけてはすでに避難民が密集し、身動きもとれないほどの混乱状態を来《きた》していた。とりわけ皇居前広場では三十人からの朝鮮人の一団が、充満している避難民に抜刀し切りかかってきたとの情報が日比谷警察に入っている。事態はまさに切迫していた。

その日比谷公園の正面にある帝国ホテルに宿泊することになったアメリカ人の記録が今回、新たに発見された。

二人のアメリカ人旅行者が横浜で被災し、好奇心もあって東京へ向かい、帝国ホテルに投宿した。実際に彼らが見た現実がどうであったのかという実情がうかがえる。

ロンドンのナショナル・アーカイブスに外交文書として保存されていて今回、新たに発見されたファイルからその概要を見てみよう。

「一九二三年九月一日より十二日までのドティとジョンストンという『エムプレス・オブ・オーストラリア号』のアメリカ人船客の日記。

「九月一日、十一時四十五分にちょうど舟は岸壁を離れようとしていた。ところがその直後にひどい振動を感じ、陸地を見たら地震であることがはっきりと分かった。桟橋《さんばし》や港の建物は崩れ落ちた。グランドホテルやオリエンタルパレス・ホテル、スタンダード石油の建物が崩れ落ちた。午後五時ごろにやっとひどい出火は収まった。ようやく救命ボートを下ろして、海に浮いている人々を救い上げた。

翌日、船には千五百人以上の避難民が収容されていて、まさに足の踏み場もない状況だった。まだ火事は完全に鎮火したわけではなく、東京方面が赤々と燃えているのが見えた。九月三日になって、二人は船を降りて徒歩で東京へ向かうことにした。

歩き始めてすぐに二人はライフルで武装した自警団に出会った。彼等は二人が朝鮮人と間違われないように、この辺すべての人達がしているように右腕に白か緑の腕章を捲くように強く勧めた。

横浜の荒廃を観察した後に二人は東京へ向かい、午後七時には品川に到着した。ここで四マイル先の帝国ホテルまで行ってくれるタクシーをつかまえた。

『朝鮮人』と『赤』については説明する価値がある。過去数年の間に多数の朝鮮人が労働力として日本に流入していた。また、日本の軍隊には、シベリアから帰国してボルシェビキの影響を受けた兵たちもいるといわれていた。

二人が帝国ホテルに到着したのは三日午後七時四十五分だった。

ホテルは崩れていなかったが真っ暗で、軍隊の護衛がホテルの前に陣取っていた。ホテル内には一時的にアメリカ大使館が移動してきていた。

アメリカ大使を探しに街へ出たが見つけることができずに、九時半にホテルへ戻った。その間、二人の乗った自動車は二百フィートごとに自警団か兵隊に停められて尋問された。

街は真っ暗だったが、まだ燃え盛る火事が続いていて、その明りで道路が見えた。三日、月曜日の夜十時二十分頃に、ホテルの管理部からすべての部屋の灯り（小さなローソクだった）を消すようにと軍部からの報せがあったと言ってきた。朝鮮人と赤が十分以内に襲撃してくるからとのことだった。それからホテルで野営をしていたさまざまな部隊はマシンガンを補給された。何事もなくその夜は過ぎて、翌日二人はアメリカ大使のウッズに会って、それから横浜へ帰った。（略）」（「ロンドン・ナショナル・アーカイブス所蔵」File No.FO/3160）

帝国ホテルは大正八（一九一九）年に火災を起こして全焼していた。その後、フランク・ロイド・ライトを招聘《しょうへい》して新館の再建にかかり、ようやくライト設計の本館部分が完成し、なんと九月一日はその落成披露宴が開かれることになっていた。

パーティの準備に追われていたまさにその瞬間、関東大震災に見舞われたのだった。だが、周辺の建造物がすべて崩壊するか焼失したなかで、ライトの建築物は僅かな損傷をきたした程度で無傷で残ったのだ。そのため、アメリカ大使館や「東京朝日新聞」の編集局が緊急移転してきたといういきさつもあった。

天皇の病状

大正十（一九二一）年十月、震災の二年前に高橋是清《たかはしこれきよ》首相と牧野伸顕《まきののぶあき》宮相の積極的な働きかけから、皇太子が摂政宮に就任した。裕仁親王、二十歳であった。

このとき、天皇の御不例に関する詳細な報告（第五回発表）が併せて国民にも知らされた。いかにも不安定な時代だという国民の心配に対して、若い皇太子が摂政に就くことで安堵《あんど》の気持がもたらされた。さらに、皇太子のご成婚も近かった。

皇太子と久邇宮良子《くにのみやながこ》女王との婚儀は、良子女王に色盲遺伝があるとのことから、五年にもわたって決着をみず、「宮中某重大事件」として無為に時間が過ぎてきた。背景には良子女王の父・久邇宮邦彦《くによし》王や元老・山縣有朋《やまがたありとも》、その他の確執があるのだが、その問題はここでは触れない。ようやく、十一年六月二十日になって摂政である皇太子自らが「勅許之御親書」を執筆し、その旨が久邇宮家に伝えられた。勅許の儀までこぎつけ、ここに婚約は正式なものとなった。一般の結納《ゆいのう》にあたる納采《のうさい》の儀は十一年九月二十八日と決まった。

すべてが順調にいけば、摂政宮と良子女王の婚儀は、十二年十一月二十七日に執り行われる予定だった。だが、九月一日に起きた大震災はそれらの予定のすべてを破壊した。

震災の当日、大正天皇は皇后ともども日光田母沢《たもざわ》の御用邸で静養していた。

この当時の天皇の容態はどのようなものであったか。十年十一月二十五日に国民に知らされた病状は、甚だ深刻な様相を呈していた。したがって、一刻も早い摂政宮就任が急がれていたのだ。

震災の年、十二年五月十六日に記された奈良武次《ならたけじ》東宮武官長のメモによれば、天皇の症状はおおむね次のような状態であった。

奈良武次中将は裕仁親王に東宮武官長として仕えていたが、即位後、侍従武官長となる。

また、震災時における天皇の侍従長は徳川達孝《とくがわさとたか》伯爵である。

「五月十六日（水）曇、微雨

聖上御近状に関する覚

一、五月十一日朝拝謁の際台湾より持帰れる新高飴《にいたかあめ》及龍眼肉《りゅうがんにく》を献上す、此時は「あっちの人……」と仰せられつゝ別に何も賜はらず、稍《やや》緊張の御様子なりし。

一、五月十二日は遅れて［伏見宮］博恭《ひろやす》王［軍事参議官、海軍大将］殿下拝謁の後拝謁せしに、何にも賜はらず「お前の考えで何にか陛下に献上……」の御言葉あり、博恭王にも献上の御言葉ありしと。

一、五月十四日拝謁の際は何にも賜はらず、但し何にか賜はるべき思召ありたるが如く其処に待てと仰せられ、何にか取りに御出掛けの御様子なりしが御中止遊ばされ『もう宜ろしい……』と仰せられたり、依《よっ》て直に退席せり。

一、五月十六日は殿下に供奉《ぐぶ》して参内《さんだい》し、遅れたるを以て拝謁せざる積りなりしも、松村［純一］海軍中将拝謁することとなりし故序《ついで》に拝謁し特別大演習記事附録を差上げしに、お前は当番かとお尋ねあり、松村に賜はるべき花鉢を余に賜りたり、而して次《しこう》に拝謁せる松村には余の差上たる附録と筐《はこ》入巻煙草《たばこ》とを賜はれり。

一、五月十七日朝拝謁の際は何にも賜はらず『あっちの人にお前の考で言って呉《く》れ』と仰せられ発音明瞭なりし。

以上に付き余は仰せになる事柄は判然せざるも発音は以前より明瞭なる様感じ、且つ是迄感じたるよりは聖上の御頭中には御理解あるが如く感ぜり」（『侍従武官長奈良武次日記・回顧録』）

天皇はまだ発音が明瞭なときもあったということは記されているが、個人を判別し、面会した人物を識別する能力にはかなりの衰えが感じられた。

天長節

天皇はそれから百日ほど経った八月三十一日に、四十四歳の御誕辰《ごたんしん》（誕生日）を迎えた。

本来なら国民祝祭日の天長節であるが盛夏でもあり、休暇をとる国民も多いという理由から、国民祝日の天長節は十月三十一日に移されていた。あるいは病弱な天皇の体調を考慮して晩秋を選んだのかもしれない。それでも宮中は簡素ながらも御誕辰の祝い事で賑わっていた。

再び、奈良侍従武官長の日記を引く。天皇は節子《さだこ》皇后と日光田母沢御用邸で静養中である。

「八月三十日（木）曇

午後三時二十五分上野発にて日光に到り小西別館に投宿」

「八月三十一日（金）晴

天長節に付き午前九時出勤、午前十時頃聖上出御《しゅつぎょ》、大臣、大森大夫、徳川侍従長及武官長拝謁、祝辞を言上《ごんじょう》す、御元気稍乏しきが如きも御機嫌麗《うるわ》し、殊に御土産品を差上げしときは殊に御喜びの様に拝す。

午后三時八分にて帰京、午后八時頃帰宅す」

八月三十一日は何事もなく平穏無事、宮中関係者は各々《おのおの》拝謁してはお祝いを言上《ごんじょう》し、酒肴《しゅこう》など賜って終日、穏やかに過ごしていた。翌日巻き起こる大天災など想像する者は誰一人いなかった。

この日、日光田母沢には両陛下は御用邸に、秩父宮《ちちぶのみや》、高松宮《たかまつのみや》、そしてまだ七歳で小学生だった澄宮《すみのみや》（のちの三笠宮《みかさのみや》）たち親王三人が、夏休みも兼ねて付属邸に集まっていた。摂政宮だけが赤坂離宮で公務に就いていたことになる。

震災の二十四時間前、昼から御用邸庭先において側近の者たちの手で福引会が催され、夜になれば日光町の小学校児童と青年団員が提灯《ちょうちん》を提《さ》げて玄関前に打ち揃って集まった。彼らは「君が代」を二回斉唱、天皇陛下万歳を三唱して帰っていった。

澄宮は幼少期、夏の間を田母沢の付属邸で過ごすことが多かった。その記憶によれば、普段はおひろい（徒歩）で散歩がてら天皇がよくみえたという。

「大正天皇は体は不自由であったけれど、御用邸から自分（澄宮）が泊まっている付属邸までは田母沢川を隔てていますから少し離れていますが、歩いて来られました。そういう時には、貞明《ていめい》皇后とは別々でしたね」(『母宮貞明皇后とその時代』)

さてその翌日、九月一日の震災時には日光と東京間の通信、交通も一瞬途絶え、関係者の動きはにわかに慌ただしくなる。三笠宮の思い出の続きである。

「地震の時は昼食をしていました。あわてて庭に飛び出しました。その当時、秩父宮は麻布の歩兵第三連隊に勤務していて、高松宮と一緒に日光に来て私のいる付属邸にお泊りだったんです。ところが、大地震が起きたので、秩父宮は連隊に帰らなくてはいけない。毎日、日光駅へ行っては列車が出るのを待ってはまた戻ってくるということで、数日間はそんなことを繰り返していました。何日目に列車が来たのかは覚えていませんけれど」(前掲書)

九月三日付の「東京日日新聞」では、新内閣の成立の報せとともに静養中の天皇の無事を伝えた。

栗橋の利根川鉄橋が破壊されたため不通になっていた列車は、三日朝には一応、復旧した。秩父宮は午前十一時に浦和駅まで辿り着き、宮内省差し回しの自動車で帰京したと報じられている。

その日の摂政宮

九月一日の午前中は何の変哲もない日常であった。奈良侍従武官長にしても、平常どおりの出勤姿である。摂政宮＝皇太子殿下の側近として参内《さんだい》した奈良の日記を再び繙《ひもと》かなければならない。

「九月一日（土） 晴
朝人力車にて赤坂離宮に出勤。午前十時御出門、御参内。
午后〇時（午前十一時五十八分）大地震、次で火災到る処に起る。
殿下は最初正殿前の御庭に御避難、后吹上御苑観瀑亭《ふきあげぎょえんかんばくてい》に御避難あらせらる。
午后四時少し前赤坂離宮に還御《かんぎょ》、広芝御茶屋に御避難。
午后六時頃大夫、侍従長と共に自動車を借りて退出、帰宅す」

この日記と新聞報道などから読み取れる東宮の行動は大体、次のようである。

まず東宮は午前中、赤坂離宮から宮城へ出御、そのまま御座所（西一の間）で政務をこなしていたところで最初の烈震に遭遇した。次の間に控えていた徳川侍従長、奈良侍従武官長、四竈孝輔《しかまこうすけ》侍従武官、入江東宮侍従長たちに先導され、もう少し広く安全と思われた宮城内の吹上御苑に自動車で避難した。このとき、安否を気遣う側近たちに対して少しも慌てず、こう述べられたと新聞にある。

「自若たる御態度にて『うん有りがたう、他は別條ないか』と畏《おそ》れ多くも却つて他を御気遣ひ遊ばさるるので何も恐懼《きょうく》いたしたほどである」(「大阪朝日新聞」大正十二年九月六日)

とはいえ、繰り返し襲ってくる余震のなか、前庭から危険性の少ない吹上御苑内の東屋《あずま》《や》・観瀑亭へ落ち着いた。それが午後一時頃のことである。当時の吹上御苑には寒香亭《かんこうてい》、霜錦亭《そうきんてい》、望嶽台《ぼうごくだい》、駐春閣《ちゅうしゅんかく》などといった東屋が散っていたが、観瀑亭が最も安全と考えられたのだろう。いまでいえば、代官町から近い乾門《いぬいもん》の奥まったあたりである。

やがて東宮は午後三時半頃、余震が終わらないなか、帝都の空を焦がす煙を見上げつつ赤坂離宮に帰還した。離宮では芝生に覆われた庭にある東屋に天幕を張り、その夜を過ごすことになる。

一夜明けて二日になったが、まだ市中の火焔は一向に収まらない。翌日の奈良の日記である。

「九月二日（日）　晴
朝九時出宅、人力車にて赤坂離宮に出勤。

内務大臣（水野錬太郎）、警保局長（後藤文夫）等状況報告の為参上、内田（康哉、外相兼臨時）総理大臣両度参上、徴発令及戒厳令施行の件御裁可を仰ぐ。

午后四時大夫、侍従長と共に退出、帰宅す。而《しか》るに午后六時山本（権兵衛）伯参内、親任式施行せられ、新内閣立す。

地震前夜来継続して来襲するも漸次弱小となる。

帰途戸田方を往訪せるに庭に在り、雑談少時にして帰る。此時鮮人放火頻発、目下多数の鮮人を逮捕せり云々の談を聞く。

此夜自警団の警備厳重を極め、隣家の家族は余の庭園内に避難し夜を徹せり」


旧憲法下における戒厳令は天皇の権能に属する。一日夜からの水野、赤池らの奔走がようやく実を結び、摂政宮による勅令「一定ノ地域ニ戒厳令中必要ノ規定ヲ適用スルノ件」（勅令第三百九十八号）が裁可された。九月二日夜のことである。

福田雅太郎戒厳司令官、阿部信行参謀長は直ちに各地から出兵を促《うなが》し、総数約五万人の兵が配備された。その中心部隊である第一師団には、日光から駆けつけた秩父宮の勤務する姿があった。これに呼応して、警視庁と戒厳司令部が合同で朝鮮人襲来への警戒を各地に発した。

ところが、こうした軍と警察が自警団と一体となって国民の命を守るべく必死の警戒をした事実を曲解する資料があとを絶たなかった。

再三触れるが、吉村昭の作品をもう一度、引用しなければならない。

「朝鮮人襲来の流言は、遂に政府、軍、警察関係者に事実と解釈されたのである。全く根拠のない流言が民衆の間に流布され、それが取り締まりに当るべき部門にも事実と信じられるにいたったのだ」(『関東大震災』)

あくまでも朝鮮人一団の襲撃計画を「流言」と決め付け、自警団が根拠もなく暴力を行使したと主張する。まさしく「流言トリック」といって差し支えないだろう。やむにやまれぬ覚悟をもって自衛行為に当たった自警団に責めを負わせたところに、自虐史観が芽を吹くのである。

震災直後から、摂政宮は自ら進んで市内の惨状視察と慰問を兼ねた行幸《ぎょうこう》を一刻も早く実行したいと側近を急がせていた。だが、宮中には戒厳司令部から特に厳しい規制と警戒の要請が届いていた。朝鮮人の襲撃が、万が一にもあってはならないからである。牧野宮相は頭を痛めていた。

「被害地御視察の事、取締りの関係上数日間御延期の事に申合済み。（略）実際取締上到底今日は未だ時機にあらず、取締上に付見込立たざる以上、勿論一日を争ふ事にあらざれば其時機到着まで御延期差支なかるべしと返事し置けり」（『牧野伸顕日記』）

いまの状況下では摂政宮の被災地視察など、警備上、とんでもない状態だと周囲は考えていたのだ。

勅令による報道操作

大正十二年九月三日付の新聞が「不逞鮮人各所に放火」、続く四日付では「三日朝二人づれの鮮人が井戸に猫入《ママ》らずを投下せんとする現場を警カイ員が発見して直ちに逮捕した」（第三章）という具合に、市民に警戒心を厳重にさせる報道を指揮してきた内務省の方針ががらりと一変した。

その方針転換にもかかわらず、九月三日から四日にかけて、多くの新聞は事実をありのままに報じていた。朝鮮人によるテロは、止むことなく発生していたのである。

以下、先に上げた中央紙以外に全国各地方で報じられた事実の一例を引いておこう。

「朝鮮人、隊をなして石油・爆弾使い放火」(「小樽新聞」九月三日号外)
「朝鮮人、爆弾・放火　王子、横浜で軍隊と衝突」(「庄内新聞」九月三日号外)
「朝鮮人、屋根から屋根へ放火、婦人凌辱《りょうじょく》、略奪」(「新愛知」九月四日号外)
「朝鮮人、浦和・高崎に放火検挙　爆弾所持し、碓氷《うすい》峠列車爆破自白」(「名古屋新聞」九月四日号外)
「朝鮮人、殺人虐殺凶悪ぶり　進行中の列車に爆弾投げつける」(「福岡日日新聞」九月四日号外)
「朝鮮人捕縛　爆弾その他押収。軍隊が治安維持に出動したため、不逞《ふてい》鮮人は爆弾を携帯しながら各地方へ退散、鎮圧鎮静化へ」(「九州日報」九月四日号外)

などなど上げれば枚挙に遑《いとま》はない。だが、内務省は次第に本腰を入れて報道管制の操作を開始し始める。

内務省による〝操作〟は初めのうちは緩やかな表現に始まり、次第に強制力を持った指令の形をとるようになる。まず最初の異変は、「東京朝日新聞」の四日付手書き号外に現れた。

「武器を持つ勿《なか》れ
朝鮮人は全部が悪いのではない。鮮人を不当にイヂメてはならぬ、市民で武器を携《たずさ》へてはならぬと戒厳令司令官から命令を出した」

ほぼ同じ内容の告示が翌朝、他紙にも掲載された。

「善良な鮮人を愛せよ
▲善良なる朝鮮人を敵視してはなりませぬ
▲警察力も兵力も充分ですからこれに信頼して安心してください
▲各自に武器等を執て防衛する必要はありません
▲勝手に武器を携帯することは戒厳司令官の命令に依り堅く禁ぜられてをりますから

やめて下さい」(「東京日日新聞」大正十二年九月五日)

これらの記事内容で分かることの第一は、朝鮮人の襲撃がなかったとは一言も言っていないことである。襲撃はあったものの、戒厳令が発令された以上は軍に任せ、市民は武器を持つな、加えて善良な朝鮮人もいるのだからそういう者は敵視するな、という限定した意味が込められていることはすぐに理解できよう。

こうした司令部からの記事が流れる一方で、扱いは小さくなったものの依然として朝鮮人襲撃のニュースは出回っていた。とりわけ地方紙ではまだ目立って多かった。

それがぴたりと止んで急転回し、朝鮮人襲来記事を流布すれば処罰するとまで言い出したのは九月七日からだった。前日、「三大緊急勅令」というのが公布されたのである。その内容は次のようなものだ。

「六日午後三時より宮中において臨時枢密院会議を催し清浦、濱尾正副議長以下各顧問官出席審議の結果七日附を以て左記三大緊急勅令を公布即日施行さるゝことになつた。

一、暴利取締勅令

勅令

朕茲ニ緊急ノ必要アリト認メ枢密院顧問官ノ諮詞《ママ》ヲ経テ帝国憲法第八条第一項ニ依リ生活必需品ニ対スル暴利取締ノ件ヲ裁可シコレヲ公布セシム

嘉仁　裕仁

大正十二年九月七日

各大臣副署

（以下略）

二、支払猶予の緊急勅令

（以下略）

三、流言浮説取締令

勅令

朕茲ニ緊急ノ必要アリト認メ枢密院顧問官ノ諮詢《しじゅん》ヲ経テ帝国憲法第八条第一項ニ依リ治安維持ノタメニスル罰則ニ関スル件ヲ裁可シコレヲ公布セシム

嘉仁　裕仁

大正十二年九月七日

各大臣副署

出版通信其他何等ノ方法ヲ以テスルヲ問ハス暴行騒擾《そうじょう》ソノ他生命身体若《も》クハ財産ニ危害ヲ及スヘキ犯罪ヲ煽動シ安寧秩序ヲ紊乱《びんらん》スルノ目的ヲ以テ治安ヲ害スル事項ヲ流布シ又ハ人心ヲ攪乱《かくらん》スルノ目的ヲ以テ流言浮説ヲナシタル者ハ十年以下ノ懲役若クハ禁錮又ハ三千円以下ノ罰金ニ処ス」

諮詢にかかわった顧問官のなかには、膨大な日記を残した倉富勇三郎《くらとみゆうざぶろう》がいる。朝鮮人という特定表現は避けているものの、この勅令によって新聞各紙は急転直下、これまでの真相報道を断念せざるを得なくなった。ついで十六日になると、内務省はさらに新聞、雑誌等への検閲を強化する命令を発した。

ところで前にも触れたが、勅令の署名欄に「嘉仁　裕仁」と毛筆で二人の御名がある。原本を調べると署名したのは摂政宮で、天皇の御名を摂政宮が代筆したらしいことが書体からわかる。父宮の名を右上に書き、「裕仁」がそれに続くよう配慮されている。日光や沼津、葉山の御用邸に籠もったままの大正天皇の直筆をいただくことはかなわないので、摂政宮の代書で公務を遂行したことがうかがえる。

こうした一連の政令公布により、一般朝鮮人への保護具体策が次々にとられた。市内に残留する朝鮮人を千葉県習志野および下志津《しもしづ》の兵舎に収容し、衣食住を安定させ、彼らを救援することが四日朝の閣議でまず決定された。それに基づいて山本首相名による「告諭《こくゆ》」記事が五日の新聞に告知されるなど、急転直下の方針転換が図られた。

「驚くな、慌てるな　鮮人を迫害するな

今次の震災に乗じ一部不逞鮮人の妄動ありとして鮮人に対し頗《すこぶ》る不快の感をいだくものありと聞く。鮮人の所為若し不穏に亘るにおいては、速《すみや》かに取締の軍隊または警察官に通告してその処置にまつべきものなるに、民衆自らみだりに鮮人に迫害を加ふるが如きもとより日鮮同化の根本主義に背戻《はいれい》するのみならず諸外国に報ぜられて決して好ましきことにあらず（略）非常時に当たりよく平素静を失はず慎重前後の措置誤らず以てわが国民の節制と平和の精神を発揮せむとは本大臣のこの際特に望む所にして民衆各自の切に自重《じちょう》を求むる次第なり。

大正十二年九月五日

内閣総理大臣　伯爵　山本権兵衛」（「東京日日新聞」大正十二年九月七日）

この首相告諭を読んでも先にみた『牧野伸顕日記』と同様、どこにも朝鮮人の暴動やテロ行為がなかったとは書かれていない。

あったこと、いや、朝鮮人による襲撃行動が現在進行形であることを暗に認めつつ、そのうえで軍隊、警察に任せよ、といっているに過ぎない。「自重を求むる」とはそういう意味ではないだろうか。

福田関東戒厳司令官からも、同様の告諭が発表された。こうした政府方針の下で早速、工兵の手によりバラックが建てられ、天幕が張られ、医薬品や食糧が習志野へ搬送された。実に朝鮮人収容能力は一万五千人分に達した。

それさえも歩かされての「強制連行」だと主張する史料が多い。輸送する自動車など市内にはなかった。市民への食糧、医薬品、警備に使う車さえこと欠いており、日本人のすべてが歩いて避難していたのではないか。

しかも、食糧は日本人同様に配給が行き届いていた。「強制」というが、任意では効力がないと判断したのは、むしろ事故防止の温情措置といって語弊《ごへい》があれば、戒厳令下での当然の緊急措置ではないだろうか。

「朝鮮人を救え」

新内務相・後藤新平が始動するや、水野錬太郎時代とは一八〇度方向が違う警備政策が実行された。その最たるものが朝鮮人対策だった。

後藤は山本首相を説得し、枢密院を動かし、遂に摂政宮の勅令を引き出すという豪腕ぶりを発揮したのである。

後藤は新聞報道への介入をテコに、朝鮮独立運動家による日本攻撃の矛先を緩める策を思いついたのだ。その結果、何が始まったか。

まず、新聞記者は焦土《しょうど》の市内を走り回って、朝鮮人による善行や小さな親切を必死になって探し始めた。

もとより朝鮮人がすべてテロリストであったり、強盗殺人を働くなどとは自警団でさえ誰一人考えてもいない。朝鮮人のなかには扇動されて、あるいは貧困からか、時の勢いからか、襲撃行為をなす者がいた、その危険回避のためには自衛的武装も必要で、場合によっては殺傷する覚悟も必要だった、ということなのだ。したがって、何にもしない通常の生活者としての朝鮮人に対し危害を加える必要はもとより持ち合わせていない。

「善良なる朝鮮人」も多数存在したに決まっている。ただ、彼等でさえ不幸にして震災の犠牲となった数は知れない。そのことは日本人とて同じである。

新聞記者が「その気になって」探せば、町のなかで美談をもつ朝鮮人に出会うのはさほど難しくはない。

早速、美談は記事になって唐突ながら登場し、内務大臣は大いに満足した。かくして「善良なる朝鮮人」が新聞に紹介され、朝鮮人を救う運動が国家的に開始された。次のような記事が大真面目に掲載されたのは、むしろ滑稽というべきであろう。

まずは、五日付で赤池濃に代わって警視総監に就任した湯浅倉平《ゆあさくらへい》の記者会見がそのすべてを言い表している。湯浅は後年の宮内大臣でもある。赤池時代には考えられなかった発言といっていい。

「鮮人の爆弾、実は林檎　呆れた流言蜚語

湯浅警視総監は卓上に二個のにぎり飯と福神漬けを置き、水道の水をすゝツて鮮人暴行の浮説を慨嘆して左の如く語る。『この未曾有《みぞう》の惨状に対し罹災民《りさいみん》の狼狽《ろうばい》することは然《しか》ることながら、鮮人暴行の風声鶴唳《ふうせいかくれい》に殆ど常軌を逸した行動に出づる者のあつたとは遺憾千万である。即ちその一例をいへば鮮人が爆裂弾をたづさへてゐるといふので捕へて見ればリンゴであつたともあり、また一木喜徳郎《いちききとくろう》氏（注・当時、皇典講究所長、のち枢密顧問官）

の附近の出来事であるが一民家に火を放つて酢をこぼしたため主婦が之を綿にしめし、かなたらひの中に入れて置いた所青年団の人は放火用の石油だと誤認し、主婦が如何に弁解するも承知せず遂に主婦は鮮人に味方するんだらうとばかりなぐり飛ばされた事実もある。その他かぞへ来たれば噴飯《ふんぱん》すべきものおほく、誠に大国民の襟度《きんど》から見て諸外国に対しはづかしい次第である』云々」(「東京日日新聞」大正十二年九月八日)

湯浅警視総監は着任早々、何を根拠にして発言したのかわからない。「一民家に火を放って」は「一民家が」の間違いだろう。とにかく誤認の例を引いて「諸外国にはづかしい」から注意せよと述べた。

一人の朝鮮人がたまたまリンゴを持っていて、それが爆弾との誤認だったからすべての朝鮮人は無実だという論法だ。今後は、ズボンに何か隠し持っていてもリンゴだと思えと警視総監はいうのだろうか。

次いで警視庁は、朝鮮人が誤解を解くために奉仕活動を始めたと新聞に書かせる。

「**鮮人団相愛会が無償で道路工事**　誤解をとく為に奉仕

南千住にゐる朝鮮人団体相愛会の李会長、朴副会長外百名の朝鮮人がまずは不逞視されてにくまれてゐるのを遺憾に思ひ、自分達は社会奉仕をして朝鮮人の誠意ある所を示さんとて数日間の無償で人形町通り新大橋かぶと橋間の道路の障碍物《しようがいぶつ》のけに従ひ誤解をとくにつとめてゐる」(十日、警視庁発表、大正十二年九月十一日各紙)

まことにありがたいことで感謝に堪《た》えないが、生き残った日本人全員が跡片づけをしている姿をよもや警視庁は見ていないわけではあるまい。「無償で」とは面妖《めんよう》な解説付きである。有料で片づけをした日本人がいたら教えてもらいたいものだ。

「誤解をとく」ために百人が働くのは、「誠意ある朝鮮人」もなかにはいることを単に確認するだけに過ぎない。そもそも、普通の朝鮮人が一人もいないなどとは誰も思ってはいなかったのだ。

もう一件、「ほほえましい」記事を紹介しておく。

「鮮人に救はれた老婆　行方も分らぬ命の恩人

本所緑町に住んでゐた関根しづ方では地震についで逸早く猛火につゝまれたので一家離散逃げまどつたが、中でもしづは何分六十二の老婆とて誰かにたすけられ近所の被服廠《ひふくしよう》跡へ逃げやうとしたが、途中でへたばりおどろいてゐる所へ朝鮮人が来かゝり、助け起こし、被服廠跡へ逃げ込まなかつたため不思議にも一命を助かり数日間その鮮人にいたはられてゐたが鮮人自身が身の危険を感じて来たため再び芝の親戚へおくり届けてもらひ、今は行方もわからぬ鮮人の好意を、命だけ助かつた親戚一同集まつて感謝してゐると」(「東京日日新聞」大正十二年九月十三日)

これまた美談である。記者は連日の死に物狂いの震災取材のなかで、このような朝鮮人の善行を探し回るよう上司から命じられたのだろう。

かくして急速に自警団の武装解除は進み、内務省の指導、統制によって名称も自警団から「自衛団」に変わったところが多くなった。

正力松太郎

九月一日のその時刻、正力松太郎《しょうりきまつたろう》は日比谷の濠前にある警視庁二階の自室で、政治家と面談していた。正力の官職は警視庁官房主事である。

二年前、三十六歳の若さで昇格した。総監の片腕、いわば官房長官役だろうか。警視総監が赤池濃から湯浅倉平に代わる一日半ほど前の正午直前だった。

正力はその政治家との雑談のさなかで下から突き上げるような衝撃に襲われ、一旦は床に倒れたものの、立ち上がるや机に両手をかけて天井を睨《にら》んでいた。

当時の警視庁は帝劇の隣りにあって、赤レンガの三階建てである。自室から窓外を覗くと、裏手の印刷所はすでに猛火に包まれ、その火勢は黒煙ともども寸刻後に警視庁をなめ尽くすのは間違いないと思われた。

赤池総監に相談した正力は、仮庁舎を一旦日比谷の府立第一中学校へ移転することとし、重要書類の持ち出しにかかった。震災発生から僅か四十分後には、警視庁が火焔に包まれていた。帝都の治安を維持する本丸が焼失しようとしている事態は極めて重大な危機といっていい。しかも、加藤友三郎《かとうともさぶろう》首相の急死によって政治の空白状態が出来《しゅったい》していたこの時期にである。山本〝地震担当内閣〟の親任式はまだ一日半ほど先のことである。

富坂署と大塚署から朝鮮人暴動の第一報が入ったあと、戒厳司令部へ行った正力が、「こうなったらやりましょう」と暴動鎮圧を煽ったというのが、歴史家の文献や正力の評伝に多い。戒厳令司令部へ行ったというから九月二日午後のことであろう。

正力松太郎の生涯に毀誉褒貶《きよほうへん》がないとはしないが、震災勃発時における正力の言動が間違いだったとは寸分も思えない。松尾尊兊《まつおたかよし》（歴史学者）によれば、

「当時警視庁の官房主事という副長官的要職にあった正力松太郎は、腕まくりして戒厳司令部を訪れ、『こうなったらやりましょう』といきまいて、いあわせた阿部信行参謀（のち

陸軍大将・首相）をさえあきれさせたという話があるくらいだ」（『国民の歴史21』「民本主義の潮流」）

同じく松尾尊兊論文（『思想』昭和三十八年九月号）では、「『正力は気がちがったのではないか』と阿部が言った」とある。

このエピソードは各所で引用され、正力を描く有力な評伝には必ず登場する。

しかし、真相はそう簡単ではない。正力の眼力は狂ってはいなかった。朝鮮人の襲撃自体は事実だが、新内閣の内務相・後藤新平はある決意と策謀をめぐらせて親任式に臨んでいた。

その後藤の腹のうちとは、現在進行形の朝鮮独立運動家たちの主導によるテロと凶悪犯罪は戒厳令の軍力で凌ぎつつ、自警団を武装放棄させ、民心の安定を図ることにあった。後藤はこのままの状況では、朝鮮人と自警団の内戦状態すら想定しなければならなかったのかもしれない。

そうなれば、最も憂慮されるのは摂政宮に何らかの危害が及ぶことだった。その恐れを後藤は感知していた。したがって、ここは強引に新聞などの操作をもって自警団を引かせる以外に策はない、そう腹を括《くく》ったに違いない。

その指令が後藤内務相から正力官房主事に出されるのは、九月三日からである。勅令上奏を行ってまで試みた方針転換は、後藤新平の窮余《きゅうよ》の一策と考えられる。

後藤新平と正力松太郎の動向をさらに追っておきたい。

後藤新平

「こうなったらやりましょう」と腕まくりをして襲撃に備えようとした正力松太郎だったが、正力がいきなり間違いを認め、打ち消す立場になったと書く文献もある。

「この嗤《わら》うべき流言は一日の夕方ごろから、中野・淀橋・寺島の各署から警視庁へ報告された情報から始まっている。（略）

こうして爆弾を投げたとか、井戸に毒を投じたなどの流言を生んで、殆ど嵐のような早さで全市に拡まったが、いずれも正体は一つもなかった。そこへ二日の午後二時ごろ、富坂警察署から、不穏な朝鮮人を検挙したとの報告があった。正力は、この風説を全く一笑に附して打消していたので直接取調べて実否を確かめるに如《し》かず、と、多忙の中を富坂署に出張し署長吉永時次《よしながときじ》（のちに警視総監）と共に取調べた。もちろん無根のあらぬ疑いである。直ちに釈放して、風評打消の指令を与えているところへ、本庁から、朝鮮人の一団が武器をもって神奈川方面より東京に向って来襲しつつあり、との伝令がきた。

帰庁してみると物々しい警戒線を張り、一同緊張している。警戒打合のため司令部に参謀長・寺内寿一《てらうちひさいち》（のちの元帥、南方方面軍総司令官）を訪問すると、軍は万全の策を講じているとてその警戒配備を説明した。この時、第一師団は六郷川の線に哨戒線《しょうかいせん》をはり、東海道、池上街道、中原街道、厚木街道等には連絡兵、臨時電話まで架設して備えたが、これが逆に疑心をそそり、戒厳司令部や内務省などの風説打消の布告と相まっていよいよ人心の不安を募らせた傾きがある。結局、この恥ずべき風説は九月四日に到って新聞が復刊し、その風説を打消す一方、避難に必要な交通機関や食糧・医薬品・医療などの積極的報道により人心を安定させ、始《マヽ》めて消滅して終った」（御手洗辰雄《みたらいたつお》著『伝記・正力松太郎』）

正力が「こうなったらやりましょう」といったのは、このときの戒厳司令部でのやり取りであろう。それにしても、正力を庇《かば》うつもりでこういう筋書きを考え出したのだろうが、御手洗辰雄はいったい何を根拠に、戒厳軍の出動が「逆に疑心をそそ」ることになり、何ゆえに内務省の「風説打消の布告と相まって」人心の不安が募ったと考えたのか。

正力が警視庁官房主事として市内を奔走していた二日の夕刻、山本内閣で内務大臣に就任したのが後藤新平だった。

後藤は安政四（一八五七）年生まれで、震災時にはすでに六十六歳だった。
これまで桂太郎《かつらたろう》内閣で二度にわたる逓信《ていしん》大臣、寺内正毅《てらうちまさたけ》内閣で内務大臣を経験しており、今度の内務相は二度目の就任だった。まさに、この国家的危機にこの人物を措いてほかに誰がいるかといっていい人選と思えた。白く伸びた顎《あご》の三角鬚《ひげ》は、風貌に威厳を添えていた。

ここまでの生涯で彼が残した業績は数知れない。台湾総督府での民生長官時代には、インフラ整備や経済政策に辣腕《らつわん》を振るった。次に満鉄（南満州鉄道株式会社）初代総裁に就任し、北辺の地のインフラ整備、大連《だいれん》などの都市計画をいち早く手がけてきた。

加えて、後藤は大正九（一九二〇）年十二月から十二年の四月末まで東京市長を務めた経験をもつ。岩手県出身だが、震災の四カ月前まで市長だったということは、東京を知り尽くしている点では誰にも引けをとらない。

その後藤が打ち出した内務省の方針が朝鮮人を救うこと、自警団の武装解除だったから正力は当初、わが目を疑った。これでは市民の生命の安全は保証できない、と本気で後藤に嚙み付いたことも一再《いっさい》ならずあった。

正力の官房主事期間は大正十年六月から十二年、震災直後の十月末までである。

新内閣での後藤は、警視総監を水野から湯浅に代えた。このことも正力の癇《かん》に障《さわ》ったかもしれない。震災の後片付けがやや一段落した九月末、正力は湯浅に地方転勤願いを出した。

だが、後藤はそれには耳を貸さず、正力を直接呼びつけては仕事を言いつけていた。十月末、警務部長という職に就いたものの、正力は後藤の宴会好き、待合政治になかなか馴染めずに悶々《もんもん》としていた。

大風呂敷の腹芸

「大風呂敷」とは後藤のあだ名である。後藤はこれまでにも並外れた大計画を持ち出しては世間の注目を浴びてきた。

内務大臣兼帝都復興院総裁という職に就いた後藤は震災復興計画を立案し、最初に要求した予算は実に四十億円という巨額なものだった。当時の国家予算の二年分にも相当した。議会からは反発もあり、実際には七億から八億程度に縮小された。それでも、今日ある東京の幹線道路の基礎は後藤の「大風呂敷」なしには考えられない。

そんな後藤にほどなく正力が惚れ込むようになったのは、朝鮮の独立運動家たちへの対策が並々ならぬ決意の下に変更された真相を知ったからである。

後年、野球を縁に正力と知己《ちき》を得た「ベースボール・マガジン社」の創業者・池田恒雄《いけだつねお》は、その裏話を筆者に語ったことがある。後藤が正力を呼んで次のように言ったのだという。

「正力君、朝鮮人の暴動があったことは事実だし、自分は知らないわけではない。だがな、このまま自警団に任せて力で押し潰せば、彼らとてそのままは引き下がらないだろう。必ずその報復がくる。報復の矢先が万が一にも御上《おかみ》に向けられるようなことがあったら、腹を切ったくらいでは済まされない。だからここは、自警団には気の毒だが、引いてもらう。ねぎらいはするつもりだがね」

三十八歳の正力は百戦錬磨《ひゃくせんれんま》の後藤のこの言葉に感激し、以後、顔には出さずに「風評」の打ち消し役に徹した。これが後藤が打ち明けた腹のうちだった。

越中富山に生まれた正力の古い友人に、品川主計《しながわかずえ》がいる。生年は正力の二年あとだが旧制第四高等学校（四高）で同級、警視庁で官房主事にもなり、晩年は読売巨人軍代表を務めたことでよく知られる。

さて、その品川主計が残した回想録に後藤と正力の関係も登場する。品川は後藤と正力の関係の裏を知るもう一人の重要人物である。

「正力君は、後藤新平内務大臣に非常に信用があった。何故かというと、彼は貴族院の操縦がうまかった。私が官房主事になってみると、すぐ、水野直《みずのなおし》という子爵から『ひとつ君に頼みがある。近衛公爵の私行を調べて呉れ』との話でした。私は『犯罪ならばだが私行の類を調べることは、私には出来ません』と言って拒《こと》わった。これで初めて判ったんです。正力君は水野さんのそうした類の頼みを受けてやっていたから、貴族院操縦の腕を揮《ふる》うことが出来た」(『叛骨の人生』)

後藤は正力を非常に信用して、警察官としての領分をも越えた素行調査、いわば汚れ役にも巧みに使おうとしていた背景がうかがえる。

国難ともいえる朝鮮人襲来とそれに武装して対抗せざるを得なかった自警団との争いは、九月五日あたりをもって終息する。

こうした後藤の腹芸と正力の奔走がその陰にはあった。後藤の腹のなかには、左翼とも右翼とも平気で付き合うという芸当があった。

後藤はレーニンやトロツキーと密接な関係にあった外交官ヨッフェを熱海に招待し、将来のソ連邦との国交正常化交渉の場を用意した。

さらに、後藤は国内の社会主義者にも知己《ちき》が多く、大杉栄《おおすぎさかえ》に資金援助をしたことは有名な話だ。フランス語が達者な大杉に仏典のフランス語訳をさせて毎月、何がしかの資金を援助した（杉森久英《すぎもりひさひで》『大風呂敷』）。

このほか、社会主義者との関係は数え上げればきりがなく、縁戚にも有名な社会主義者の大物がいた。杉森久英によれば、

「第二次共産党の巨頭佐野学《さのまなぶ》は、彼の女婿《じょせい》（養女・静子の夫）佐野彪太《さのひょうた》博士の弟である。そして彪太の長男、つまり新平の孫に当る碩《ひろし》もまた共産党員であった」（前掲書）

そういう人間関係が背後にあるから、社会主義者と朝鮮独立運動家たちの狙いがどこにあるかをいち早く察知していたともいえるし、彼の情報源がどこからどう流れていたのか、摑みどころがなく危ういともいえる。

「なあに正力君、そのくらいの芸当ができなければ国家なんて維持できないよ」

そういって後藤は笑っていたに違いない。彼は、日本が社会主義国になる恐れはないものと考えていたのだろう。熱心な皇室尊崇者であったゆえに、ロシアのようなことになるはずはない、と安心していたとも考えられる。彼の書斎には大正天皇の御真影《ごしんえい》が掲げられていて、朝夕、決まって拝していた。後藤新平は国体護持を信じてさえいれば、社会主義

者と親しんでも感染はしないと確信していたのだろう。

その後藤新平と妻・和子の間の娘・愛子の夫が、戦前戦後を通じて厚生大臣など政治家として活躍した鶴見祐輔《つるみゆうすけ》である。祐輔の長女は、祖母の名をそのまま継いだ比較社会学者の鶴見和子《つるみかずこ》、弟は哲学者の鶴見俊輔《つるみしゅんすけ》という血縁を形成している。いずれも通常の定規では測りにくい器を持った姉弟であり、まさしく後藤新平の大風呂敷にさえ包みきれない綾《あや》を成している血族だともいえる。

「符号」打ち消しに必死の警察

震災直後の東京市内の治安に話を戻そう。

先に、自警団への自重を求めた山本首相の「内閣告諭」や福田関東戒厳司令官からも同様の発令があったことは触れた。それが九月五日段階である。

そこへ後藤新平内務相の流言防止対策が講じられ、警視庁もそれに応じた対応をするようになっていた。説得を受けた正力松太郎もその命令に従った。

だが六日、市内の警察各署に貼り出された湯浅総監名の告示は、まだ不安を隠しきれない市民の多くにとっては極めて奇怪なものに思えたに違いない。

これまで横浜に始まり、東京市内の各戸に印され、恐怖心を煽られていた目印符号に関しての告知は、民心を安定させるとはとても思えないものだった。
横浜で板塀に書かれた奇妙な符号を母娘で消していた主婦の話は第一章で紹介した。それを警察がいまになってあれは嘘だ、安心せよ、と突然、言い出した。市民の恐怖はかえって増すばかりという現象も起こった。告示は次のようなものである。

「門柱、板塀等ニ記セル符号ニツイテ
12a、2P、1b、m、◎、○、W_3、ケ、↓、Ⓚ、r、u、1m、┌、↙↘
先日来各所ノ門柱、板塀等ニ右ノ如キ符号ヲ記シアルヲ以テ鮮人ノ不正行為ノ暗号ナラムト一般ノ者ノ非常ニ不安ノ念ヲ抱キ居タルトコロ、当署ニオケル調査ノ結果右ハ中央清潔会社（糞尿処理会社）ノ人夫等ガ得意先ノ心覚エ及ビ便所ノ所在地ノ方向、個数等ノ符号ニ用イタルモノナリト判明セリ」

はたして、このような説明で市民が納得したのであろうか。
糞尿処理の人夫が、日頃から勝手知って汲み取り作業をしているはずの民家にこのような符号を付けて回ることなどありえない話ではないか。この奇妙な符丁《ふちょう》については、さらに第5章でも触れることにする。

笑止千万《しょうしせんばん》とはまさにこのことだが、正力は何でもいいから一刻も早く市民を安心させ、自警団の武装を解除しなければならなかった。

その正力を貶《おとし》め、どうあっても正力が扇動の第一声を挙げたとしなければ収まらないのが後世の評伝作家たちだった。「流言蜚語」といい出した以上、いい出した「犯人」と「責任者」が必要だったのだ。

それが正力の負った役割でもあったのだが、後藤の腹芸ともいえる収拾策には目もくれず、正力だけが責められてきたといっていい。

正力松太郎の生涯を描いた佐野眞一の大部の作品もご多分に洩れず、正力を悪役《ヒール》にしている点で変わりはない。権力は常に批判に晒《さら》されるべきだ。それはいい。ただし、批判には真摯《しんし》な実証が伴わなければなるまい。佐野眞一は言う。

「いずれにせよ正力は、少なくとも大地震の直後から丸一日間は、朝鮮人暴動説をつゆ疑わず、この流言を積極的に流す一方、軍隊の力を借りて徹底的に鎮圧する方針を明確に打ち出している。

しかし、地震と火災による被害もようやくおさまり、人心が安定してくると、事態は急変していった。暴動の事実がなかったにもかかわらず、軍隊や警察や自警団が、デマを利用して大量の朝鮮人を殺害したことが、誰の目にも次第に明らかとなり、国際世論も日本非難の論調を強める構えをみせはじめた」(『巨怪伝』)

この論調は朝鮮人のテロ行為をすべてなかったものとし、朝鮮人による暴動を全面的に正当化するこれまでの歴史観にすっぽり依拠したままのものでしかない。佐野はさらに続けて、そうした一連の朝鮮人攻撃の風潮は治安維持法へと繋がり、社会主義者弾圧へと進んだのだと説明する。

「九月五日、警視庁は正力官房主事と馬場警務部長名で、『社会主義者の所在を確実につかみ、その動きを監視せよ』という通牒《つうちょう》を出した。さらに十一日には、正力官房主事名で、『社会主義者に対する監視を厳にし、公安を害する恐れあると判断した者は、容赦なく検挙せよ』という命令が発せられた。

この通牒には、暴動の首謀者を、今や虚報ということが明らかとなった朝鮮人から、社会主義者にすりかえることで自らの治安対策の失敗を糊塗《こと》し、あわせて朝鮮人虐殺の責任を、直接手をかけた軍隊、警察、自警団から、彼ら朝鮮人を裏からあおって暴動を画策した可能性のある社会主義者たちに転嫁《てんか》させようとする意図が隠されていた」(前掲書)

「裏からあおって暴動を画策した可能性のある社会主義者」という部分だけはそのとおりだが、その他の文意は朝鮮人の暴動が全く虚報だとするばかりで、国家の危機、市民の恐怖の実態をまったく無視した文脈である。

そのあとに続く、

「朝鮮人の背後に社会主義者がいる、という何ら根拠のない予断は、とりわけ軍隊のなかで根強く信じられていた」

というくだりにいたっては、今日では多くの新資料から極めて明白となっている事実を著しく捻《ね》じ曲げた歴史の歪曲《わいきょく》といわざるを得ない。

朝鮮独立運動家と社会主義者とが連携してわが国に対し揺さぶりをかけ、さらには国家の存亡《そんぼう》さえ左右するような謀略を企図していたことは紛れもない事実であった。その詳細はさらに第５章で述べたい。

ことほど左様に、さまざまな論評がこれまで実際に起こっていた朝鮮人の暴動を「流言蜚語」だといって隠し通し、そのうえで自警団や警察を誹謗《ひぼう》してきたのがこの国の歴史だったことを確認しておかなければならない。

肉を切らせて骨を断つ

「流言蜚語」という揺るぎない大前提に立った解釈が今日まで八十六年、続いてきた。朝鮮人による暴動は虚報だった、自警団は狂気のように朝鮮人を殺害した——という亡霊のような歴史観を疑うことは、誰一人としてしなかった。それが日本人の自虐思考の礎《いしずえ》のようにして固まったまま、今日まで時間が経過してきた。

そこにはしかし、事態のさらなる険悪化を防ぐため、内務大臣・後藤新平の苦肉の策謀があったことをここまで検証してきた。

後藤の「引き際作戦」とでもいうべきこの苦肉の策は、まさに「肉を切らせて骨を断つ」というにふさわしい。

実際には朝鮮人による暴虐行為が数知れずあったため、逼迫《ひっぱく》した自衛の覚悟をもって自警団は立ち上がった。そこに、多少の誤認や過剰防衛がなかったとはいい切れない。

だが、それすらも、この阿鼻叫喚《あびきょうかん》生き地獄のなかでは自存自衛のためとしかいいようがないのではないか。市内に流入してくる朝鮮人は、町内の、家族の、妻や子の敵に思えたとしてもやむを得ない状況があったと理解される。

それを認めないというのならば、国家も町内も家族も暴漢に襲われ、滅亡しても構わない、とする「国家崩壊」という暴論を是とする以外に国民の生きる道はない。
こうした意思の下で後藤新平はすべての責任を負うとして、次のような「待罪書《たいざいしょ》」なる文書を天皇に奏上した。長文なので、概略のみ引用したい。

「闕下《けっか》（注・天皇の御前の意）に奉呈せし待罪書
臣新平曩《さき》に大命を拝し之を内務大臣の要職に承《う》く時恰《あたか》も関東地方大震災の直後にして人心恟々《きょうきょう》物情騒然たり。震災後に於ける異常なる人心の不安に伴ひ流言蜚語盛に行はれ秩序漸《ようや》く紊《みだ》れむとするや民自衛の方途《ほうと》として各地到る処に自警団の組織を見たり、然るに此の時に際し鮮人妄動の浮説忽然《こつぜん》として発し、眼前に展開せられたる惨害を以て鮮人の所為に帰せむとする者もあり、自警団中には自制を失して暴挙に出でるものあるに至り、為に無《む》辜《こ》の民にして殺傷せられたる者少なからず。臣新平治安保持の重任を辱《はずかし》め事此に至らしむ誠に恐懼措《お》く所を知らず。茲に臣の責任に関し状を具して以て、聖鑑《しょうかん》を仰ぎ伏して罪を闕下に待つ。
大正十二年十一月
内務大臣　　後藤新平」

第5章

揺るぎない前提として書かれた虚構

―「戒厳令違法説」と「朝鮮人虐殺」―

摂政宮、震災現場視察

大正十二（一九二三）年九月二十九日、後藤新平《ごとうしんぺい》は新たに創設された帝都復興院総裁を兼務することになった。早速、彼は人事を決め、予算の要求、再建計画の実行に着手したが、同時に摂政宮《せつしようのみや》に対し責任を負う覚悟と反省の上奏文を書かなければ臣新平としての気持ちが収まらなかった。

前章で紹介した後藤の「闕下《けつか》に奉呈せし待罪書《たいざいしよ》」という一種の謝罪文はいくらこの時代とはいえ、いかにも大風呂敷らしい大仰《おおぎよう》さに溢れてみえる。闕下、とは天皇の御前という意味の接頭慣用句である。

いずれにせよ、戒厳令《かいげんれい》下の内務大臣が、下がるところまで下がって見せ、朝鮮独立運動家やその影響下にある扇動者たちを少しでも抑え込みたいとした一書と解釈できる。

後藤から東京市長を受け継いでいた永田秀次郎《ながたひでじろう》は震災復旧に忙殺されていたが、そんな折に遷都《せんと》説なるものが急浮上した。市議会は狼狽《ろうばい》し、市長は総理や内務相の間を駆け巡っていた。復旧を急ごうと官民一体となって汗を流しているさなかに、首都移転のデマは国政にとっても頭痛の種だった。

折も折、摂政宮と良子《ながこ》女王の婚儀延期という記事が新聞に発表された。牧野伸顕《まきののぶあき》宮相が大いに困惑したことは想像できる。牧野の日記から拾ってみよう。

「九月十三日
［東京］市長［永田秀次郎］入来《じゅらい》。
御婚期延引の記事紙上に掲載あり。為めに市議員等大に狼狽、遷都説の流布《るふ》に已《すで》に昂奮《こうふん》したる際御婚期も延期とありては、人気沮喪《そそう》するを以て是非御予定通り御決行ありたしとの切望を陳述す」（『牧野伸顕日記』）

牧野にしてみれば震災はいくら大災害とはいえ関東一円の問題、それに引き換え摂政宮の婚儀は全国国民すべての問題なのだから、国家的にみれば延期は困る、といいたかった。
だが十六日朝、牧野に摂政宮から御召しがあり、入江為守《いりえためもり》東宮侍従長とともに赤坂離宮へ急ぎ伺候《しこう》する。摂政宮は牧野にこう伝えた。再び牧野の日記である。

「殿下には、今回の大地震に際し其程度範囲も甚大、見聞するに従ひ傷心益々深きを覚ゆ、就《つい》ては余の結婚も今秋挙行に決定したるも之を進行するに忍びず、故に延期したしと思ふとの御詞なり。（略）日光及久邇宮《くにのみや》の御了解を得たる上、発表の手続致すべき旨申し上ぐ」

（前掲書）

牧野の思いとは違ったが、皇太子自身から延期を申し出されたのでは恐縮して仰せに従うほかはない。世間にはいろいろな意見があるものの、そこまで殿下にご心痛をお掛けしていることを知れば一般人民は感激するに違いないだろうと述べて、牧野は退出した。「日光」とは田母沢《たもざわ》御用邸滞在中の両陛下、「久邇宮」は良子女王の父・邦彦《くによし》王である。

摂政宮が自ら進んで婚儀の延期を決めたのはそれなりの動機があった。

前日の十五日、かねてより治安の模様眺めをしていた奈良東宮武官長がようやく「震災地ご視察」を決断し、摂政宮の御巡視が行われたことに関係する。関東戒厳司令部が摂政宮の視察時期に関して非常に神経質になっていたことは牧野の日記からうかがえる、と前章で紹介した。

ここへきて福田戒厳司令官も腹を固め、田中義一《たなかぎいち》陸相、奈良東宮武官長宛に「災害地御巡視の件」了解の返答を出した。後藤、正力《しょうりき》ラインの治安回復措置がようやく功を奏してきたということだろう。

九月十五日、前夜来の激しかった雨も上がり、絶好の、とはいえないまでも朝から視察には影響ない曇り空となった。

午前六時、摂政宮皇太子殿下は供奉《ぐぶ》に福田戒厳司令官、警視総監、憲兵司令官、奈良東宮武官長以下武官、侍従《じじゅう》、御用掛などを従え、赤坂離宮を馬にまたがって出門した。巡視の経路はおおむね、次のような道筋であった。

市ヶ谷見附、九段、俎橋《まないたばし》、三崎町、本郷、駒込切通し、上野方面と進み、上野で約二十分停止して馬を下り、関係者からの状況説明を聴取。上野公園で説明役を仰せつかったのは後藤内務大臣、湯浅警視総監、永田東京市長らである。さらに広小路、日本橋を経て呉服橋、丸の内に出て、そこで戒厳司令部を激励され、九時前に離宮へ戻るというものだった。

短い時間の行啓《ぎょうけい》とはいえ、翌朝の新聞各紙は上野公園に降り立った摂政宮の写真を掲載し、これを大々的に報じた。

「**焦土に馬を立て　暗涙《あんるい》に咽《むせ》び給《たま》ふ　摂政殿下**

——外濠から市ケ谷見附に入られ靖國神社附近の荒寥《こうりょう》たる焦土を過《よぎ》り御愛馬を九段坂上に立たせたまひ、石造家屋の残骸が御目を遮ぎるのみならず小石川、神田、日本橋一帯の焼け跡を御望見、お付の人を顧《かえり》てしばしばご下問あり（略）殊に本所被服廠《ひふくしょう》跡の酸鼻《さんび》の光景を市長と総監から申し上げた時は暗涙を催されたやうに拝した」（「東京日日新聞」大正十二年九月十六日）

皇太子が結婚式の延期を申し出たのは視察の翌日のことだった。この秋の婚儀を自ら延期する意思を伝えた理由は、市内の尋常ならざる惨劇を目《ま》のあたりにした衝撃からだと思われる。

皇太子は再び、十八日に被災地の巡視を決行した。随行した奈良侍従武官長の日記から、視察模様を拾うことにする。

「午前六時御出門、自動車にて上野停車場跡に御成、夫《そ》れより御乗馬にて佐久間町、和泉町焼残りの場所を御覧(此際代議士作間造防火顛末《てんまつ》を武官長に呈出す)の上、厩橋《うまやばし》を渡り本所被服廠跡側を通過し両国停車場跡に到り御下馬、約二三十分間御駐立、内務大臣、東京府知事、警視総監、東京市長、陸軍大臣等先着、拝謁《はいえつ》の上罹災《りさい》当時の状況、救護の模様等を言上《ごんじょう》す」(『侍従武官長奈良武次《ならたけじ》日記・回顧録』)

さすがに被服廠跡内部への行啓はためらわれたのだろう。東京市衛生課は総力をあげて遺体の処理に奔走したが、それでもまだ二週間後のこと、臭気もひどかっただろうから外部からの視察に留めたことが分かる。なにしろ三万八千人の焼死体が腐乱し始めていたのだから。

死体処理作業について簡単にふれておこう。東京市と警視庁は火葬場の焼却能力の限界を感じ、市内に散乱する死体約五万体を野外で焼却することに決定した。各所から決められた死体収容所（芝浦埋立地、浅草の田中町小学校跡、吉原病院、洲崎《すさき》埋立地、築地本願寺跡、本所被服廠跡ほか）に一旦運び込まれ、山積みされた死体を薪の上に乗せ、さらに石油をかけて臨時火葬場として野外焼却した。

「報知新聞」によれば、

「帝都の死体の取りかたづけについては十三台の貨物自動車と一千名の人夫《にんぷ》を以《もつ》て極力焼却につとめて居るが八日夜半までに収容焼却した数は合算すると約六万以上に達してゐるがこの外隅田川に墜落溺死して居る者、家屋の下敷となつて圧死《あつし》或は焼死して居る者、路上に黒焦になつて倒れて居る死体は実に二十万を突破する見込みである」（大正十二年九月九日夕刊）

最終的には、東京市の死者は五万八千余人とされている。

とりわけ被服廠跡での作業は難航した。もともとの膨大な死体のうえに、さらに市内各所から死体が運び込まれたのだから惨状は想像を絶する地獄の様相を呈し、連日、黒煙と炎が再び空を焦がした。夥《おびただ》しいハエやウジの発生のなか、被服廠跡はそっくり大火葬場と化したのだった。

さて、皇太子の二回目の巡視はその後、乗馬で日本橋、銀座、虎ノ門、溜池《ためいけ》を回って午前九時過ぎに赤坂離宮に戻った。

翌十九日の新聞は前回同様、詳細にこの巡視の模様を伝えた。

方針転換の裏側

朝鮮人による暴動の真相を見極めることの困難さは、後藤内務相主導による「宥《ゆう》和《わ》策」にあるといっていい。

後藤は就任するや、それまで警視庁と有力新聞社が積極的に書いていた朝鮮人の暴動報道をわざと抑え、代わりに自警団に自重《じちょう》を求め、朝鮮人保護を前面に打ち出させた。

とはいうものの、「あれは流言蜚語《りゅうげんひご》だから安心して治安は軍と警察に任せよ」と急に調子を変えられても、現実との乖離《かいり》を目の当たりにする市民の困惑はいかばかりであったろうか。

この問題の難しさは、事実を抑え込み、「なかったこと」にして鮮治政策を穏便に済ませようとした点にある。その後藤たちの腹のうちには、このまま朝鮮独立運動家を追い詰めれば摂政宮の身に危険が及ばないとは限らないという恐怖感があったからだと推察できる。

結果的には、政府そのものが「流言蜚語」の真相をおおむね認めたわけである。その矛盾が後世、八十六年経っても一人歩きをして「朝鮮人による暴動説は流言蜚語によるもの」だという俗説として定着した。

震災後、時間を経るにしたがって政府が転向したのは、国体の危機を感じ取ったためである。極端にいえば、摂政宮の生命と引き換えるわけにはいかないから「流言蜚語」で逃げ切り、事態収拾を図ったということになる。

だが、震災直後にそのように理解するのは無理だった。正力の影響が及ぶ有力紙は方針を転換し、すでに述べてきたように「優しい朝鮮人」「奉仕活動をする朝鮮人」を探してきては紙面を飾った。

甘粕事件

関東大震災には幾多の奇談や伝説も生じたが、何といっても甘粕正彦《あまかすまさひこ》が主役を演じたといわれる大杉栄《おおすぎさかえ》殺害事件に触れないわけにはいかない。

事件のあらましをざっと見ておこう。

当時、渋谷憲兵分隊長、さらに麹町《こうじまち》憲兵分隊長を兼務していた憲兵大尉・甘粕正彦が大正十二年九月十六日、アナキストの大杉栄とその内縁の妻・伊藤野枝《いとうのえ》、さらに大杉の甥で七歳の橘宗一《たちばなそういち》を憲兵隊本部に連行し殺害、遺体を本部裏の井戸に遺棄した、というものである。その際、特高課の森慶次郎曹長らに手伝わせたことになっている。

事件が表面化したのは、二十日になって「時事新報」と「読売新聞」が三人が殺害されたと第一報を報じてからである。この事件では甘粕大尉はともかく、大杉栄と伊藤野枝が世間ではすでに恋愛スキャンダルで有名だったこともあり、世相を大いに騒がせ耳目《じもく》を集めることになった。世に言われる「日蔭茶屋事件《ひかげぢややじけん》」が背景にあったからだ。

「日蔭茶屋事件」とは大正五年十一月九日、妻がいながらダダイスト辻潤《つじじゅん》の妻・伊藤野枝やもう一人の愛人、神近市子《かみちかいちこ》（当時、東京日日新聞記者）と関係を深めていた大杉が、伊藤野枝と投宿していた葉山の日蔭茶屋で嫉妬《しっと》した神近市子に乗り込まれて刺された、というものである。

この恋愛事件そのものに深入りする必要はないので先に進む。

傷が癒《い》えた大杉は伊藤野枝との間に四女、一男を続けてもうけるものの、あまりの奔放な「自由恋愛」主義者ということもあり、多くの同志から孤立し、経済的にも困窮してゆく。アナキストとしての活動以外にも、エスペラント語やフランス語の才もあった大杉は人脈も広く、後藤新平とも知己《ちき》となり、その資金援助を受けていたことはすでに触れたとおりである。

この事件の捜査では警察と軍が対立したが、警察の強行意見が通り放置できなくなった軍は、軍法会議に甘粕を送致《そうち》した。これが九月二十日だった。

軍法会議は甘粕大尉の単独犯行とみなし、十二月八日付で禁錮《きんこ》十年の判決が下されたが恩赦《おんしゃ》で短縮され、大正十五（一九二六）年十月に出獄、フランスへ留学するために出国した。

ここまでが事件の大筋だが、本事件の背後にある問題は今日でも多くの謎を残している。はたして甘粕の犯行なのかどうかさえ疑問視する説もある。

甘粕は公判で、「すべては自分一個人の判断によるもので、誰からも指示されたわけではない」と主張し続けた。だが、憲兵隊の指揮系統に特高警察課員が入るのは不自然であるとの声が最初から上がっていたこともあり、この事件の謎を深めている。

いずれにせよ、大震災に乗じてアナキストや社会主義者および朝鮮独立運動家たちによる国家転覆《てんぷく》の気運が昂《たか》まっていたと思われていたのは事実であり、甘粕はその首謀者を大杉とみなしたのだった。

なお、戒厳司令官・福田雅太郎《ふくだまさたろう》と憲兵司令官・小泉六一《こいずみろくいち》少将が監督不行き届きの罪で更迭《こうてつ》されたことは事件の影響の大きさを国民に印象付けるとともに、早い段階での徹底処置が上層部の意向だったと思われる。

この二人の処分はいち早く九月二十日に決定された。福田の後任には、前加藤内閣の陸相を務めた山梨半造《やまなしはんぞう》大将が就任した。

戒厳令に疑義はない

解任されたが、福田戒厳司令官は十分に職務を果たし、卒然《そつぜん》として故郷・長崎へ帰っていった。

ところが、戒厳令布告に関して「違法であるという批判」も一部にあった。緊急時における臨機応変の措置として認められるべきだと前章で述べたが、もう一度、詳しくこの経緯を検証しておく必要がある。

近年刊行された『枢密院《すうみついん》議長の日記』のなかで著者の佐野眞一は、この疑義に触れ、次のように述べている。倉富勇三郎《くらとみゆうざぶろう》枢密院顧問官の日記の読み下し紹介から入る佐野資料を引く。九月一日、夕刻六時半過ぎのことだ。

「倉富は続けている。

〈時に官舎南隣中華民国公使館正に焼く。火焔《かえん》官舎に迫まる。大臣等皆官舎の庭に在り。

顧問官は予の外一人も来り居らず。既にして井上勝之助《いのうえかつのすけ》来る。予より水野錬太郎《みずのれんたろう》に『会議を開くことを得るや』を問ふ。水野『之を開く積りなりしも、顧問官の出席も困難ならんと思ひ、戒厳令を出さるることは之を止め、政府の責任を以て臨機の処置として出兵を要求せり』と云ふ。

予、井上と『然《しか》らば別に用務なきや』と云ふ。水野『然り』と云ふ。予等乃《すなわ》ち去る。〈略〉

ここで注目されるのは、九月一日の段階で水野錬太郎が『戒厳令を出さるることは之を止め』と発言していることである。翌二日、東京全市に戒厳令が布告されたが、その経緯には不透明なものがあり、枢密院の正式な審議を経ていないため、違法であるという批判も生んだ」

ここまでの倉富日記の引用で重要な第一点は、水野内務大臣が、戒厳令を出すために枢密院顧問会議を開きたいが出席が困難そうなので、政府の臨時処置で出兵を要求したい、と述べている点である。

だが、顧問官で総理官邸に集合できたのは倉富ただ一人という状況下である。先に到着していた井上勝之助はのちに枢密院議長となるが、この時点では侯爵宮内省式部長官である。

官舎には水野のほかに、臨時首相・内田康哉《うちだこうさい》、陸相・山梨半造ほかかなりの閣僚が揃っていたが、肝心の顧問官が揃わないのでは会議は開けないから散会となったということだ。枢密院顧問官の数は限定されていないが、常時二十数名で構成されていた。十名以上の出席をもって顧問会議は成立する、と決まっており、在京する成年親王や国務大臣も構成員だったが連絡がつかず、小石川の浜尾副議長邸に内閣から急使を派遣し、副議長が緊急措置ゆえ自分の責任をもって同意するとの回答を得ている。

いずれにせよ、水野は緊急措置として赤池警視総監ともども、近衛師団に出兵依頼を済ませていた。赤池がそれだけでは市内の治安に責任が持てないと考え、水野を推《お》して森岡《もりおか》守成《もりしげ》東京衛戍《えいじゅ》司令官から戒厳令発令を政府に働きかけたのだった。水野の「政府の責任を以て臨機の処置として出兵を要請せり」はその結果である。

出兵要請の時間は九月一日午後四時半である。この時間は首都は火焰に包まれ、余震も打ち続き、市民は不安の極致であったにせよ、まだ「朝鮮人襲来」の実態は東京市内には入り込んではいない。戒厳令の施行願いはそもそも市民救済、東京の治安維持が目的であったことがこれでも分かる。

「勅令第三百九十八号」(地域限定的戒厳令)、並びに「勅令第三百九十六号」(非常徴発令)が裁可された。

後年になって、あたかも戒厳令発令が朝鮮人を「虐殺」した発端だとするあまたの文献資料は根本的に間違っている。

国民に背を向ける歴史観

前述のとおり佐野眞一は、戒厳令発令について次のような解釈を付け加えている。

「（戒厳令は）その経緯には不透明なものがあり、枢密院の正式な審議を経ていないため、違法であるという批判も生んだ」（『枢密院議長の日記』）

佐野のいう「批判」の代表的な根拠は、おそらく以下に引用する「河北新報」に書かれた記事に依拠《いきょ》しているものと思われる。念のため、同記事の関連部分を紹介しておこう。

「枢府の正式諮詢《しじゅん》を経ずこれを緊急勅令《ちょくれい》として発布したのは法律上厳格に批判すれば公式令に違反し其手続きは不法である。若《も》し内田臨時首相にして当時勅令を仰ぎ摂政宮殿下より『この際のこととなれば政府をして臨機の処置を執《と》らしむ』旨のお詞が下つて居れば先づ問題はなからうと思はれる」（「河北新報」大正十二年十月十三日）

要するに、前内閣の内田首相段階で摂政宮に勅語《ちょくご》をいただいていればよかったが、内閣が代わったのに、山本内閣が知らん顔をして引き継いだのでは責任があるだろう、ということだ。

しかし、平時ならいざ知らず、国家危急存亡《ききゅうそんぼう》ともいえるときにこのような重箱の隅をついて違法だというのは、国民の治安第一を考えれば愚劣な論議ではあるまいか。

しかも、一般的な法解釈によれば、この戒厳令が違法論議を呼ぶ余地はない。佐野の心配は無用である。それを説明しよう。

憲法学者・美濃部達吉《みのべたつきち》は、手続きの瑕疵《かし》により緊急勅令の効果が否定されるかどうかにつき、政府は外国と締結した条約が国会で批准《ひじゅん》されることがなくとも条約そのものは有効に拘束するという例を引きながら、非常時であることにより許される場合があると説いている。長文なので部分引用する。

「震災に対する応急の手段として、(略) 幾多の重要な緊急勅令が発せられたが、中にも一般人心の鎮静に最も偉大な効果を収め、歴史上未曾有《みぞう》の大変災に際して、人心恟々《きょうきょう》、所に依《よ》つては殆《ほとん》ど無警察秩序の状態にも陥《おち》いらうとする虞《おそ》れの有つた場合に、何よりも大きな安心を与ふることの出来たのは、言ふ迄もなく、戒厳令の施行であつた。軍隊のありがたみの一般の民心に痛感せられたのは、恐らくは此の時ほど著《いちじる》しかつたことは無からう。（略）而《しこう》して此の場合は一刻をも猶予することの出来ぬ緊急な場合で、而《しか》も交通機関は全く杜絶《とぜつ》し、枢密院の会議を開くことは事実上不可能であつたのであるから、枢密院に諮詢せられなかつたが為に、違法といふことの出来ないのは勿論である」（『現代憲政評論』）

美濃部達吉のいわゆる「天皇機関説」を含む憲法解釈はいまだ論議の残るところだが、緊急時の戒厳令手続き上の瑕疵問題に関しては美濃部の学説どおりで、卓見《たつけん》といえる。ただし、美濃部はこの時の緊急勅令の瑕疵問題について、次のような箇所の問題点を指摘している。

「それよりも一層重要な欠陥ともいふべきものは、『官報ヲ以テ之ヲ公布ス』といふ要件を欠いて居ることである」（前掲書）

だが美濃部はこのあと、次のような結論で結び、戒厳令を容認する。

「併《しか》しそれが為に（注・官報公布が不可能であったこと）此等の法令は本来無効であるべき

であるといふやうな議論を為すのは固《もと》より正当ではない」(前掲書)

佐野眞一は近著『甘粕正彦　乱心の曠野《こうや》』においてはさらに巧みにミスリードを試み、戒厳令は帝国憲法違反だと断じる。

つまり、美濃部達吉の先の「官報ヲ以テ之ヲ公布ス」という要件を欠いている瑕疵部分のみを長文の論文から三行ほど引用し、その前後の本意であるところの、「緊急措置として認められる」とした解釈を故意に割愛《かつあい》してしまうのだ。

結果、読者は美濃部説の小さな付帯条件のみを読まされ、この戒厳令手続き全体があたかも違法であるかのように誘導される、という仕組みになっている。

佐野は『枢密院議長の日記』で、

「戒厳令発令が軍部を暴走させ、朝鮮人虐殺や、憲兵大尉の甘粕正彦らが無政府主義者の大杉栄一家三人を絞殺し、東京憲兵隊本部の古井戸に投げこむいまわしい事件をひきおこす導火線になったことだけは言っておきたい」

と述べた。佐野によれば、戒厳令が発令されたから「朝鮮人虐殺」が起き、甘粕事件や社会主義者弾圧が始まったのだとどうしても関連づけねば収まらないようだ。

だが、前章から再三述べてきたように戒厳令と、いうところの「朝鮮人虐殺」の直接的関連性はないのだ。また、戒厳令なしであの戦時にも似た騒擾《そうじょう》下、どうすれば治安が維持できたというのだろうか。警察力だけで凌げとでもいうのか。戒厳令を発令するということは国家が危機に瀕《ひん》し、弱体化しているからである。国家安泰のために許された緊急救命措置の行使は国家の自衛権といっていい。

やはり、近年刊行された『後藤新平　日本の羅針盤になった男』（山岡淳一郎）という書も同様の歴史観に立脚している。

危機管理を頭から否定し、外国人、あるいは外国そのものから攻撃、侵略、迫害、人権侵害等を受けそうになったら、国難としてこれに立ち向かうのが警備当局の当然の責務であろう。だが、同書にはそれを嘲笑《ちょうしょう》するかのような記述が並ぶ。

「――赤池も宮城《きゅうじょう》に参内《さんだい》してくる。自分の城ともいえる警視庁舎が紅蓮《ぐれん》の炎に包まれて焼け落ちるのを目の当たりにした赤池は、激しく動揺していた。

『かかる微弱なる警察力をもって非常時の警戒に任じ、帝都の治安を安全に保持することの困難なるや明らかなり。いはんや窮乏困憊《こんぱい》の極に達したる民衆を煽動して事端を惹起《じゃっき》せんと企てる者なきにあらずにおいてをや』（『大正大震災火災誌』警視庁編）

と、警視庁の中枢は、危機に乗じた『民衆の扇動者』という仮想敵を早々と想定している。

かれらの経験からすれば、米騒動を引き起こした庶民、体制の転覆を図ろうとする社会主義者、そして一九一九年の『三・一独立運動』以来、民族自決主義を掲《かか》げて日本への抵抗を激化させている朝鮮の人々も仮想敵のなかに含まれていたであろう」

赤池警視総監は、食糧がこの危機的状況に不足して暴動が起きることは何としても避けたかったであろう。深川の米倉庫は焼失し、越中島《えっちゅうじま》の糧秣廠《りょうまつしょう》は朝鮮人のテロによって爆破されていた。そのため、食糧確保に赤池が必死の努力をしたことは、のちに紹介する所感でもよく分かる。

結果は、災害時において日本人はかえって一致団結し、助け合い、他人の食糧を盗む者、また暴動事件を起こす者などいないと多くの国民が思ったとおりであった。

その戒厳令布告のため最初に奔走した水野内務相と赤池警視総監の動きをもう一度、おさらいしておきたい。喫緊《きっきん》肝心な九月一日昼から三日朝の後任への引継ぎまでのおよそ四十時間あまりが、二人の持ち時間だった。

水野、赤池の奮闘

加藤友三郎首相の急死によって、八月二十四日以降、臨時首相代理に就いていたのは外相・内田康哉であった。

山本権兵衛《やまもとごんべえ》新内閣が親任される二日夕刻までの一日半、震災発生直後の治安を担《にな》っていたのが水野錬太郎内務相、赤池濃《あかいけあつし》警視総監および内務省警保局長・後藤文夫《ごとうふみお》の三人のコンビであったことはすでに触れたとおりである。

ここで赤池、水野がのちに残した記録を見ておこう。緊急時に治安のトップが食糧品目当ての暴動が起きぬよう、また自警団のありかたについても最大限、冷静な判断をもって対処していたことが分かる。

「大震災に於ける所感　前警視総監　赤池濃
参内から戒厳令発布の建言まで
第一震で官舎の日本館は半ば潰《つぶ》れた。余は陛下の玉体は如何にと憂慮して居る処により強い第二震が来た。早速自動車の準備を命じ、舟の様に揺れて居る室内で制服を着け、直に宮中に参内して摂政殿下の御機嫌を奉伺《ほうし》した。
其時殿下には既に中庭に御避難遊ばされて居て、余の姿を御覧になるや、勿体なくも少し玉歩《ぎょくほ》を近まらせられた、余は麗《うるわ》しき英姿を拝して感激に堪《た》へず直に御安泰を謹賀《きんが》し、概況を奏上して退出した。（略）当時火は既に四方に発し、帝室林野局を始めとして警視庁附近の家屋、松本楼の如き盛んに燃えつゝあり高輪御所も亦炎上の報あり、神田、下谷《したや》、浅草、日本橋方面よりは震災火災の注進櫛《くし》の歯を引くが如き故余は帝都を挙て一大混乱裡に陥らん事を恐れ、此際は警察のみならず国家の全力を挙げて治安を維持し応急の処理を為さざるべからざるを思ひ、一面衛戍《えいじゅ》総督に出兵を要求すると同時に後藤警保局長に切言して内務大臣に戒厳令の発布を建言した。それは多分二時半頃であつたと思ふ」(「自警」大正十二年十一月号、『現代史資料6』)

まず赤池は摂政宮の安泰を確認し、それから市内の状況から判断して戒厳令の必要を説いた。水野内相が「三・一マンセー騒動」の際、齋藤實《さいとうまこと》総督のもとで水野政務総監、赤池警務局長のコンビを組んで警備に当たっていたことはすでに触れたとおりである。赤池の所感の先を見よう。

食糧品の管理

「火、日本橋、京橋を焼くと聞きて、余は食糧品の滅失《めつしつ》を懸念した。而《しこう》して当日多数の人は未だ昼食を為さざる故会計課長をして銀座の木村屋より出来得る限り多数のパンを購《あがな》はしめた。之によりて警官以下避難の人も僅《わず》かに飢を医するを得たのであつた。群集明治屋の店頭に殺到して食糧品を得んとせる故一時之を警察の管理に遷《うつ》さんとするとの報告を受けたるを以て直に之を許すと共に、更らに一般の食糧品の販売店に対し、暫時《ざんじ》之を警察に提供せしめて掠奪《りゃくだつ》暴動の発生を防ぐべき命令を出した」（前掲書）

赤池は五年前（大正七年）に富山県魚津町から発生し、全国で百万人規模の民衆暴動へと発展した米騒動の時の警視総監であった。食糧危機がもたらす状況については十分な知識を備えていたといっていい。さらに、この時の内務大臣は水野錬太郎。水野は翌大正八年夏、「三・一朝鮮独立騒動」の後始末のため朝鮮総督府政務総監として赴任《ふにん》し、赤池も同時に警務部長として朝鮮に渡った。着任早々、総督府にテロリストから爆弾による「就任祝い」の洗礼を受けたことはすでに触れたとおりである。

その水野が震災後に書いた所感に、自警団に関する観察があるので見ておきたい。

「此自警団なるものは官の命令に拠《よ》るにあらず、人の勧めに拠るにあらずして期せずして全市区に同時に起つたのでこれこそ真に市民自治自衛の精神の発奮の結果であると思ふ。而《しか》も自警団員の多くは各自震災の厄を受け、疲労困憊《こんぱい》せるにも拘《かかわ》らず、自己並に隣人の安全を期する為に犠牲的精神を以て起つたものである。（略）即ち此自警団なるものは、隣保相扶郷党相愛の至情の発露であると思ひその効果の少なからざるを認めたのである。勿論《もちろん》自警団員中には時に軌道を逸し不穏の行為をなし、非違の行動を敢てしたものもあつた。（略）彼等は只徒《いたず》らに殺傷せんが為に殺傷したるにあらず、当時の実情に徴すれば、自己並に自己の婦人を護援するには之に依るの外なしとの心より出でたものもあらう」（前掲書）

と述べ、少々誇大に言えば、当時の状況は戦時状態とでもいうべきありさまであったから、国家もしくは同胞のために犠牲的精神から起きたこともある、と書き加えている。

自警団、警察の混乱

美濃部達吉が緊急勅令のあるべき指針を示したことはもっともなことだが、その背景には国家非常に際して直ちに適用できるように戒厳令の規範が整備されていなくては話にならない。

戒厳令の法解釈は後日の問題だが、戒厳令が発令されている最中に混乱がなかったわけではない。

戒厳令発令から三日後にはすでに述べたように政府、戒厳司令官、警察署、各新聞を挙げて「鮮人を迫害するな」「流言浮説は厳重に取り締まる」と自警団に自重を求めてきた。だが、何カ所かでは過剰防衛と思える事件が起きたことは否めない。

その原因にはすでに2章、３章等で紹介してきたように「朝鮮人の多くが暴徒となって襲撃してくる」「社会主義者がこの際煽動し国家転覆《てんぷく》を謀《はか》る」ということが十分に考えられるという一般市民の常識が内在したからに他ならない。

大震災までに日本各地で起きていた朝鮮人の渡来者だけでなく、朝鮮独立運動家と社会主義者が一体となった組織的なテロ行為が新聞に載らない日はないといっていい。そのことはすでに詳しく紹介してきた。

警察のなかには自警団との関係が深いため、自警団の武装放棄を徹底できなかったところもある。それほどまでに、自警団は朝鮮人が集団で暴行、襲撃にやってくると固く信じて疑わなかったということがいえる。

東京市外の城東、亀戸《かめいど》では社会主義者の平澤計七《ひらさわけいしち》、川合義虎《かわいよしとら》ら八名が軍隊によって殺害された。平澤らは亀戸署内に一旦留置《りゅうち》されたものの騒ぎが収まらず、革命歌を高唱し、騒擾《そうじょう》甚だしいため軍隊の手によって刺殺されたという事件である。九月五日、深夜のことだった。

この事件に関して、亀戸署長・古森繁高《ふるもりしげたか》は次のように語っている。

「平沢ら八名は南葛《なんかつ》労働本部である川合の家の屋根上で火災を見て、『いよいよ俺たちの時代が来た』といって革命歌を歌い、附近の者を集め騒ぎを起こした」

一方、正力松太郎《しょうりきまつたろう》警視庁官房主事もこれを補足するようにこう語った。

「三日夜、亀戸署に拘束されていた数は七百七十余名で、騒擾甚だしく制止しきれぬので、警視庁から軍隊の応援を依頼し、留置場から庭へ引き出すとさらに騒ぎ出し革命歌を高唱する。軍は制止しきれぬため衛戍警務規定により、労働者十名と自警団四名を遂に突き殺した。しかし、警官は手を下してはいない」

関係者によれば、刺殺はやむを得なかったという。たしかに、戒厳令が施行されているのを承知でこのような騒ぎを起こせば、法治国家であればどんな国でも同様の措置がとられたであろう。これまで見てきたように、大震災時における戒厳令が法規上問題なく、むしろ当然の措置であるとすれば、軍政が布《し》かれ、集会、報道への介入もしくは停止、郵便、電信の検閲、陸海路交通への制限、家屋への立ち入り検査など多くの権限を軍が持つのは当然の事態といえる。それにもかかわらず、暴動、集会、あるいは武器の類《たぐい》を保持すれば、警告が与えられたあと鎮圧されるのはやむを得ない措置ではないだろうか。

大曲駒村《おおまがりくそん》という俳人がいる。福島県の銀行員だった大曲は大正十（一九二一）年、転勤で上京したあと震災に遭遇する。彼が残した記録も捨てがたい史料である。

「惟《おも》うに、今回の震災ほど官民一致して事に当たったのを、余は曾《か》つて目撃したことはない。これは帰するところ、人力を以て天災に当るという覚悟から来たものに外ならないのである。過激思想の徒、極端な共産主義者らが、かかる千載一遇《せんざいいちぐう》の場合に際して、良民を煽動し、あるいは人心を攪乱《かくらん》して以て自家の非望《ひぼう》を成就《じょうじゅ》しようと努めているとか聞いたが、それは最も好機を捕えたもののようであって、しかも最も愚策であると余は笑わざるを得ない。（略）要するに今は人力と天災の対抗である。この意味で余は不逞の徒——ある人はこれを朝鮮人の一団と言い、また過激派の陰謀と言う——を恐れない」（『東京灰燼《かいじん》記』）

警察や自警団に混乱がなかったとは思わない。あの天変地異の下では何が起きても不思議はないからだ。戒厳令が施行されていたなかで、過剰防衛ともとられる行為もあった。その点は内務省当局も把握している。他方、多数の虐殺があったと主張する関係者はどうやって人数を数えたのか。双方で大きく乖離する数字の検証については、第六章で試みたい。

内務省が震災三日目から政策転換をし、「朝鮮人による襲撃は流言蜚語だ」「朝鮮人を保護しよう」という運動に切り替えたことに対し、強硬に抗議の意思を示した人物がいた。ここは、内田良平《うちだりようへい》という国士の発言に耳を傾けておく必要がある。

内田良平

第4章で示したように、湯浅警視総監名で理解不能な告示が出された。門柱、板塀などに記された奇妙な符号は朝鮮人が襲撃目標として書いたものではなく、糞尿処理業者が便宜上、「得意先」の目印につけたものと判明したから安心せよ、というものであった。

もちろん、ここまで再三確認してきたように、これは内相・後藤新平の戦術である。後藤は朝鮮人の襲撃事実を知りながらも、自警団の防衛システムが極めて完璧に遂行されているのをかえって怖《おそ》れ、その結果、社会主義者と朝鮮民族独立運動派による復讐テロが摂政宮周辺に及ぶのではないかと考え、方針転換を図った。当初は、大震災勃発から四十八時間余の間、警察は朝鮮人の襲撃を警戒するよう呼びかけてきた。新聞も同様である。

その変化は九月四日の夕刊に始まる。「善良な朝鮮人を愛せよ」というキャンペーンが張られ、七日には「流言浮説取締令」の勅令が発せられるまでになった。

それは、いかにもその場の緊急避難策としての高度な政治判断による知恵だとは分かる。

だが、家族や町内を守るため、真っ当に命をかけていた自警団はハシゴを外されたことになる。

こうした政治的処理は、長い目でみれば両民族にとって禍根《かこん》の影を後世に残すものではないかという見解を述べる者もいた。その代表的な人物、内田良平は次のように語り、抵抗を試みた。九月中旬の発言と考えられる。

「**震災前後の経綸《けいりん》に就《つい》て**

今回の震災に乗じ社会主義者及び一部不逞鮮人等が爆弾を投じ或は放火を縦《ほしいまま》にし或は毒殺、掠奪其他在《あ》らゆる非道なる兇行《きょうこう》を逞《たくまし》うしたるは天下万民の斉《ひと》しく認むる所にして一点疑ひの余地も存せざるなり。

言ふ迄もなく放火、投弾及び毒殺、掠奪其他女性に対する凌辱《りょうじょく》等は実に社会の兇行にして人類の最も卑《いやし》むべき罪悪なりとす。況《いわ》んや此の非常天災時を機会として、敢て其兇悪を縦にし其の天災をして倍層甚大ならしめたること天人共に許さざる所に於いておや。（略）

然るに政府当局は爾来頻《じらいしき》りに此兇行に対し、極力其事実を否認しつつあるは吾人其意を解するに苦しむ所なりと雖《いえど》も、其結果は却って一面には列国をして日本国民の品性を誤解せしめ多面には日鮮両民族をして永く拭《ぬぐ》ふべからざる暗影を印せしむる。至るべきは、吾人の痛歎《つうたん》禁ずる能《あた》はずとする所なり」(『現代史資料6』)

内田良平は明治七(一八七四)年、旧福岡藩士の家に生まれ、幼い頃から武術百般を習得し、また学問にも秀《ひい》でロシア語を学ぶなど語学にも通じていた。内田の叔父《おじ》・平岡浩太郎《ひらおかこうたろう》が玄洋社《げんようしゃ》初代社長という関係から、早くから国家主義運動の主導者・頭山満《とうやまみつる》の薫陶《くんとう》を受けていた。

やがて自ら黒龍会《こくりゅうかい》という政治結社を立ち上げ、対ロシア主戦論を前面に押し出し、朝鮮半島を中心としたアジア全域への活動を展開し、論陣を張ってきた。

その内田良平が主張する前出の論文は、明らかに政府批判だった。朝鮮人の卑《いや》しむべき凶行の事実を無視するのは、両民族に拭いきれない禍根を残すものだと訴えている。そのため、黒龍会の行動には憲兵隊の監視も一段と厳しさを増していた。

それでも内田良平は、警視庁が事実の打ち消しに狂奔《きょうほん》するのを看過《かんか》するわけにいかないとして、会員自らの手で真相調査をして報告書をまとめている。調査に当たっては困難が付きまとったと彼は前書きを付け加えた。

「然るに此の調査に当り最も困難を感じたるは、是より先警視庁は勉めて事実の打ち消しに力を尽しつつあり、又た一面には混乱当時に於ける過失殺傷者に対する検挙の励行しつつある際なりしため、社会主義者若《も》しくは鮮人に対して執りたる行動の関係者若しくは実見者は何《いず》れも後累《こうるい》の身に及ばんことを畏《おそ》れて其口を緘《と》じたる場合ありしが、調査員等は百方熱心調査の結果漸《ようや》く事実の一斑《いっぱん》を確かむるを得た」

要するに、自警団に対する過剰防衛の取り締まりが厳しくなったため、社会主義者と朝鮮人の凶行を実際に見た人たちが喋《しゃべ》ってくれなくなったという困難に突き当たったということだ。

そのうえで、内田良平と会員たちは事実の一端としながらも注目すべき報告書をまとめ・ている。

黒龍会の調査報告

報告書は「社会主義者及不逞鮮人凶行の原因」「徽章《きしょう》と符号」「準備計画」「警察当局者の狼狽《ろうばい》と矛盾的行動」「警戒すべき社会主義者及び不逞鮮人の行動」といった項目別に詳細な記述がなされている。

その全文を紹介する紙幅はないので、各項要点のみ引いておきたい。

「社会主義者及不逞鮮人兇行の原因
露西亜《ロシア》が日本の赤化運動に志《こころざ》し日本の社会主義者及び鮮人等を煽動し、及び日本の社会主義者等が之れに共鳴して常に妄動《もうどう》を志しつつありたること、及び朝鮮の高《こう》麗《らい》共産党等が金品の供給を得て之に操縦せられつつありしは事実にして、又た社会主義者と不逞鮮人とは暗々裏に其の声息《せいそく》連絡を通じ居たるも事実なり。
露西亜『レーニン号』の退出に際し関東軍司令部の発表によれば、（略）同船は救《きゅう》恤《じゅつ》を名とし革命委員会及び共産主義者の悪宣伝を行ふの使命を有し、或は本震災は日本に於ける革命達成上の天の使命なりと不穏の言を弄《ろう》せる事実あるを聞知《ぶんち》せるを以て、戒厳司令官は同船員の上陸及提供貨物の授受は漸《ようや》く安定に向ひつつある戒厳令施行地域の治安を攪乱する危険あるものと認め断乎《だんこ》として救恤品の受領を拒絶し、且つ戒厳令施行地域以外に退去すべきことを命令せり」（前掲書）

十月革命を成功させたロシアはソビエト政権樹立に伴い、社会主義の宣伝と世界革命達成への目標を掲げ、上海や朝鮮半島を通じながら日本への浸透を急いでいた。一国社会主義を優先させるか、世界同時革命なのかの路線闘争を孕《はら》みつつも、日本では極めて新鮮な希望としてこれを迎えようとする運動が勢いを増していた時期でもあった。

そのために、テロの準備として朝鮮人による資金調達その他の犯罪が国内で頻発していたことは、第2章などで明らかにしてきた。

また、「レーニン号」というのは、ロシア政府が震災救援と称してウラジオストックから横浜港に送り込んだ船で、九月十三日に入港したもののまともな救援物資などは何も積んでおらず、社会主義運動の煽動が目的だった。そのため戒厳司令部は、帰りの水と石炭の補給のみを許して十五日、退去命令を出したものである。

次に内田良平たちが試みた調査は、湯浅警視総監への正面からの挑戦状と受け取られたものだった。横浜に始まった例の奇怪な符号の謎ときである。

「社会主義者及不逞鮮人の徽章と符号
彼等が投弾放火其他の兇行には予《あらか》じめ其場所を指定し置き、兇行担当者は其場所に於て兇行を行ふこととなしたるものの如く、下記の符号は早きは一ケ月以前より塀或は井戸側等にインキ若くは白墨《はくぼく》等にて記し置きたるものなり。雑司ケ谷《ぞうしがや》の如きは九月一日震災後間もなく此の符号を井戸に着け廻《ママ》したる事同方面の調査報告中にても知らるべし。但し、該符号は必ずしも全部一致し居らざるが如く、方面により多少の相違なきにあらず、想ふに是れ其指揮者を異にせるによるものならんか。

第一

ヤ（殺人）　㋳又はヌ（爆弾）　A（放火）　⇧（毒薬殺人）

●（石油放火）　○↑（爆弾投下）

第二

（A（爆弾）　←（放火）　Φ（井戸投薬）

尚ほ一時新聞紙上、湯浅警視総監の談として報道せられたる所によれば、右の符号に対し掃除人夫の符号なりとて打ち消しあり、又た四谷警察署にても九月中旬左の掲示を為したり。

当署に於て調査の結果、右は中央清潔会社の人夫等が得意先心得及便所所在の方向個数等の符号に用ひたるものなること判明す。

四谷警察署」（前掲書）

これに納得しない内田良平は会員に早速、調査をさせた。聞き取り先は「日之出衛生社」社主・上原三郎である。いわゆる「汲み取り屋」の社長は次のように回答している。

「清掃人夫はそれぞれ得意先の所番地と便所の数を書いた伝票を所持しているので、無闇《むやみ》にこのような符号を書きなぐる必要など全くない。万一、目印を必要としてももっと簡単なものでこと足りる」

四谷署発表の符号は、他と比べて極めて複雑である。当該「中央清潔会社」へも内田は出向いたが、人夫たちが解雇されて不在で、社長では要領を得なかった。つまり元来、符号の役割があるとすれば、仲間同士の間で通用しなければ意味がないのだから、符号の存在自体を、本人以外には分からないというのでは怪しいといわざるを得ない。四谷署の言うように、符合を書いたのが仮に「中央清潔会社」の人夫だったとしても、これをもって奇怪な符号すべてを免罪するのは不可能であろう――内田はそういって、警察発表による事実の糊塗《こと》を糾弾する姿勢をみせた。九月中旬、黒龍会会員十数人が、焦土の東京市内を奔走して実地調査したという。ガリ版刷りのこの印刷物が配布されるや憲兵隊もその動向に神経を尖《とが》らせ、秘密報告書の作成をしている。

「大正十二年九月二十九日　中第一八二〇号

黒龍会の近況に関する件
赤坂区新町五丁目八番地
黒龍会会長　内田良平

右は今回の震災に依り国民は生活の不安に脅かされつゝあり、故に政府当局は国民生活の安定を計るを以て最も急務とすべきに拘《かか》はらず之を等閑《なおざり》に附し帝都復興云々に没頭しつゝあるは本末を誤れる策なり。即ち先決問題たるバラック建設を急造罹災者を収容し衣糧品を給与せしむることは人心安定生活保障を計る上に於て要件なりとす」（『日本憲兵正史』）

これだけを読む限りでは、内田たち黒龍会の主張に分があるように思える。震災復興に超大型予算を組み、新たな都市計画に取り組もうとしている後藤新平に噛み付いたというところだろう。

今日になってみれば、後藤の「大風呂敷」による東京再建策も貴重な遺産となっていることはよく分かる。だが、震災直後の一般市民の窮状を目のあたりにすれば、内田の「バラック建設が先だ」という訴えには任侠《にんきょう》といってもいい情理が感じられる。

虚構の後始末

ここで、震災発生当時の政権交代劇を再び思い出してみなければならない。

加藤友三郎内閣が加藤の急死によって消滅し、内田康哉外相が臨時首相を務めていた。いわば政治空白のさなかに大震災に襲われた。

後継首相の勅許が後藤新平に下りたものの、山本が組閣に手間取っている只中に九月一日の天災に見舞われたのだ。そのときの内相はまだ水野錬太郎、警視総監は赤池濃である。

この二人が朝鮮総督府に出て、「三・一独立運動」の暴動始末に尽力したことは触れた。暗殺された原敬が政党政治を確立し、政権を長期握ってきたのが立憲政友会だった。その政友会幹部・水野から後藤に内相が代わったのは、親任式が蠟燭《ろうそく》の灯の下で行われた九月二日夕刻。後藤はさっそく警視総監の首をすげ替えた。

水野派で対朝鮮強行策をとる赤池から、反政友会色が強く、朴訥《ぼくとつ》、清貧《せいひん》が取《と》り柄《え》という湯浅倉平に首都警備の責任者が代わった。九月三日である。

謹厳実直という点では人後《じんご》に落ちない湯浅は、後藤の朝鮮人暴動対策には欠かせないパートナーとなった。

それは、朝鮮人の凶行、襲来事実をなるべく穏便に隠し、自警団の武装放棄を促すことに主眼があった。それが結果的には後藤の考えた「その場しのぎ」の腹芸《はらげい》ではあっても、それなりに理由があったことはやがて起こる摂政宮への襲撃計画などで鮮明となる。

後藤は過激派社会主義者と朝鮮独立運動家をこれ以上、刺激せずに収拾を図りたかったのだ。その見返りに、自警団は命をかけたハシゴを外されたのである。

さらに、後藤はなによりも水野主導による戒厳令が気に入らなかった。その理由を後藤ははっきりと次のように述べている。

「戒厳令は少くとも本月一ぱいは継続する意向で、必要に応じては或はそれ以上に延長するかも知れないが兎《と》に角《かく》今度のやうな外患でもなく内乱でもない場合に戒厳令をしいた実例は未曾有のことであり、或意味からいふと変態でもある。元来私はかゝる天災地変に処する場合の戒厳令及び応急救護事業その他種々の必要なる事業を統一して、迅速且つ円滑に実施するため救難救済条例の設定を主張すること久しく、嘗《かつ》て桂、寺内の両内閣及び前内閣に対しても極力勧告したにもかかはらず不幸にしていれられなかつたが今度は必ずこの条例の設定を重視したい考へである」(『東京日日新聞』大正十二年九月十五日)

内務大臣自らが、勅令をもって施行されている戒厳令に対してこのような批判を加えるのはかなり異例なことといわねばならない。

「救難救済条例」とは、現代でいう「災害対策基本法」程度のものだろう。それをもって国難ともいえる大震災と朝鮮人襲来への備えにするというのだから、内田良平のような憂国の士から強い憤怒《ふんぬ》の声が上がったのも無理はなかった。

国難の超克と「反近代」

さて、政府と戒厳司令部はこうした市民組織による自警団の「過剰防衛」をことさら問題視して、内外からの無用の反発を避けようとした。

反面では、実際に起きていた不逞鮮人による凶行にも触れないで済ませるわけにもいかず、その解決策は中途半端で曖昧《あいまい》な報告書となって残った。次に示すような「関東戒厳司令部」の報告日誌をみればそれは明らかである。

「九月六日　戒厳司令部会報に於て左の事項を通達す。

戒厳司令部附、陸軍司法事務官は同検事正と打合せ、同局検事をして各部隊より、口頭又は書面に依り、地方検事局犯罪捜査に端緒を与ふべき事項は細大共、資料を提供し、以て検察の敏捷《びんしょう》を図るに便せり。九月六日以後、数回に亘り、東京地方裁判所検事局より、

片山検事、古山検事の交互に司令部に往来するに対し、
一、不逞鮮人の放火、強盗、強姦、毒物井戸投入等に関する事項
一、流言蜚語を流布する者に関する事項
一、暴利取締りに関する事項
一、社会主義者の行動に関する事項
一、軍事に関する犯罪の事項
等の検挙資料を交付す。
今回の変災に際し行はれたる傷害事件は、司法上之を放任するを許さず。之を糾弾するの必要なるは、閣議に於て決定する処なり、然れども情状酌量《じょうじょうしゃくりょう》すべき点少なからずを以て騒擾《そうじょう》に加はりたる全員を検挙することなく検挙の範囲を顕著なるもののみに限定すること。等の資料を交付す」

要するに、喧嘩両成敗《けんかりょうせいばい》の色彩を滲《にじ》ませた、なんとも歯切れの悪い戒厳司令部による検察指導ガイドが発せられたのだ。

ここに後藤新平内相の苦悩の一端が表れているとみることもできるし、内田良平たちに

代表される自警団の存在感の強さが背後にあったからだとみることもできる。

こうした宥和策を繙《ひもと》いてみれば、後藤内相が示した新都市計画や朝鮮半島と内地日本の「新しい関係作り」の方針は、日本の近代をどう乗り超えるかに主題があった。

反対に、内田良平たちのような主張は敢えて言えば「反近代」を掲げ、近代化する後藤新平に対し、最後の抵抗を示しているかに思える。

大正末期に迎えた国難の分水嶺《ぶんすいれい》は、二つに流れを割りつつ昭和へと流れ込んでゆく。

第6章 トリック数字がまかり通る謀略

――「虐殺」人数の嘘――

「a few」

「国際世論も日本非難の論調を強める構えをみせはじめた」(『巨怪伝』)と、佐野眞一は日本人による朝鮮人虐殺があたかも世界の世論から攻撃されつつあるかのように述べている。だが、よほど情報不足の大使館か、さもなくば社会主義者と朝鮮独立運動家による謀略宣伝に騙された外交官以外には、そのようなことを信じる海外領事館はなかった。

当時の日本国内の情報が海外へ知れるには、まず当該外交機関を通じた報告書以外には考えられない。第4章でも紹介したように、震災当日、在日した外国人旅行者の体験でも話は逆である。帝国ホテルに避難して来た外国人客も、朝鮮人の襲撃に怯《おび》えた夜を過ごしたのだ。

たとえば、東京のイギリス大使館では以下のような報告書を本国政府に送っている。

これは、今回の取材で初めてロンドンのナショナル・アーカイブスから発見された公文書である。

「1923年12月24日　在東京イギリス大使館より本省への報告

(日本政府)当局はすぐに法律と秩序を保つために行動に出ました。戒厳令《かいげんれい》が布《し》かれ、軍部の適切な行動により深刻な暴動や掠奪《りゃくだつ》はありませんでした。しかしながら市内では、建物に放火をしたということで、僅《わず》かな（原文でa few）朝鮮人が人々に殺されたように見受けられます。朝鮮人労働者です。朝鮮人の中には一定の不平分子たちがいて、彼らが放火の罪を犯した可能性があります」（「ロンドン・ナショナル・アーカイブス所蔵」File No.F280）

「a few」とはいうまでもなく二、三人程度しかいない、ということである。東京のイギリス大使館の調査というのは、他の追随を許さないほどその情報収集能力に長《た》けていたはずである。自警団の行動が外国からの信頼を損ねる、という事由はこの際、ほとんど無意味なものだといっていいだろう。

さて、イギリス大使館では二、三人程度が殺害されたと報告しているのに対して、在日朝鮮人学生による独自調査、上海《シャンハイ》の亡命朝鮮政府機関紙「独立新聞」の調査、さらに吉野《よしの》作造《さくぞう》の聞き取り調査、司法省はじめ政府による調査など各方面からさまざまな「虐殺」人数が公表され、事態の真相が極めて見えにくくなった。

朝鮮人に限らず、中国人も被害を被《こうむ》ったことが判明している。また、方言を話す日本の地方出身者なども誤認殺害されるなど、当時の混乱した社会情勢がうかがえる。そうした統計数字は、研究者の間でも議論が分かれたまま今日に到っている。

変わっていないのは、日本人が「朝鮮人を虐殺した」という決まり文句だけが、関東大震災の話になると揺るぎない大前提でもあるかのように必ず登場することである。

そこには数字によるトリックと、雑誌や書籍資料などに繰り返し掲載される震災現場の写真のキャプションなどの操作が必ず見受けられる。その点では、関東大震災も南京大虐殺の偽装写真説明などと極めて似ているといえそうだ。この点に関しては後述する。

そこでまず、表面に表れてきた数字を冷静に逐一検証しつつ、実相に迫ることから始めたい。

調査①「独立新聞」説――六千四百十九人

関東大震災時の「朝鮮人虐殺」を論ずる際に必ず使われる数字が、上海に亡命した大韓民国臨時政府が発行する機関紙「独立新聞」によって報じられたものである。

上海には当時、多くの朝鮮独立運動家が集結しており、三・一独立運動後の活動拠点として抗日政府を設立していた。主要な指導者は李承晩《イスンマン》、呂運亨《ヨウニヨン》、金九《キムグ》などである。

機関紙「独立新聞」の社長の名をとって、この報告書は「金承学《キムスンハク》調書」と呼ばれ、『現代史資料6／関東大震災と朝鮮人』（みすず書房）はじめ多くの関係書に翻訳引用されてきた。まさに「虐殺人数の原典」といってもよい扱われ方をしている。この「独立新聞」特派員報告をまず見ておこう。

〔朝鮮人虐殺最終調査報告・１９２３年12月5日付「独立新聞」〕

被殺地	被殺人数
亀戸《かめいど》、大島《おおじま》、小松川方面	３６３人
寺島、月島、深川方面	１２３人
浅草方面	80人
荒川、千住《せんじゅ》、馬橋《まばし》方面	１１９人
東京府下、府中方面	８人
千葉県船橋、法典《ほうでん》村、成田方面	１８３人
埼玉県熊谷《くまがや》、本庄《ほんじょう》、寄居《よりい》方面	１９５人
宇都宮《うつのみや》、東那須野方面	４人
群馬県藤岡警察署	17人
長野県境	２人
神奈川県	１７９５人
小計	２８８９人

（以上は屍体《したい》を発見できなかった同胞《どうほう》）

神奈川浅野造船所、土方橋《どかたばし》方面　274人
保土ヶ谷《ほどがや》、新子安神奈川駅　211人
神奈川鉄橋　500人
戸部、鶴見、浅間町《せんげんちょう》方面　276人
習志野軍人営廠　13人
小計　1274人

（以上は屍体を発見した同胞だが、特派員が実地に見たのは1167人、その他は調査中）

上記した第一次調査を終了した十一月二十五日に再び各県から報告が来た。

東京府　752人
神奈川県　1052人
群馬県　17人
茨城県　5人
千葉県　133人

埼玉県	２９３人
栃木県	４人
小計	２２５６人
以上累計	６４１９人

（愛国同志援護会編『韓国独立運動史』『現代史資料６』『関東大震災時の朝鮮人虐殺』など。原文は被殺害場所別に極めて細かく表示されているが、ここでは読みやすさを考慮し、地域をある程度まとめて合算したうえで表記した。また、原文の累計は６６６１人となっているが、これは合算間違いによる誤記と思われるので訂正した）

この調査報告の奇怪なことは、「屍体を発見できなかった同胞」数が実に三千二百四十人に及んでいる点である。

一点だけ申し添えておけば、『現代史資料６』のなかで、姜徳相、琴秉洞報告書の邦訳に、若干の誤記があるという指摘が近年になってなされている。一層の正確を期すためには、初出の「独立新聞」に当たり確認する必要がある。

だが、それにしても彼らが言い募る数字に変化が起きる問題ではない。

「虐殺された」と主張する死体が発見されないまま、それを虐殺としてカウントするのは所詮、道理が通らない。おそらく最大好意的に解釈したとしても、氏名と住所が確認されたものの本人が見つからない、どうやら殺害されたに違いないと判断した、ということだろう。

そうだとすれば、それは「行方不明者」としてカウントされるべきものである。不明だから殺された、という主張は非論理的である。地震直後に移動したか、不幸にも焼死、圧《あっ》死《し》して焼却され、無縁仏《むえんぼとけ》となった可能性は高い。

「屍体《したい》を発見できなかった同胞」の理由として、近年になって奇妙な辻褄《つじつま》合わせが言い募られるようになった。

それは、「当時の日本側官憲が朝鮮人の屍体だけを探し当てて掘り起こし、どこかへ隠してしまった」という珍説である。

上海《シャンハイ》から調査に来た「独立新聞」の活動家たちが、河川敷などを掘り返す警官を見た、というのだ。二カ月も経って腐乱した屍体をどうやって朝鮮人と判断したのか、極めて根拠の薄い言いがかりといえよう。

数えられない屍体をカウントし、そのウソの上にウソを重ねるのが彼らの実態なのだ。

次の「屍体を発見した」とされる約一千二百七十四人だが、これも殺害されたのか、震災による死体なのかの判断は極めて困難である。

朝鮮人同胞間の情報交換から、調査員は殺害されたと判断したのだろうが、上海から京浜地区にすぐやって来たとしても、死体が焼却された時点に間に合い、独自に検視をしたとは考えにくい。

死体処理にあたった東京市の作業を点検してみよう。概略はこうである。

先の章でも触れたが、火葬場の能力を遥かに越えていたので、被服廠《ひふくしょう》跡はじめいくつかの広場、公園、河川敷などを臨時の火葬場とし、連日、人夫《にんぷ》を駆り集め、薪《まき》では不十分なため重油をもって各所で処理した。それがおおむね九月八日から十日くらいまでのことである。

ところが、隅田川の死体はもとより、他の河川に浮き沈みする大量の死体の処理は、陸軍工兵の手を借りて落下した橋や障害物を排除しなければ引き揚げられなかった。すでに異臭を発している死体の引き揚げには九月九日から十五日までかかっている（「東京市震災衛生救療誌」ほか）。

その後は、家屋の下敷になって圧死したままになっている死体発見に取り組み、各警察署管内で一千三百余人の遺体を掘り起こし収容、焼却した。この区域は日本橋、神田、麻布《あざぶ》、牛込、本郷、下谷《したや》、小石川、本所などが中心で、最後の遺体処理が終わったのは十月中旬といわれている。

この警察発表に満足しない「愛国同志援護会」は、どうやって自分たちでカウントできたのか不明なまま人数の増加をした。

「近県から集まった追加調査」だとして二千二百五十六人が追加され、最終的には六千四百十九人（報告書では六千六百六十一人）が虐殺されたと報告したのである。

上海からすぐ船便でやってきたとしても「独立新聞」記者が直接、自分で調査するのは困難な話で、「在日本関東地方罹災《りさい》朝鮮同胞慰問班」という組織に加わって調査に同行したと思われる。調査のためにやって来たのは韓世復《ハンセボク》という記者（『関東大震災時の朝鮮人虐殺』）で、彼は上海に戻るとすぐに記事を書いた。

上海では、調査活動をともにした同胞慰問班の活動報告会が行われ、聞き取り調査の結果であるとして先の数字が挙げられた。十一月二十五日までの結果だと報告されている。

さて、聞き取り調査をした在日朝鮮人の組織は、はたして死体をその目で確かめ、検視の結果も調査し、氏名、住所との照合ができたのであろうか。

そうでなければ、どこそこで何人という詳細な統計が取れるはずがない。日本人の大多数でさえ、身元不明のまま河川敷や被服廠跡で焼却され、隅田川を腐乱したまま流され、鳶口《とびぐち》で掻き揚げられたのだ。

いずれにしても六千数百人という数字は東京、横浜における在日人数から推《お》しても大きくかけ離れており大矛盾を来《きた》しているが、その問題はのちに述べる。

調査②「同胞慰問班調査員・崔承万説」――二千六百七人

「独立新聞」とは別に、学生を中心とした「在日本関東地方罹災朝鮮同胞慰問班」に所属する崔承万《チエスンマン》は、それとは別に独自の調査を開始していた。

大正十二年十月末までの調査結果と断ったその数字を次に見ておきたい。

崔承万による調査で理解に苦しむのは、被殺数とは別に、裏にあるという「実際の被虐殺予想数」を場所によって「または」と併記している点である。

［同胞慰問班員・崔承万調査報告］

被殺地	被殺人数
神奈川県浅野造船所前広場	48人または80人
保土ケ谷町	31人または50人
土橋町と八幡橋《はちまんばし》の間、根岸町	174人
子安町から神奈川駅間、御殿町《ごてんちょう》	235人

神奈川鉄橋	５００人
鶴見町	7人または３２６人
川崎、久保町、浅間町方面	１３４人
埼玉県川口、熊谷方面	96人
本庄	80人
神保原《じんぼはら》、早稲田村方面	55人
寄居	14人または35人
群馬県藤岡	18人
千葉県船橋	38人または69人
同法典村、馬橋、流山《ながれやま》方面	88人
佐原、成田、我孫子《あびこ》方面	15人
長野県軽井沢付近	2人
茨城県筑波本町ほか	44人
栃木県宇都宮ほか	4人
東京亀戸署	87人または３２０人
月島、小松川、向島《むこうじま》方面	１５６人

洲崎《すさき》飛行場付近、深川西町方面　92人
押上《おしあげ》、大島八丁目方面　193人
浅草公園内　3人または200人
府中、新宿駅内、四谷見附ほか　9人
吾妻橋《あづまばし》、上野公園内　92人
王子、赤羽荒川、千住　392人

以上累計　2607人または3459人

（『関東大震災時の朝鮮人大虐殺』。①同様、地域をある程度まとめて合算したうえで表記した。なお、原文の累計は2613人となっているが、これは合算間違いによる誤記と思われるので訂正した）

「または」という表記の根拠なきいい加減さは笑止《しょうし》の極みといわざるを得ないが、さらに統計にあるような五百人、八十人、二百人といった雑駁《ざっぱく》な数え方を見るだけで、この調査の信憑性《しんぴょうせい》を疑わざるを得ない。

いずれにせよ調査人、崔承万は慰問班の責任調査結果として、虐殺されたのは二千六百人余との結論を公表した。さらに、崔は実際の虐殺数は五千人以上だろうと追加推定している。

崔の理由は、虐殺宣伝の資料『関東大震災時の朝鮮人虐殺』（山田昭次著）によればこうだ。

「この時東京と横浜、およびその付近には約三万名余のわが国の人がいた（大阪地方では約六、七万名が暮らしていたと言う）。その時の日本人たちの興奮状態、とくに軍隊、自警団、青年団、在郷軍人たちが朝鮮人であることがわかりさえすれば、ことの曲直《きょくちょく》を問わず手当たり次第に殺したという事実から見て、我々がおよそ短い時日で調査した二千六百十三名以外に数千名余以上になる人が殺されたろうと思う」

という極めて大雑把《おおざっぱ》な根拠にたって、さらにこう付け加える。

「その時、東京と横浜付近に暮らしていた三万余から震災後各所に収容された生存者七千五百八十名余を引くと、二万二千四百二十名となる。確実な調査は出来ないので、少なく見積もって四分の一としても、五千六百余名となるので、罹災同胞慰問班では虐殺された人は五千名と意見を集約した」

吉村昭『関東大震災』も、この「慰問班」数字「二千六百十三人」をそのまま引いている。

朝鮮人は何人いたのか

まず、大前提として知っておかなければならないのは、震災当時の在日朝鮮人の人数である。もちろん、当時の政府にも「その日」何人いたのかの算出は甚《はなは》だ困難であった。決定的に算出が困難に陥《おちい》っているのは、終戦時に内務省が自らの手で重要書類の大部分を焼却してしまったからだ。

米軍が上陸してくるまでの間に、全国各地内務省、特高警察では連日、徹底して書類を焼却した。「終戦になるという報せがあって、第一に重要書類を焼けということです」（『現代史を語る①荻田保談話速記録』現代資料出版）という関係者の証言が残っている。実際、防衛資料研究所でも同様の回答を得た。正確を期す点ではまことに残念な処置といわねばならない。

それでもなお、当時の政府資料をもとにして考え得る基本数字を再確認しておけば以下のとおりとなる。

罹災朝鮮同胞慰問班による関西方面に約七万人、東京方面に約三万人いたとする説は「虐殺」人数を膨大化するためのトリックである。

２章で述べたように、当日の在日朝鮮人の人口は約八万人である。

東京における在日朝鮮人は約九千人（内訳は労働者六千人、学生三千人）とされる。

ちなみに、前年十一年末の同人口は七千二十八人と特定されており（『東京府統計書』）、この間の流入人口が特に膨らんでいたことが分かる（2章の人口推移表参照）。

全移住朝鮮人が九月一日の昼に在宅していたわけではない。

政府関係文書は震災時に地域圏外へ帰郷、仕事、休暇などの理由で出ていたと推定される人数を二割とみて、一千八百人ほど差し引いている。すなわち、東京に残っていた人数は約七千二百人である。

近県での在日朝鮮人数は約三千人。そのうち、同じく圏外に出ていた人数は東京よりも少なく見積もって約四百人。すなわち、近県に残った人数は約二千六百人となる。

したがって、震災当日の東京と近県の在日朝鮮人総数は推定約九千八百人である。この九千八百人が、すべてを点検する基礎数字となるのだ。

以下は当時の政府関係文書による保護、収容された朝鮮人の人数である。抜粋して要件のみ引用する。

1、九月十五日迄に習志野《ならしの》陸軍廠舎《しょうしゃ》に収容したる鮮人は三千百六十九名。

2、（墨東《ぼくとう》の）労働者四千名主として本所深川辺に居住せり。目下警察署に収容し保護を加ふる者合計二千五百名。

3、埼玉、栃木両県下各警察署等に於て、保護中なりし鮮人四百七十一名。

4、神奈川県庁に於ては鮮人約四十名を収容し保護を加へつつあり。
5、目黒競馬場に収容保護を加へつつある鮮人は約六百十七名なり。
（海軍省文書および日本政府震災朝鮮人関係文書、『現代史資料6』）

九月十七日現在（後藤新平《ごとうしんぺい》内務相国会答弁録）の数字である。つまり、各所に収容・保護されていた朝鮮人は六千七百九十七人いた。東京およびその近県に震災直後にいた朝鮮人は先述のとおり約九千八百人なので、残りの約三千人のなかに震災での焼死者、圧死者、行方不明者などが含まれると計算しなければならない。

この数字をみれば二千数百人だの、五千人だの、六千数百人という「虐殺」数字がいかに空想的なものであるかがはっきりとしてくる。こうした曖昧《あいまい》で根拠のない数字が独り歩きをして今日に到っているのだ。次にそのからくりを解明しよう。

わが国を代表する学者としてその地位に就いてきた吉野作造や、先に列挙した吉村昭、佐野眞一といった著名作家のほかにも、これら虚構の数字を丸写しして済ませる作家、学者はあとを絶たない。

たとえば、歴史の実証的精査について一方での中核的イメージを形成してきた松本清張《まつもとせいちょう》は『昭和史発掘1』（文春文庫）で、「事件後、日本政府は数千名という大ざっぱな数字を発表したが、在日朝鮮人による調査では、官憲のため不十分な調べとしても概略六千六百余名が殺されたであろうと推測している」と述べている。

さらに、近現代史にかかわる今井清一《いまいせいいち》はその代表的な作業と思われるシリーズ『日本の歴史』(23、中公文庫)のなかで概略こう述べる。

「内務省警務局の調べた被害者数は、死者が朝鮮人二三一人、実際に殺害されたのは、これに十数倍するであろう。吉野作造が調査して伝えるところでは二千六百十三人にのぼる」

つまり、吉野作造説を引用して済ませただけで、在日人数との照合すらしていない杜撰《ずさん》さなのだ。今井清一による自警団すなわち朝鮮人殺人集団とするレッテル貼りの構図は、『日本の百年』シリーズ6「震災にゆらぐ」(ちくま学芸文庫)でも同様に見られる。

「テロリスト」は約八百人

これまで紹介した調査が示すように、「独立新聞」の報告も、同胞慰問班の調査もその数字の根拠は恐るべき雑駁曖昧《ざっぱくあいまい》なものといわざるを得ない。

まず、すでに処理されてしまったはずの遺体検証ができるはずがない。

また、在日していた調査員が仮に遺体を見てもその損傷状況からして、同胞であるかどうかさえ確認できなかった例も多かったはずだ。そのため、「死んだ人の骨格や同胞同志の勘でもって、被害者を集計したものもある」（『関東大震災時の朝鮮人虐殺』）と調査員自身が告白している。

彼らが示すどの数字を当てはめても、合算すれば在日した総人口とは合致《がっち》しない。

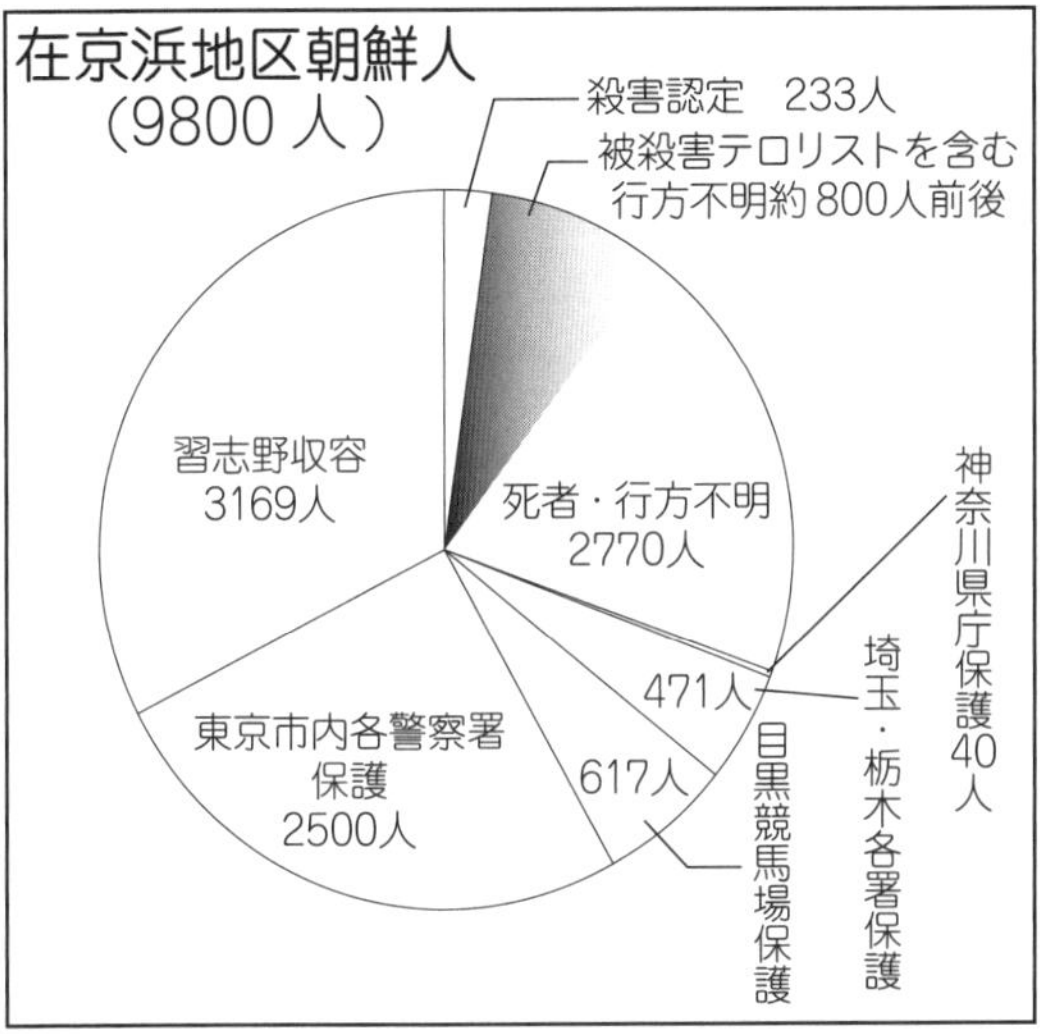

繰り返すが、震災直後に東京およびその近郊にいた朝鮮人の総人口は約九千八百人である。

そのうち、三千百六十九人が習志野の陸軍廠舎に、二千五百人が市内各警察署に、六百十七人が目黒競馬場に、四百七十一人が埼玉、栃木の各警察署に、四十人が神奈川県庁にそれぞれ収容保護されていた。ここまでで六千七百九十七人となる（二千五百人の警察署保護のなかには、朝鮮人労働団体「相愛会」傘下の労働者三百人、区役所や篤《とく》志《し》家《か》が率先保護し、警察に収容した六百人内外を含む）。

その収容中の待遇に不平不満を言い募り、「飯がまずい」「強制連行された」「扱いが乱暴だった」と口々に文句を並べた記録が残されている。

だが、軍はそうした施設へ収容することで、神経過敏になっていた自警団から朝鮮人を隔離保護し、炊き出しをして握り飯を配給し、毛布を配り、傷を負っていた被災者には赤十字と軍医による手厚い看護を施《ほどこ》したのである。そうした待遇については全く触れずに不平だけを言いたて、野宿同然だ、食糧不足だ、手当てが遅い、自由がないと騒ぎを大きくした。

保護された六千八百人の朝鮮人には食糧が配られ、テントで雨露をしのげたが、被災した日本人の大多数は逆に野宿をしたり、仮小屋生活で食糧の不足を辛《かろ》うじて助け合い、便所もない生活を強《し》いられていたことを忘れてはならない。

一方、戒厳司令部は自警団等による過剰防衛容疑の日本人三百六十七人を起訴した。

この調査報告に基づいて、無辜《むこ》の朝鮮人が殺害された人数は二百三十三人であると公表（司法省まとめ。内務省は二百三十一人としている）された。同時に、朝鮮人と間違えられて殺害された日本人の数が五十七名、中国人四名も殺害されたとの発表があった。

在日（東京とその周辺）人口九千八百人から、保護された朝鮮人六千七百九十七人とこの無辜の被殺害者数二百三十三人を差し引くと二千七百七十人となる。このなかに不幸にして震災の犠牲になった者や行方不明者が含まれる（朝鮮総督府関係文書、『現代史資料６』）。東京府全体の死者、行方不明者は七万人余（死者総計は十万五千人余）、下町界隈《かいわい》の死者は実にその八〇％といわれている。とりわけ朝鮮人も多く居住していた本所、深川一帯での死者、行方不明は五万八千人を超えている。

被災し、落命（行方不明者を含む）した朝鮮人の総数は二千七百七十人と算出されるが、そのなかにいわゆるテロリストの死者が含まれる。

被災による正確な死者を算出しなければならない。そしてその残数が、テロリストやその賛同者、または付和雷同《ふわらいどう》者として殺害されたと思われる人数となる。

本所区、深川区における日本人の対人口死亡率は約一五パーセントにのぼった。

まず、両区併せた人口総数約五十万人のうち、震災時点で二割ほどが区外に仕事などで出向いていたか、休暇で被災を免《まぬか》れたとして四十万人を被災基礎人口とする。死者、行方不明数は五万八千人余であるから、その死亡率は約一五パーセント近くあったとされるのだ。

一方、多くの朝鮮人の家屋はおそらく耐震的にも弱く、劣悪《れつあく》な環境だったと推察される。

そこで、一五パーセントより多目の二〇パーセントを対人口死亡率とし、被災基礎人口九千八百人に乗ずれば一千九百六十人という数字が死者、行方不明者として算出される。

二千七百七十人からこれを引けば八百十人となり、これがテロリストとして殺害されたおおよその人数と推定される。
なおこの反面で、過剰防衛として起訴された日本人もいたことを確認しておかねばならない。

戒厳司令部から十一月十五日に発表された報告の一部である。

「被害者中固《もと》より不逞の徒あり、非行を為《な》したるが為殺害せらるるに至りたるものなしとせずと雖《いえども》、興奮したる民心は其良否を弁別せず順良にして何等非行なき者に対して害を加へたるもの尠《すくな》しとせざるは寔《まこと》に遺憾とする所なり」

自警団等によって過剰防衛、もしくは誤って殺害された公式数字は二百三十三人とされた。もとはといえば、実際に横浜から押し寄せてきた朝鮮人の一団はじめ、多くのテロリストの襲来が目の前で現実化したゆえの結果だ。ゲリラと呼んでもいいだろう。その襲撃に対して自警団は自らの生命をかけ、重大な覚悟をもって町内を防衛し、殺傷事件へと発展した。

その殺害されたテロリストの人数を特定することは困難であるが、先に試算した方式を当てはめれば約八百人前後ではないかと思われる。すなわち、二千七百七十人から震災で亡くなった一千九百六十人を差し引いた員数である。

以上は戒厳司令部発表の数字や内務省調査をもとにして算出したものだが、もうひとつ貴重な記録が保存されているので参考までに紹介しておこう。

昭和十年、平凡社より発行された『国史大年表』（日置昌一《ひおきしょういち》著）第六巻（356ページ）によれば、「殺害された朝鮮人」の数は筆者の試算した「約八百人前後」を大幅に下回る数字が記載されている。

「鮮人暴動等の流言《りゅうげん》、蜚語《ひご》、盛んに行はれ、関東一帯に亙《わた》つて殺害されたる朝鮮人四百三十二名に達す」

『国史大年表』という、かなり公の刊行物に記載された数字だが、今日に至るまでこの記事に関する反対意見などの反応は耳にしたことがない。

記録の根拠となる史料は、おそらく終戦時に焼却された内務省資料だったものと思われる。そうだとすれば、内務省調査による朝鮮人の死者は遙かに少なかったことがうかがえる。

両民族の衝突はまことに不幸なことではあるが、民族独立のためには手段を選ばないとする朝鮮人テロリストの襲撃から家族や町内を守るのは正義といっていい。襲撃防衛は正当である。この件は再三これまでに触れてきたので、ここではこれ以上は立ち入らない。

震災の朝鮮人死者はゼロ?

「独立新聞」の調査①数字を仮に当てはめれば、次のような結果となる。

総収容人数六千七百九十七人、政府発表の被殺害者二百三十三人に加えて六千四百十九人が殺害されたとすれば、それだけで一万三千四百四十九人に膨れ上がる。しかも付け加えれば、彼等の抗日文書では習志野に収容された(文書では強制連行という)人数を一万二千人とも一万五千人ともいい、非常に多数が「強制連行された」と主張する材料にしているのだ。だが、戒厳司令部の数字では、習志野へ収容できたのは正確に三千百六十九人だったとしている。

新聞発表では、「千葉県習志野及下志津《しもしづ》兵舎内に傷者約一万五千人を収容することを閣議決定した」(「東京日日新聞」大正十二年九月五日)とあったが、それはあくまで収容可能限度の人数を公表したに過ぎない。それを逆取りして、謀略宣伝のため数字を無闇《むやみ》に膨らませたことは明白である。

さて、謀略のためとはいえ、都合一万三千四百四十九人の朝鮮人が「殺害並びに強制連行された」と主張すると、あの阿鼻叫喚《あびきょうかん》の大震災によって落命した朝鮮人は一人もいないことになってしまう。

「東京に九千人、その近県に三千人、合わせて約一万二千人の同胞がいた」という事実は、朝鮮人自らがかねてより認めていた数字である。

仮に、調査②の二千六百人余を当てはめたとしても七千三十人の基礎数字（全収容人数＋殺害認定数）に加え、いうところの二千六百人を加えれば九千六百三十人となる。これでほぼ総在日人数なのだから、震災の死者はやはりほとんどいないことになる。

だが、九月一日の昼、災厄に巻き込まれ、不幸にして命を落とした朝鮮人が相当数いたに違いない。震災で落命した同胞の数を棚上げしてまで、テロリストたちは自らの目的を達しようとしてきたのだ。

かくも奇妙なからくりを駆使した謀略と宣伝が繰り返しまかり通ってきたということを、ここでしっかり確認しておきたい。

調査③「吉野作造説」――二千六百十三人

次に、大正時代を代表する民本《みんぽん》主義者として地位も名声もある学者・吉野作造による調査結果に当たらなければならない。

先の①②の調査報告の直後に続けて紹介しなかったのは、吉野の調査そのものが②の「在日関東地方罹災同胞慰問班」員、崔承万とほぼ同一のものだからである。

吉野は「之れは朝鮮罹災者同胞慰問班の一員から聞いたものであるが、此の調査は大正十二年十月末までのものであつて、其れ以後の分は含まれて居ないことを注意しなければならぬ」と断っている。慰問班の一員とは崔承万に他ならない。

吉野の聞き取り調査で崔の記録と違う箇所はただ一点、埼玉県本庄の被殺人数が崔は八十人だが、吉野は八十六人となっている点だけである。残りすべての数字は調査②の崔説と同一である。

したがって、吉野作造説は二千六百七人より六人多い二千六百十三人となる。

吉野の報告書は当時、東京帝大「明治文庫」に所蔵され、現在は東大大学院法学政治学研究科附属センターに移管保存されている。

吉野説を先に説明した七千三十人の基礎数字に当てはめれば、もちろん朝鮮人の震災による死者はいないことになる。吉野が言うところの「其れ以後の分は含まれていない」から注意せよという意味は、崔たちの調査にある「又は」による後日調査（累計三千四百五十九人）を指すものだろう。「48または80」「31または50」「３または２００」といったような雑駁としか思えない数字のはめ込みを吉野作造ともあろう学者が信用し、それが今日まで歴史の真実としてまかり通ってきたのには驚かされる。

吉野作造は大正三（一九一四）年に東大教授となり、その後も欧米留学などを経験していわゆる民本主義を広めた。普通選挙の提唱、推進、ストライキ権の獲得などの面で信夫《しのぶ》清三郎《せいざぶろう》、大山郁夫《おおやまいくお》、長谷川如是閑《はせがわにょぜかん》らとともに大正デモクラシーの有力なリーダーであった。

震災時の吉野は四十六歳になっており、まさに学者としての頂点に立っていたといえよう。もとより吉野の主張は、朝鮮の独立運動や民族主義に対しておおいに共感をよせていた。だが、彼自身が社会主義運動そのものに積極的なかかわりを持ったことはない。

主権在民という概念を軸に据えていたので、彼の思想は昭和に入ってマルクス主義の風潮が強まるにしたがって、むしろ影響力が低下したと考えられる。一方で、デモクラシーという新鮮な概念を大衆的に広めた功績は、後世にまで高い評価を受け続けていることもたしかだ。

しかし、こと関東大震災においては、朝鮮の独立運動一派に民族主義の立場から強い影響力を行使したことが明らかである。

その主張の多くは、「中央公論」「改造」などの代表的論壇雑誌に毎月のように展開されていた。吉野の論調そのものは抑制がきいていて穏健《おんけん》な政治学者を思わせるものがあるが、朝鮮人虐殺問題となるや俄然《がぜん》、舌鋒《ぜっぽう》が変わる。

その代表的なものは、東大に保管されている資料に付された前文であろう。以下、その抜粋を一部引いて、吉野の言い分の一端の確認としたい。

「朝鮮人虐殺事件

一

朝鮮人虐殺事件は、過般《かはん》の震災に於ける最大の悲惨事でなければならぬ。之は実に人道上政治上、由々しき大問題であるが、事の完全なる真相は、今尚《な》ほ疑雲《ぎうん》に包まれ、一種の謎として残つて居る。或《あるい》は永久に謎として葬られるかも知れぬ。予は茲《ここ》では予の耳に入つた諸種の事実を簡明に纏《まと》めるに過ぎない。

二

震災地の市民は、震災のために極度の不安に襲はれつゝある矢先に、戦慄《せんりつ》すべき流言蜚語《りゅうげんひ》に脅かされた。之がために市民は全く度を失ひ、各自武装的自警団を組織して、諸処に呪うべき不祥事を続出するに至つた。此の流言蜚語は何等根抵《こんてい》を有しないことは勿論《もちろん》であるが、それが当時、如何にも真しやかに然《し》かも迅速に伝へられ、一時的にも其れが全市民の確信となつたことは、実に驚くべき奇怪事と云はねばならぬ。荒唐無稽《こうとうむけい》な流言蜚語が伝《でん》播《ぱ》されたのは、大正十二年九月二日の正午頃からである」（東大吉野文庫、『ドキュメント関東大震災』ほか）

内村鑑三の夜警

吉野作造が四十六歳で「朝鮮人虐殺」をカウントしていた頃、すでに六十四歳という当時としては老齢に入っていたあるキリスト教思想家が夜毎、自警団に加わって夜警に立っていた。吉野とは対極に立つその人物こそ内村鑑三《うちむらかんぞう》である。

日韓併合に際しては反対の立場を貫き、キリスト教（無教会派）伝道などの体験から、自ら「朝鮮びいき」と言って憚《はばか》らない内村鑑三が、実は社会主義者に煽動されたテロには身をもって立ち上がっていたということは特筆すべき事例である。その仔細《しさい》は彼の日記に残されている。

「九月三日（月）雨　震動歇《や》まず。食物僅かに三日分を残すのみ。其供給に苦心した。近隣相助けて相互の慰安と安全とを計つた。放火の恐れありとて各家警衛の任に当つた」

「九月六日（木）晴　昨夜稍《やや》強度の震動三、四回あり。夜警、前日に異ならず。（略）今井館聖書講堂を警衛の為に上京した仙台第二師団第三中隊第二小隊の営所に提供した。此際最も適当の使用法と信じて嬉しかつた。平和の福音を説く所に、銃剣の戛々《かつかつ》たる音を聞くは今度が初めてゞある」

震災直後の内村が何はさておき隣組の安全に気を配り、進んで連夜の警備に立っていたことが分かる。その当時、内村家は新宿柏木にあった。その庭に別館「今井館」という聖書を講じる館(大阪の香料商、今井樟太郎《いまいしょうたろう》・信《のぶ》夫妻の寄付による)があり、軍隊にこれを開放したのだ。戒厳令が発せられ、地方からの応援部隊が上京するや宿舎が不足したためである。「福音《ふくいん》を説く処」に銃剣の鞘《さや》の擦《こす》れる音が聞こえるのもまた、彼を満足させたと思われる。戒厳令も自警団も、内村にとっては平和に繋がる重大事項であったことが察せられよう。

「九月二十一日(金)雨　罹災者の事を思へば耐へられぬ苦痛である。乍然《しかしながら》自分の如きは平素斯《か》かる場合に処するの途《みち》を唱へ来つた者であるが故に、此際急に慰安救護に従事するの途を知らない。唯僅《ただ》かばかりの自分相応の奉仕を為すまでゞある」

「九月二十二日(土)晴　過ぐる半ケ月間滞在せし仙台第二師団二十九連隊第三中隊第二

小隊の兵士が今日、今井館を去つた。彼等に対し厚き感謝のなき能《あた》はずである。民に平安を与ふる為の軍隊であると思へば、敬せざるべからず、愛せざるべからずである。我等の彼等を犒《ねぎら》ふの甚だ薄かりしを憾《うら》む」

「九月二十七日（木）半晴　少しく落附いた。しかし猶ほ依然として戒厳令下の東京である。東京市の復興が惟一の問題である。単に商売其他、物質的復興を謂《い》ふのであつて、精神的復興を語る者は一人もない。旧《ふる》いバビロンが滅びて、新しいバビロンが復《ふた》たび興《おこ》るのであると思へば少しも有難くない」

「十月五日（金）晴　昨夜順番に当り、自警団の夜番を務めた。内村医学士、金剛杖《こんごうつえ》をつき、提灯《ちょうちん》を持つて前に進み、老先生拍子木《ひょうしぎ》を鳴らしながら其後に従ふ。昼間は到底演じ難き業《わざ》である。震災が産出《うみいだ》せし滑稽の一《ひとつ》である」

「十月二十七日（土）晴　昨夜も亦《また》夜警であつた。若き医学士を助けて、少しなりと彼の任務をして軽からしめんと努めた。日曜講演の準備に全日を費《ついや》した。跡から跡へと用事に追い立てられて休む暇がない。然し自分が働くのではない、主が自分を以て働き給ふのである。年はいくら取つても、此信頼の秘訣をさへ知れば、生涯の終りまで、何か善き事を為し得ると信ずる」（『内村鑑三全集34』岩波書店）

国民に平和をもたらす軍隊であってみれば、どうして感謝をし、尊敬し、愛情を持たずになどいられようか、と軍隊への敬慕《けいぼ》の感情を胸裏にたぎらせる内村鑑三であった。

一カ月経っても警備の夜警は続けられていたようだ。ちなみに、九月三日に公布された戒厳令が解除されたのは、十一月十五日に勅令《ちよくれい》廃止、十六日施行である。

「内村医学士」とは鑑三の長男、内村祐之《うちむらゆうし》である。内村祐之は北大教授、東大教授、松沢病院院長などを歴任し、精神科の研究者として多くの業績を残した。また、学生時代には東大野球部で左腕の投手として鳴らし、戦後、プロ野球コミッショナーにもなった人物である。

その「若き医学士」が金剛杖を手に夜警に立つのを「老先生」も拍子木を打ちながらあとを追い、少しでも役に立とうとする姿勢が頼もしくもあり、また滑稽《こっけい》にも見えたであろうと諧謔《かいぎゃく》を交えて語ったものである。

さて、こうしてみてくると、大正時代を代表する民本主義のリーダーは、朝鮮独立運動に加わる慰問班と称する団体からの謀略に満ちた「虐殺人数」を公表し、政府と自警団をなじった。その挙句、残された数字は八十五年の歳月を経ても「吉野作造説」として跋扈《ばっこ》し、反日感情の基礎数字となっている。

一方、日韓併合には反対していたにもかかわらず、独自の平和論の立場から国民の安寧《あんねい》のためには軍隊に自宅を開放し、率先して自警団に加わっていた学者もいたことが分かる。内村鑑三や長男・祐之の行動こそは、芥川龍之介《あくたがわりゅうのすけ》の「善良なる市民」の憤怒《ふんぬ》にも似て、ごく平均的な国民感情に沿ったものだったのではないだろうか。

こうして謀略数字は、「虐殺」人数を膨大に膨らませた亡命政府「独立新聞」による六千数百人説から、「同胞慰問班」による二千六百人、もしくは三千四百人（最大五千人以上ともいう）説、並びにその調査にそっくり依拠《いきょ》した吉野作造の二千六百人説とさまざまなトリックが使われてきたことが分かる。

いずれも合算すれば彼等自身が認めている当日の在日朝鮮人の総数からして、震災による朝鮮人の死者はまったくいないことになるのだが、その奇異には誰もこれまで触れようとしなかった。

謀略文書

次にみる外交文書は今回、筆者の取材で明らかになった朝鮮独立運動派の謀略宣伝の実態を示す証拠である。

これまでにも第4章や本章で一部を紹介したように、新たな資料がロンドン・ナショナル・アーカイブスから発見されている。

ここにもう一件、奇怪な謀略宣伝を裏付ける重要文書が同アーカイブスから発見されたので紹介したい。

ファイル・ケースの奥深くから、実に八十六年の歳月を越えて見出《みいだ》された外交文書には、震災直後に配布された謀略宣伝用の小冊子が添付されていたのだ。そこに書かれている数字はこれまでのものを遙かに越えた異常な数字であり、世界に向けて彼らがいかにして日本を陥《おと》れ《しい》ようとしたかがうかがえるものである。

まず、在京英国大使館から送付された報告書への英国本省高官による短い論評（ページ1）と在日英国大使の所見（ページ2）が冒頭付記されたあと、小冊子の内容紹介が始まる。

［ページ1］

「朝鮮独立運動

横浜の英総領事が郵送で受け取った『朝鮮独立運動の朝鮮人』の小冊子とチラシを送付。小冊子は大震災後の日本人による朝鮮人虐殺を記し、チラシはソウルのウエルチ主教の朝鮮に関する発言について論評している。

大震災のさなかに朝鮮人が悲惨な体験をしたことは承知している。しかし、この小冊子

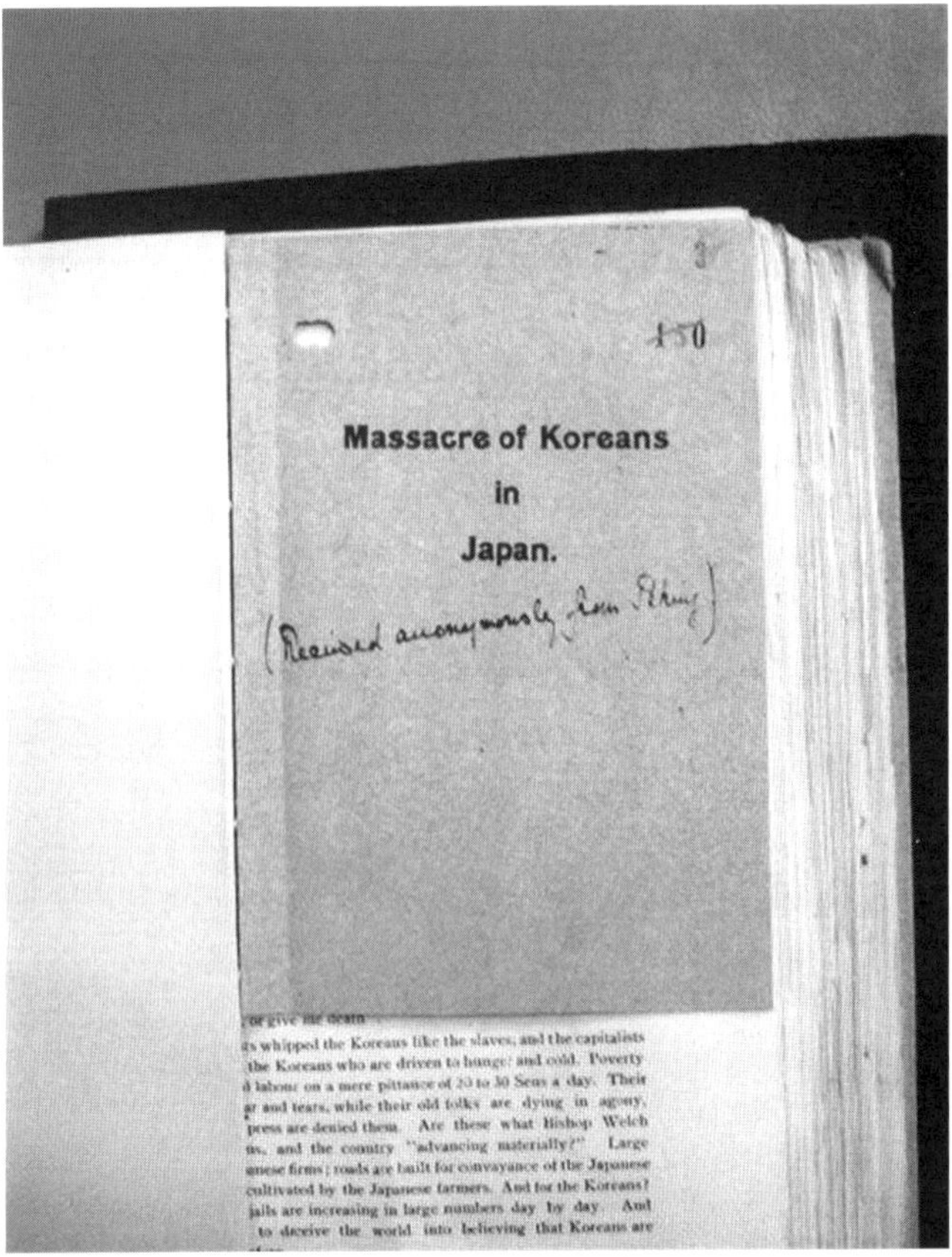

ロンドン・ナショナル・アーカイブスにあった謀略宣伝用の小冊子。
表紙には「日本での朝鮮人大虐殺」(Massacre of Koreans in Japan.) とある。

の記述は明らかに不正確であり、朝鮮独立の大義の助けになりそうにない。

英外務省高官署名

1924年7月4日」

［ページ2］

「第178号　　在京英国大使館

1924年5月12日

横浜の英国総領事が郵送で受け取った『朝鮮独立運動の朝鮮人』発行の小冊子とチラシをここに送付いたします。

小職の複数の報告でお分かりの通り、大震災後に多くの朝鮮人が殺害されたことは疑いない事実であります。しかし、不幸な出来事はこの小冊子の筆者によって著しく誇張《こちょう》されており、日本の当局が虐殺を煽動したという筆者の指摘には根拠がないと考えます。

東京や横浜の住民は恐慌状態に陥り、朝鮮人が略奪や政治的復讐のため家々に火を放っていると思いました。小職には放火があったともなかったとも証明する手立てはありませんが、欧州人を含む事情通の多くは、そう住民が思い込んだのには根拠が全くないわけではないと考えていました。

閣下《かっか》の最も従順で謙虚な奉仕者であることを名誉に思い、最高の敬意を表して

在京イギリス大使　署名

ジェームズ・ラムゼイ・マクドナルド閣下（引用者注・当時の英国首相兼外相）」

［小冊子本文］（紙幅の関係から全文掲載は不可能なため、要点を引用）

「日本での朝鮮人虐殺

（注・表紙には「北京総領事館から匿名《とくめい》で郵送されてきた」と手書きで書き込まれている）

原野で道に迷った羊が獰猛《どうもう》な野獣の餌食《えじき》になったように、自由を失った人間は抑圧する者の犠牲になった。

日本では大震災のさなかに、多数の罪なき朝鮮人が何の挑発行為や大義もなしに血に飢えた日本人によって虐殺された。日本人が犯した恐るべき残虐行為の証拠は、以前は入手できなかった。日本政府が生き残り朝鮮人による調査を一切禁じたからだ。此の問題は脅しと甘言《かんげん》によって闇に葬られた。それでも、一部の朝鮮人は勇敢にも危険を冒《おか》して手の届く限りの調査をし、悲惨な出来事を以下のように描写した。

１９２３年９月１日ごろ、日本政府（The Tokyo Government）は一般大衆のほか、兵士、

警察本部、自警団に向けて無線で特別命令を出し『朝鮮人の老若男女《ろうにゃくなんにょ》を街角で見かけるか、家の中、あるいはどこかに隠れているのを見つけたら、いつでも殺害せよ』と指示した。無線で命令が出されるや、悪魔のような殺し屋が、銃、刀、火かき棒、斧、棍棒《こんぼう》など利用できるあらゆる武器を手に、四方に散らばり街頭や家々、森、川船、丘陵地帯などで朝鮮人狩りをした。

痛ましい殺戮

騎馬兵はあらゆる方角から朝鮮人を追いかけ、銃撃を加えて皆殺しにした。このようにして殺された人数は次の通りである。

ハダ（羽田?）2000、隅田川沿い400、品川300、サキダマケン（埼玉県?）駅400

警察は保護を名目に朝鮮人を追い回し、警察署の敷地内にある（浮浪者のために仮設された）小屋に集めた。そこでは朝鮮人は空腹の狼に追われた羊のようなものだった。この罠で警察は朝鮮人多数を捕らえ、他の人々に気づかれないように夜か早朝に殺害した。このようにして密かに殺された人数は次の通りである。

亀戸警察200、上野警察150、ナガセンド警察（中仙道方面?）100、ヅルミ（鶴見?）警察100、クマカメイ（駒込?）27

しかし最も痛ましい殺人は、いわゆる自警団や民衆によって行われた。『朝鮮人だ、朝鮮人だ』と叫び、朝鮮人攻撃に加わった。彼等は朝鮮人を電柱に縛りつけ、眼球をくり貫いて鼻をそぎ、腹を切り裂いて腸が飛び出るままにした。彼等は朝鮮人の首を少し長い縄で縛り、車の後ろにくくりつけて走らせた。彼らは朝鮮人の手を鎖で縛り、道を裸で歩かせ、犠牲者が命令に反抗すると棍棒で殴って殺した。

非常に野蛮な女性殺害の方法を詳しく記述するのは品を欠くことになる。例えば、彼等は女性の両側から足をつかみ、日本人的なさまざまな残忍な方法で、笑いながら、『女性を殺すのは面白い』と言いながら体を引き裂いた。

邪悪な非難

日本人は朝鮮人に略奪や暴動の責任があると虚偽の非難をした。しかし、常識を働かせればこれが真実でないことが分かる。朝鮮人は大震災の前、警察に激しく監視され、朝鮮問題を話し合うために集会を開く権利をずっと否認されていた。抑圧された民族が日本政府に逆らって暴動を起こすことは全く不可能であり、とりわけ日本に住む一握りの朝鮮人にとってはそうだった。

火事は地震の結果生じたのであって、ほぼあらゆる場所に広がった。延焼しなかった場所は、一般国民だけでなく警察と憲兵隊が監視した。火をつけたのは朝鮮人だろうか。警察は朝鮮人が悪事を働く機会を与えただろうか。
１９２３年9月6日に日本政府は、朝鮮人殺害を中止するよう指示を出した。自らの政策が犯罪的なのを承知している日本政府は、この問題を闇に葬るため、さまざまな計略を試みた。警察と憲兵隊は殺人への関与から一転して『朝鮮人を保護しようとした』と主張した。このニュースが世界に漏れないようにするため、彼等は朝鮮人が故郷へ帰るのを禁じた。世界で最も不幸な国は朝鮮であり、最も惨《みじ》めな人間は朝鮮人である。二万人以上の罪なき人が野蛮な日本人によって虐殺された。朝鮮人に開かれている道はただ一つ。それは『日本人が朝鮮人を殺したように、日本人を殺すこと』だ。

殺された人数と場所

青山　２人
アカヤマベッショ（?）　11人
千葉市　37人
千葉県　４２９人
船橋　37人
グヤマ（?）　60人
ゴヤマ（小山?）　２人

ゴマツ県（？）29人
ゴダマ県（？）40人
ハダ（羽田？）２０００人
深川　50人
ヒロヤ（？）　７人
ホトヤ（保土ヶ谷？）31人
八幡橋　１０３人
クマヤ寺（？）　１４４人
群馬県　33人
亀戸　３５０人
クマゴメイ（駒込？）27人
川崎方面　１５３人
ミナミカワ（？）ほか　62人
向島　43人
軍縫製工場　13人
ネイキシ（根岸？）35人

ナガセンド（中仙道？）　１２０人
長野　８人
ナリダ（成田？）　29人
オチマ（大島？）　１８２人
隅田川　２７１人
品川　３００人
サキダマ県（埼玉県？）　３４０人
新宿、芝、品川造船所　57人
品川駅　１５３人
シミツ（？）飛行機置き場　27人
シナガワ県（？）　１７９５人
シダヅキ島（？）　85人
品川橋　５００人
シンゴ・ヤスチョウ（新子安）　10人
月島、柳橋　26人
東海道線方面　18人

上野　73人
ワガマゴ（我孫子?）　3人
ヤチオ（八千代?）、馬橋　5人
ヤマデイ（山手?）ほか　73人
横浜　300人
ワジュマバシ（吾妻橋?）　81人
ワラガワ（荒川?）　117人

合計　8271人

以下に記する人数と場所は、発行部数の多い日本の雑誌「中央公論」の編集長、吉野博士によって確認されている。

遺体発見　7861人
遺体未発見　3246人
警察による殺害　577人
騎馬隊による殺害　3100人

合計　　　　　1万4784人

（注・「吉野博士」は吉野作造を指すと思われるが、吉野は「中央公論」の編集長ではない。また、吉野がまとめた殺害人数は先に紹介したとおり2613人である）

総計　　　　　2万3059人

作成：朝鮮独立運動の朝鮮人

1924年3月」

（「ロンドン・ナショナル・アーカイブス所蔵」File No.F0/10310　原文の総計は2万3059だが、2万3055の計算違いと思われる）

巧みな宣伝戦

文書はイギリスの北京総領事館に持ち込まれ、横浜から在京イギリス大使の手元に届いたものである。同じ手口で彼等は諸外国の外交官に同一の小冊子をばら撒いて、日本攻撃の宣伝材料とした。その際の数字の雑駁な算出については、先の調査①〜③においてすでに述べたので重複を避け、割愛する。

ただ、彼らが言い募る殺害方法の残忍性こそ日本の歴史にはないもので、中国から朝鮮半島へ渡った独特の蛮習《ばんしゅう》だということを確認しておきたい。それに関しては「第2章」で閔妃《ミンビ》の追っ手によって殺害された金玉均《キムオッキュン》の記録で述べたとおりである。

そこで、改めてこの謀略小冊子の特殊な問題点を挙げておけば、おおむね以下のようなことが考えられる。

一、朝鮮人の諸団体もほぼ認めている当時の東京付近の在日朝鮮人総人口、一万三千人を遙かに越えた人数が殺されたことになる。それとも、当日だけ関西方面からやってきて人口が増えていたとでもいうのだろうか。そうだとすれば、わざわざ上京した朝鮮人の目的はテロ、ゲリラ行為への参加しか考えられない。

二、この小冊子の本文（「日本での朝鮮人虐殺」）部分と「被殺害数字」は他の関係資料、たとえば『現代史資料6』などにも掲載されている。だが、肝心な外交文書の所感については全く無視しており、この小冊子がどこへ郵送され、その国がそれをどう判断したのかについては故意に消去している。このことは、こうした小冊子そのものの存在がいかに虚構に満ちた反日宣伝用のものでしかないかということを証明するものだろう。

三、こうした虚構の数字が事実であるかのように独り歩きする現象は、大震災から十四年経って起きたいわゆる「南京大虐殺」に関する反日宣伝工作に酷似して見える。欧米の特派員リポートや宣教師の証言が、「事実」としてまかり通ってきた。八十六年を経たいまからでも、冷静な歴史の検証が見直されるべきだろう。

ところで、こうした宣伝資料には必ずといっていいほど日本の警察が率先して住民を煽り、朝鮮人を殺害した元凶であるかのような記述がある。

警察や、戒厳令によって出動した兵士、民間の自警団は、「善良な」朝鮮人を殺害したことは決してあり得なかった。誤認や過剰防衛による殺傷と判断された者は、しかるべき裁判を経て起訴された。

放火や強盗、強姦《ごうかん》など暴虐の限りを尽くす同胞を目《ま》の当たりにして、いわれなき追及を受ける災難にあった朝鮮人が多かったことはたしかだろう。そのために、朝鮮人なら誰もが一旦は不快な追及や被害を蒙《こうむ》った可能性は否定できない。だが、それは朝鮮独立運動を自己目的化したテロ集団があったためであり、あの大震災の災厄のなかではやむを得ないことであった。

そんななかで積極的に朝鮮人を保護し、彼らの生命の安全を保障するために自警団に理解を求め、奔走した多くの警察官の姿もあった。

本所被服廠跡で避難誘導に心血を注いでいた所轄の相生警察署、山内署長もその一人である。付近の朝鮮人の住人多数を混じえた避難民の安否を気遣っているうちに、彼自身の姿が見えなくなった。九月四日の深夜、山内署長の所持品が焼け跡から発見され、焼死したものと判断された。

また、横浜市鶴見区の鶴見警察署長・大川常吉は、「朝鮮人たちが大挙して略奪や暴行を繰り返し、抵抗する日本人を殺した」という情報が飛び交うなか、一般の朝鮮人多数を保護した。普通の朝鮮人が自警団から暴行を受けそうになるのを回避するため、彼は約三百人の朝鮮人を署内に収容し、感謝されている。

イギリス大使館などにばらまかれた小冊子には、「警察は保護を名目に朝鮮人を追い回し、警察署の敷地内にある（浮浪者のために仮設された）小屋に集めた。そこでは朝鮮人は空腹の狼に追われた羊のようなものだった」と書かれているが、これこそ宣伝工作のために嘘で固められた内容だった。

トリック数字の政治的背景

　ここまでみてきた「虐殺」数字は、最大二万三千人を筆頭に、二千六百十三人の吉野作造説、朝鮮同胞慰問班調査の二千六百七人（彼等は五千人以上という説も併記している）説、「独立新聞」によれば六千四百十九人説まであり、ばらばら、さまざまである。

　要するに、彼等にも調べる手だてはないのだ。

　そこで、反日戦略に役立つのであれば、いかなる数字でも構わないから宣伝に使おうというのがこの結果によく表れている。こうした虚構が積み重ねられ、大前提として語られてきたのがこの八十六年である。すでに述べたように、影響力のある作家の作品や評伝としてこの虚構がまかり通ってきたわけである。

　こうした膨張する数字のトリックは政治利用され、反日感情を盛り上げる最適な素材とされてきた。

　数字だけの面からすべてを推し量ることはできないだろう。だが、ここまでみてきたように「朝鮮人虐殺」というのは幻であることがほぼ実証されたと思う。

　政府発表の被殺害認定数字は二百三十三人である。六千七百九十七人からの収容保護人数とこれを足して、総在日人数から残りを割り出せば二千七百七十人が震災による死者または行方不明者ということになる。

この二千七百人余のなかに、テロ行為を働いた朝鮮独立運動家と、彼らに煽動され付和《ふわ》雷同《らいどう》したため殺害されたと思われる人数、八百人前後が含まれることはすでに述べた。

それを「虐殺」とは決していわない。国民生活の安寧を危機に晒《さら》すテロ行為、ゲリラ部隊と認定するのが常識である。つまり、いわゆる「虐殺」はなかったのだ。

そうしてみれば、芥川龍之介（当時三十一歳）や井伏鱒二《いぶせますじ》（同二十五歳）、内村鑑三（同六十四歳）のとった道がいかに筋の通ったものであるかがはっきりと分かる。

十七世紀、アムステルダム市の警備団を描いたレンブラントの名画「夜警」を彼等は見ていたのではないだろうか、という想念が湧く。

嘘写真と嘘コピー

兵士が束の間の休息をとる傍らで、朝鮮人とおぼしき一団がやはり横になって休んでいる一葉の写真（次々ページ写真①）がある。

場所は定かでないが、馬が見えるので騎兵が歩兵部隊に同行していたことがうかがわれる。騎兵による車両の不足や伝令、通信、斥候《せっこう》巡察等の補助能力は疎《おろそ》かにできない。小銃を立てかけ、兵は昼食でもとっているようにも思える。

朝鮮人らしき人物たちは、さすがに疲労の色は隠せないものの、配給を受けた毛布を掛けるなどして各人、自由に休んでいる。

だが、この写真に付けられている次のようなキャプションを読めば、誰もが愕然《がくぜん》とするだろう。

「朝鮮人を迫害する武装兵たち」(現代史の会編『ドキュメント関東大震災』)

同書の次ページをめくると、習志野収容所から東京へ護送されながら歩いている朝鮮人の写真(写真②)がある。その写真キャプションは、

「騎馬兵の監視のもとで習志野から東京に引きあげる朝鮮人」(前掲書)

と書かれている。同ページの下方には、勤労奉仕をしていると思える労働者の写真が上下に二枚掲載されているが、その説明書きは次のようになっている。

「警視庁目黒派出所で朝鮮人(上)と罹災地の復旧作業に強制労働させられる朝鮮人(下)」

これらの写真は、前後の本文内容とは全く無関係に挿入されており、ただ単に朝鮮人が不当に収容されて迫害を受けたこと、さらに習志野往復をあたかも「死の行進」でもさせられたかのように表現し、解放されるや強制労働に駆り出され、迫害されたのだと、見る者の目に印象を刻み込む宣伝の巧みさがうかがえる。

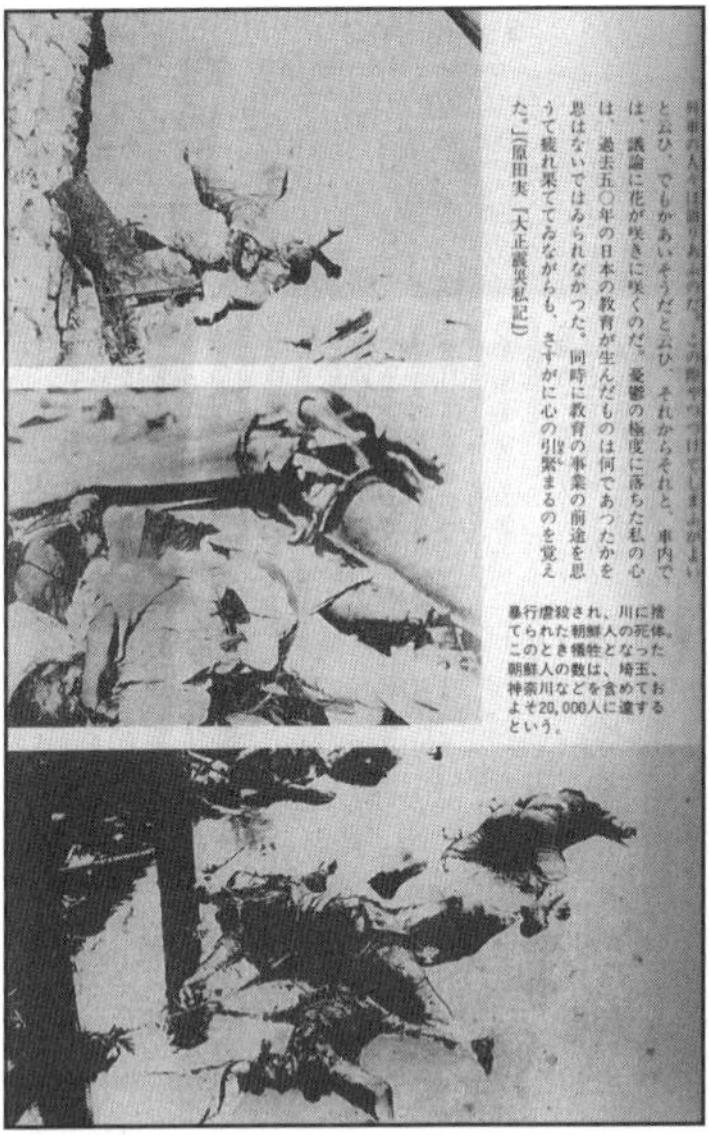

写真③

▲朝鮮人を迫害する武装兵たち。

写真①

▶騎馬兵の監視のもとで習志野から東京に引きあげる朝鮮人。
▼警視庁目黒派出所での朝鮮人(上)と、復災地の復旧作業に強制労働させられる朝鮮人(下)。
●5日、山本権兵衛首相は、「鮮人の所為、もし不穏にわたる」も「民衆みずからみだりに鮮人に迫害を加うる」のは「決して好ましきことにあらず」「各自の切に自重を求むる」旨の告諭を公表。
●「保護」の名のもとに軍隊や警察に収容されていた朝鮮人たちは、
六〇日後に釈放されたが、ただちに強制労働に駆り出された。

写真②

▲永代橋でみられた惨殺死体。くいにしばりつけられている。

写真④

写真①／「ドキュメント関東大震災」41頁より
写真②／「ドキュメント関東大震災」42頁より
写真③／「ドキュメント関東大震災」29頁より
写真④／「関東大震災と朝鮮人虐殺」口絵より

こうした「朝鮮人虐待」写真は、どの参考文献でも多くの震災写真や、日本人被害者の一般的な写真と混在させて挿入されている。その組み入れ方はいかなる資料本も同じで、大震災という突発的な流れのなかで、あたかも当然のように「虐殺」が起きたかのような印象を与える。

そうした写真とキャプションが繰り返されて、同じものが幾度となく登場するのが関東大震災のプロパガンダの特徴なのだ。重複される映像は、印象を一層強める効果をもたらす。

繰り返し見せることで、謀略宣伝の効果を上げてきた最も分かりやすい例を示そう。多くの自虐的な参考文献で幾度となく使用されてきた写真である。

いかなる死体写真も、見る者に対して人間の尊厳を考えさせると同時にいい知れない人生の非業《ひごう》を感じさせずにはおかないものである。とりわけ、災厄による死者のむごたらしい末期《まつご》を目のあたりにすればなおさらのことだ。死体写真はそれだけで、すでに正常な視覚を狂わせかねない素因を抱えている。

川に浮いた三枚の死体写真（写真③）に次のようなキャプションが付せられている。

「暴行虐殺され、川に捨てられた朝鮮人の死体。このとき犠牲となった朝鮮人の数は、埼玉、神奈川など含めておよそ20000人に達するという」（前掲書）

お定まりのような「20000人」という架空の数字に関してはもう触れない。

同じ写真（写真④）が類書にも掲載されている。そのキャプションではこうだ。

「永代橋《えいたいばし》でみられた惨殺死体。くいにしばりつけられている」（『関東大震災と朝鮮人虐殺』）

さて、これらの死体から判断できることは、川に浮いていることだけである。

おそらく隅田川であろうとは想像できるが、永代橋だと特定するのさえ困難だろう。まして や、死体が朝鮮人であると断定するのは不可能ではないだろうか。

写真④の手前の二人は親子のようにも見える。紐のようなものが体に捲《ま》きついていることは分かるが、それが杭に縛られているための紐なのか、もともと着物に使われていた帯や紐なのか、また、流れてきた他の紐状のものが死体に絡み付いているのかは判断しかねる。

杭に縛られていると説明文はいうが、死体が単に杭に流されて寄りかかっているに過ぎないとも思える。

ちなみに、隅田川の橋のなかで最も惨状を極めたのが永代橋だった。橋は焼けて崩れ落ち、人々が雨のように川中に落下していった。川面《かわも》一杯になった死体の間に分け入り、地上で殺害した朝鮮人を担《かつ》いで水中に潜って橋げたの杭に縛ったとでもいうのであろうか。

隅田川では、大量の木材や家屋の焼けた残廃物、トタン板、鉄骨類などが無数の死体とともに押し出され、無惨な様相は数日間以上、続いていた。その処理に市の衛生局が必死の努力を繰り返したことはこれまでに述べたとおりである。

当然、死体から離れた帯紐類が他の死体にも絡むことは考えなければならない。川に浮いている死体を、惨殺されて杭に縛られた朝鮮人だと特定する根拠は、誰も持ち合わせない。

殺害されたという証拠が万一、これらの写真から認定されたと仮定しても、死体の国籍はなお不明である。隅田川の死体は腐敗も進んでおり、伝染病等の衛生問題も発生しかねなかった。市当局は可能な限り検視のうえ、人手を集めて順次焼骨した。

こうした写真を繰り返し使い、嘘のキャプションを付けて惑わすことは情報活動の基本だといわれている。朝鮮独立運動家グループが配布した謀略資料が、今日までも見直されずに使用され、反日運動のバネとしての役割を果たしてきたのだ。

保護と自主的奉仕

すでに述べたように、政府は東京市内で避難していた朝鮮人を各所に保護し、かつ一万五千人まで収容可能な施設、食糧、医薬品などを習志野の兵営内に確保した。

罹災朝鮮人が住む家もなく、また無辜《むこ》の朝鮮人に無用の被害が及ぶのを避けるため保護、収容したのである。東京市内各所に散在しながら震災に遭った朝鮮人たちの大部分は着の身着のままで焼け出された。もちろん、日本人の多くも同様であったが、親類縁者なども なく頼るべきあてとてない彼らに対し、政府も軍も人道上から一刻も看過《かんか》すべきではないと判断し、こうした措置をとった。

ところが、朝鮮独立運動家たちはそうした日本側の好意を逆手にとって虐殺人数にこれを加算したり、強制連行して自由を奪ったと声高《こわだか》に叫んだ。六千人から二万人という虐殺デマ、さらには習志野へ一万二千人を「強制連行」したなどという嘘が宣伝された。

だが、実際に習志野に収容できた人数は三千百六十九人であったことは先に説明したとおりである。さらにその待遇についても、誤解のないよう繰り返しになるが再確認しておく。

習志野往復は徒歩以外に手段はなかったが、これをもって運動家たちは虐待だという。

この大震災のさなかに、彼らだけを優遇するためにトラックなどを用意することは不可能である。罹災者への食糧運搬、死体の搬送、倒壊家屋の処理、糞尿運搬などに使用するトラックさえままならない事態だった。

収容された朝鮮人には、日本人の被災者さえ手に入りにくい軍による炊き出しの握り飯が配給された。毛布、衣類も一人二枚ずつ給付され、怪我人については軽症者は軍医の手で施療され、重傷者は赤十字病院へ送られ、手当てが施された。

この措置を運動家たちは不当監禁だと唱えて騒ぎを大きくし、甚だしいものは夜陰《やいん》に乗じて銃殺したとまでいいふらす始末だった。だが、これなども事実無根、人の情けを仇《あだ》で返す所業というものだ。

震災が落ち着いてきてからは、収容者は漸次《ぜんじ》、青山のバラックなどへ移送された。これはほぼ九月十九日から開始され、明治神宮外苑に朝鮮総督府が政府から借り受けた急造バラック九棟（一棟に約二百人ほど収容できる）に分宿させた。

これより以前、九月十日頃には民間主導の収容活動が開始されていた。第4章で紹介した新聞記事と重複するが、背景として重ねて説明しておきたい。

日本橋に日鮮企業株式会社というのがあり、ここを朝鮮人労働者の「相愛会」が借用して多数の労働者を収容した。この日本橋収容所では朝鮮総督府と政府の管理の下で食糧、衣料等の配給がなされた。朝鮮人労働者は政府の厚意に感謝、道路復旧工事などの社会奉仕に自主的に従事した。政府が主唱する朝鮮人宥和《ゆうわ》対策の是非はともかくとして、新聞各紙で九月十一日に紹介されたのがこのケースだった。

二日後には続報が出た。焼け跡片付けには百五十人からの朝鮮人が作業に出て働いていたが、十三日からは三百名に増加されたという。彼等は朝鮮人への誤解がこれで少しでも解かれればいいと話している、という記事だった。

朝鮮人の勤労奉仕がことさら記事になるのは本来、奇妙なことである。それだけ国民の間で一部朝鮮人への不信感が増大していたからに他ならない。もとより、日本人は全員が無償の奉仕活動に明け暮れていたのである。

先に述べた写真キャプション「罹災地の復旧作業に強制労働させられる朝鮮人」と説明された写真が、はたして「強制」なのか「自主的」なのか判断は誰にもできないだろう。また、写真に写っているのは朝鮮人だけであろうか。日本人が一緒になって共同作業をしているようにも見受けられる。

彼らが好んで使う「強制労働」「強制連行」といった言葉は、自らの同胞が自主的に行っている行為を侮辱《ぶじょく》する結果にもなる。

こうした嘘をいくつも重ね合わせ、しかも何度となく繰り返し偽りの史料を使うことによって歴史の改竄《かいざん》が行われてきたのである。

「帝都復興」の序章

九月中旬までに、市当局はほぼ死体の焼却処分を完了した。

瓦礫《がれき》の下敷になったまま発掘作業が捗《はかど》らないため、圧死者が各所にまだ残っていたものの、九月下旬には復興の槌音《つちおと》が帝都に響き始めていた。

先頭に立つのは内相・後藤新平《ごとうしんぺい》である。後藤は震災直後、まだ焦土に死体がごろごろしている時に、鶴見祐輔《つるみゆうすけ》に電話を掛けてこういった。

「おい、すぐにビアード博士に電報を打って、東京へ来るように言ってくれ」

鶴見祐輔は後藤の長女・愛子の婿《むこ》である。アメリカ留学の経験から、著名な学者ビアード博士と以前より親交があった。鶴見は早速、ニューヨークにいるビアードに至急電を打った。

「岳父《がくふ》の後藤新平が帝都復興のために先生のお知恵を拝借したいと申しております。なるべく早く東京へお越し下さい」

ビアードからの返信も早かった。

「十月初旬には行けると思う。まず、新街路を設定することだ。その前に建造物を作ることは絶対にしてはならない。それに鉄道ステーションを統一せよ」

この頃、「東京朝日新聞」の特派員がニューヨークでビアード博士にインタビューした記事が掲載された。「急遽来朝のビアード博士、帝都復興案を語る」という見出しで始まる記事の一部である。

「若《も》し東京及び横浜が再建されるならば、日本国民は彼等当局に長き将来に亘《わた》って再建事業に対して助力せねばならぬ。而《しか》も此の苦しき経験を心に銘じて行ふならば日本にとつて却《かえ》つて大いなる勝利とならう。私（ビアード）の東京及び横浜に対する主なる忠告としては、第一、浅草、本所、深川などの罹災区再建に当つては厳に旧型維持を避けること。第二、速《すみや》かに地下鉄道なり何なり高速度交通機関の建設に着手し、斯《か》くして海岸沿ひの市街に密集せる市民を山の手に散ぜしむることである」（「東京朝日新聞」大正十二年九月二十日）

後藤は当初、復興計画を成し遂げるために復興省を創設し、自身の大臣兼務を考えたが、利権が後藤に集中するとの批判があり、復興院の設立という線で収まった経緯があった。復興院ならば各事業の予算は各省に分散され、復興院は統括事務に当たるだけでよくなる。九月二十九日、後藤はようやく帝都復興院総裁に就任する。十月六日、ビアード博士が東京に到着、幹線道路拡充はじめ、幾多の復興計画が始まろうとしていた。

復興の槌音を聞きながら、白い顎鬚《あごひげ》に手をやる後藤新平はすでに六十六歳であった。

摂政宮の懊悩

皇太子が自らの結婚式の延期を申し出たのは、最初の被災地視察を終えた翌日のことであった。

九月十六日朝、牧野宮相は御召しにより赤坂離宮に参上し、そこでじきじき「余の結婚も今秋挙行に決定したるも之を進行するに忍びず、延期したいと思ふ」(『牧野伸顕日記』)と聞かされた。

世間一般の期待感から考えれば、このまま挙式に運びたいと思う牧野であったが、皇太子自身からこのような決意を申し出されては、これに沿ったスケジュールを再考しなければならない。

婚約者の久邇宮良子《くにのみやなが こ》女王は三月六日が誕生日で、来春には満二十一歳を迎える。この時代の女性は早婚であり、学習院時代の同級生のほとんどが先に結婚している。新潟県赤倉温泉の細川公爵家の別荘で夏を過ごしながら、やがて国母陛下となる日のための学習に勤《いそ》しんでいたのである。

ところが、良子女王はその地で関東大震災を知ることとなり、そのまま現地で救援物資づくりに打ち込んできた。

予定どおりに進めば、この十一月二十七日には晴れの式典を迎えるはずになっていた。そこへ突然、挙式延期の報せが届いたことは、良子女王にとっても、決断を下した皇太子にとっても苦渋《くじゅう》の選択であったと思われる。とりわけ女王の心情を察していた皇太子の心境はいかばかりであったかと想像される。

久邇宮家の色盲問題が発生して、結婚が延び延びになった例の「宮中某重大事件」に続くこの大震災であった。その分、皇太子は良子女王にも細やかな神経を使っていたと思われる。さらにいえば、この身の上に覆いかぶさってくる艱難《かんなん》と責任の重さをも意識し始めていたに違いない。その事実は、帝都復興に向けて発表された勅語《ちょくご》によく表れている。

九月十二日、天皇皇后両陛下から発せられた「帝都復興に関する詔書《しょうしょ》」は、もとより摂《せっ》政宮《しょうのみや》の強い意思が反映されているとみるべきだろう。実際、大正天皇と皇后は日光にまだ療養滞在のままで、実務からは遠ざかっていた。したがって、この大詔渙発《たいしょうかんぱつ》は赤坂離宮に山本首相が召され、摂政宮から受け取ったという次第である。その勅語はおおむね次の通りであった（部分引用）。

「――九月一日ノ激震ハ事咄嗟《とっさ》ニ起リ其ノ震動極メテ峻烈《しゅんれつ》ニシテ家屋ノ倒壊男女ノ惨死幾萬ナルヲ知ラス　剰《あまつさ》ヘ火災四方ヘ起リ炎焰天ニ冲《おこ》リ京浜其他ノ市邑《しそん》一夜ニシテ焦土ト化ス（中略）　朕《ちん》深ク自ラ戒愼《かいしん》シテ已マサルモ惟《おも》フニ天災地変ハ人力ヲ以《もっ》テ予防シ難ク只速カニ人事ヲ尽シテ民心ヲ安定スルノ一途アルノミ　凡《およ》ソ非常ノ秋《とき》ニ際シテハ非常ノ果断ナカルヘカラス　緩急其ノ宜《よろしき》ヲ失シテ前後ヲ誤リ或ハ個人若クハ一会社ノ利益保障ノ為メニ多衆

災民ノ安固ヲ脅カスカ如キアラハ人心動揺シテ停止スル所ヲ知ラス　在朝有司克《よ》ク朕カ心ヲ心トシ迅《すみやか》ニ災民ノ救護ニ従事シ厳ニ流言ヲ鎮圧シ民心ヲ安定シ一般国民亦《また》克ク政府ノ施設ヲ翼《たす》ケテ奉公ノ誠悃《せいこん》ヲ致シ以テ興国ノ基ヲ固ムヘシ　朕千古無比ノ天殃《てんおう》ニ会シテ卹民《じゆつみん》ノ心愈々《いよいよ》切ニ寝食為メニ安カラス　爾臣《なんじ》民其《そ》レ克《よ》ク朕カ意ヲ体セヨ

御名御璽《ぎょめいぎょじ》

摂政名

大正十二年九月十二日

内閣総理大臣副署」

皇太子の国家国難に際したこの詔勅を読めば、おのずから似ていると思い出されるのは昭和二十年の終戦の詔勅ではないだろうか。

結婚を前にして起きた国難に向かう若き皇太子の懊悩《おうのう》は、しかし、まだ始まったばかりなのだ。皇太子の脳裏をかすめていたのは、震災の復興に加えて、自らの命を狙うテロに対する強い心構えであった。

朝鮮独立運動家と社会主義者の合作による皇太子暗殺計画を知らずに安閑《あんかん》としていたとは思えない。大正三（一九一四）年、オーストリアの皇太子がサラエボで暗殺され、世界大戦の引き金となった。その事件を想起することなしに、この詔勅に向かったと考えるのはむしろ不自然である。

第7章

「Xデー」は摂政宮御成婚式

——波状攻撃を画策したテロ集団の実態——

「上海仮政府」の謀略

数字のトリックと謀略宣伝が巧みに展開され、それがいわゆる「朝鮮人虐殺」という歪《ゆが》められた歴史改竄《かいざん》の原因になっているという事実をここまで述べてきた。

朝鮮独立運動家と、南下する社会主義の波に翻弄《ほんろう》された大正時代の苦難がそこからは滲《にじ》み出てくる。揺るぎない前提として書かれ続けてきた虚構への反論も、いよいよ最終段階に入る。

大正時代の苦難といったが、そこに象徴される事象は、摂政宮《せっしょうのみや》となった皇太子裕仁《ひろひと》殿下にのしかかってくる連続した事件としてたち現れる。それらの一つひとつが関東大震災の問題を一層複雑にさせ、国家の基盤に根本的にかかわる重大事でもあったのだ。

摂政宮を暗殺しようとまで画策したテロ集団の凶行と大震災は軌を一《いつ》にし、日本を襲う。そうした国難を回避するための戒厳令《かいげんれい》であってみれば、「朝鮮人虐殺」などといわれる筋合いは微塵《みじん》もない。

その意味では「虐殺はなかった」し、あったとすればそれは「虐殺」ではなく、国家の自衛権行使だといっていい。その実例を挙げて検証しておきたい。

さて第3章の後半に、月島へ逃げたある罹災者《りさいしゃ》の談話を紹介したが、その証言者はさらに意外なことを口にしていた。

二百十日には必ず暴風雨が襲来するから、それを待ち構えていて爆弾を炸裂《さくれつ》させれば要職にあるもの多数を殺害できる、と捕えられた朝鮮人は現場で告白したという。その朝鮮人は越中島《えっちゅうじま》にある糧秣廠《りょうまつしょう》を爆破し、膨大な数の避難民を殺害した犯人である。朝鮮人は続いて次のように喋《しゃべ》ったのち、自警団と在郷軍人などに身柄を拘束されたという。

「暴風雨襲来すべければその機に乗じて一旗挙げる陰謀を廻《めぐ》らし、機の到来を待ち構えていた折柄大震災あり、これで御大典《ごたいてん》もどうなることか判らないからこの地震こそは好機、逸すべからずとなし此処に決行したのである」(「河北新報」大正十二年九月六日、『現代史資料6』)

この証言によれば、要するにこの朝鮮人テロリストの目標はそもそもこの秋、十一月二十七日に予定されていた御大典だった。

震災発生直後のこのとき、まだ摂政宮と久邇宮良子《くにのみやながこ》女王の御成婚の日取りは変わっていなかった。だが、彼らとしてはこの大震災となっては予定変更もあろうから、台風は来なかったがもっと凄《すさ》まじいものが来たのだから、ここで一気にけりをつけようと動いたのだと白状したというのだ。

ところで、摂政宮を暗殺し、挙げ句は日本の国体をも揺るがせ、自分たちの独立運動の勝利に結びつけようというのが朝鮮独立運動家たちの目標であることは、日本の内務省をトップに布《し》いた警備陣も把握していた。

震災以前にも全国至るところで抗日運動組織が活動し、事前に爆発物や拳銃、弾丸などが押収され、また資金集めのための銀行強盗が起きていたことは周知の事実である(第2章参照)。こうした背景が、どんなに一般国民の心胆《しんたん》を寒からしめていたかは想像に難くない。

彼ら活動家の本拠地は上海である。日韓併合以降、上海のフランス租界へ脱出して作った「大韓民国臨時政府」、すなわち「上海仮政府」の庇護《ひご》のもとにテロリストは生き延び、目標達成のため日本国内への侵入を繰り返し、時機をうかがってきた。

その実相は当時の新聞記事からも顕著に分かる。震災前後に絞り、見出し中心に拾っておけばおおむね次のとおりである。

『神戸新聞』に掲載された記事

「不逞の徒と気脈を通じ内地に潜める魔の手/在京(注・京阪地区の意)鮮人七百余名中、

上海仮政府に縁ある者二割」(大正九年八月二十七日)
「怪鮮人は春画《しゅんが》を売って上海仮政府へ走らうとした不逞の徒」(大正十三年七月二十七日)

[神戸又《ゆう》新日報」に掲載された記事

「不逞鮮人崔の自白から判明した事実/上海仮政府の計画も明察し、内地在住の一味も知れた」(大正十年十一月十日)
「怪鮮人密書事件の黒幕に妖美人、上海仮政府重要委員を父として鄭《てい》を愛人とする金玉華/李、鄭は近く警視庁護送」(大正十二年四月二十五日)
「怪鮮人の行動/大阪の同志等と結んで上海仮政府の密偵及主義宣伝/旅費調達に裸体写真を」(大正十三年七月二十七日)

[九州日報」に掲載された記事

「友禅職工に化けた不逞鮮人の一旗頭/上海仮政府の隠密/同志の統合に失敗し何れへか姿を晦《くらま》す」(大正十二年二月二日)
(京都大学人文科学研究所データベースで検索。主に西日本地域の新聞が対象になっている)

新聞記事の第一報の段階なので、その後の事件捜査と結末がどうなったのかは判断できない。

すべてがテロ犯人と断定することは必ずしもできないが、概略をみるだけでも、いかに上海仮政府との関係が緊密に繋がっていたかは十分知れる。

ところで、こうした上海仮政府と地下水脈で通じていたテロ集団にも、路線をめぐる党派争いがあった。

その結果、集団はいくつかの分派に分裂しながら、個々にテロ計画を練って日本内地襲撃を狙っていたものと考えられる。だが、いずれの分派も目標日の第一は摂政宮の御成婚当日、それも摂政宮そのものを目標としていた。ところが分派それぞれの事情から、資金や実行部隊の確保、逃走ルートの確認等の準備がばらばらで統一を欠いていた(『朝鮮民族独立運動秘史』)。

そこへきて、テロ集団さえ予想だにしなかった大震災が準備途上の九月一日に起きてしまったというわけで、彼らにも想定外の混乱が生じたと考えられる。

やはり標的は御成婚式だった

朝鮮人テロリストが「目標は御大典だった」と自白していた例は枚挙《まいきょ》に遑《いとま》がないが、その具体例をもう少し紹介しておこう。談話はいずれも現場の生々しさを伝えている。今日の時点で読めば自警団などの行為が非情にさえ思われかねないが、震災当時の実態を知らないでセンチメンタルな批判はできないだろう。

「私は本所の家に帰る途中、道成橋で多数の人が鮮人を捕らへて居るのを見ました。其人達は盛んに鮮人を竹槍で責めて訊問《じんもん》して居ましたが其鮮人は苦しさに堪《こら》へられず到頭《とうとう》自白しました。其話に依ると鮮人達は東宮殿下御成婚式の当日に一斉に暴動を起す事を牒合《ちようごう》して爆弾等をひそかに用意して居たが此震災で一斉に活動したのだと云ふ。又二日には之に関する協議会さへ開く予定があつたと云ふ。彼等には又誰か後押はあるらしい風であつたが死ぬ程責めても到頭吐かなかつた」（青木繁太郎談、「北海タイムス」大正十二年九月七日）

「恰度《ちようど》昼食をしやうとする処でした。始めは上下動に揺れ次第に水平動になりましたが、とても立つてゐられぬので庭に出ましたが、他区に比すると極楽だと凡ての言はれた小石川で斯《こ》うだつたのです。兎《と》に角《かく》罹災民は小石川方面に集まる。大抵の自動車も罹災民を乗せて此辺に集まるのでその雑踏《ざつとう》は言葉に尽し切れません。一日夜、植物園にもいつてみましたが、ほんとうに避難民で一杯で、一番困るのは排泄物《はいせつぶつ》は凡て居たままなのでその臭気の程は形容の言葉がありません。二日の朝から昼にかけて非常に石油の臭ひがしました。此頃、小石川辺では鮮人が団体を組んで来るとか爆弾を投て、焼き払ふ計画を立ててゐるとか、（略）生きてゐる心持がありませんでした。私共も一所になつて捜索の結果、私の家の而《しか》も附近の宮様の原で爆弾一個を発見しました。私の乗つた汽車は途中で列車の下より爆弾を抱いた三人の鮮人を見出して殺しましたが、（略）鮮人は何《いず》れも多大の金を持つてをり」（北大予科二年生、杉山又雄談、「北海タイムス」大正十二年九月八日）

「私が田端《たばた》で不逞鮮人の巨魁《きよかい》らしき壮漢が軍隊に取押へられて自白して居るのを聞くと、彼等は二百十日を期して蜂起《ほうき》するの計画を樹《た》て八月二十八日に銀行や郵便局の預金を悉《ことごと》く引出し準備した。若し二百十日が静穏であつたならば、今秋の御盛典を期して行ふ事に決して居たが、恰《あたか》も震災に乗じて活動したものであると自白したが直に銃殺された」（鉄道機関手、平田鉄談、「北海タイムス」大正十二年九月八日）

社会主義者との結託

もとより、こうした大胆な計画と資金調達は組織力や上層指導部なしに実行できることではない。いかに朝鮮独立運動の志が堅固《けんご》といえども、満州北辺の間島《カンド》に根を張る抗日パルチザンの主力が、ウラジオストックから北京《ペキン》、さらに南下して上海を結ぶルートを自在に行き来するのは容易なことではない。そのうえ、上海から警備の目をくぐって北九州や神戸から日本内地への上陸を繰り返す実力は並大抵ではできない。

その裏に有力な支援組織があると考えるのが当然だ。

黒龍会《こくりゅうかい》の主宰者・内田良平《うちだりょうへい》が、震災時における朝鮮人の謀略をいち早く告発し、さらに例の奇妙な符号の解析にも奔走し、政府に訴えたことは先に述べた。その文中で内田良平は、朝鮮独立運動家の背後にいるのは社会主義者たちであると指摘していたことは第5章ですでに紹介したとおりだ。内田は、

「露西亜《ロシア》が日本の赤化運動に志し、日本の社会主義者及び鮮人等を煽動し、及び日本の社会主義者等が之に共鳴して常に妄動《もうどう》を志しつつありたること、及び朝鮮の高麗《こうらい》共産党等が金品の供給を得て之に操縦せられつつありしは事実にして、又社会主義者と不平鮮人とは暗々裏《あんあんり》に其の声息連絡を通じ居たるも事実なり」(『現代史資料6』憲兵隊報告文書「黒龍会の近況に関する件」第一八二〇号)

と述べたあと、そもそも九月二日がかつてベルリンにおいて第一回国際無産階級青年大会が開催された重要な記念日であることに加えて、日本では二百十日に当たり、破壊活動を実施するには最適の日として彼らは考えていたのだ、と続ける。

その隠密情報活動として彼らは、朝鮮人の飴売り業者をうまく利用したと内田は指摘する。

「其の飴売り業者は東京及び近県各地方に在る者殆《ほと》んど挙げて之に参加し（略）壮年男子は勿論《もちろん》、婦人少女に至る迄飴売りを為すの傍《かたわ》ら、市内の模様を探りつつある」（前掲書）ゆえに、彼らが働いた凶暴な行為は手配が行き届いていた成果だとしている。飴売り業者に姿を変えたゲリラの隠密活動は、すべて社会主義者による策謀であると内田は主張した。彼の分析では、テロの実行日は御成婚式というより、ボルシェビキの記念日（十一月七日）が危険だと判断していたようだ。

だがいずれにせよ、大集団がいくつかの分派に分かれ、それぞれがわれ先に功名を競っていたことに変わりはない。

「放火は同志が革命のためにやった」

朝鮮半島において大震災の結果は大衆にどう受け止められていたのか、その調査結果は朝鮮総督府警務局が把握していた。時の警務部長・丸山鶴吉《まるやまつるきち》は内務官僚の道を順調に昇り、日韓併合後の不安定な朝鮮へ赴任《ふにん》し、警備の責任者の席に就いていた人物である。丸山は、内鮮宥和策に政策転向しつつあるなかで積極的に朝鮮人の人心掌握に努め、その地位向上に成果をあげたとして多くの朝鮮人から支持を受けていたとされる。在任期間は大正八（一九一九）年から十三（一九二四）年までであった。

その丸山の手による調査報告書ですら、社会主義の強い影響が蔓延していたことが詳細に報告されている。まさに日本にとっては危機的といえるほど、四囲から社会主義に包囲されていた状況がよく分かる。主要な箇所を中心に概略を見てみよう。

「従来日韓併合記念日（注・併合は明治四十三年八月二十九日の公布による）に際し日本人は意気揚々たるものあるに反し、朝鮮人は祖国喪失の悲哀を感じ快々として楽しまざりしが、今次の震災は正反対に朝鮮人は楽観し、日本人は悲観し居れり。蓋《けだ》し強暴日本に対する天の責罰なり云々《うんぬん》と洩らし、社会主義者及之に類するソウル青年会、労働連盟会、朝鮮教育協会、天道教《てんどうきよう》等は帝都の大惨禍及山本総理の暗殺説等を吹聴《ふいちよう》し、這回《しやかい》の異変は之偶然のことにあらず日本革命の象徴なり。近く各地に内乱起り、現在の制度は改革せらるあるべし」（『現代史資料6』朝鮮総督府警務局文書）

朝鮮全土の労働者団体系の感触は、すべて日本内地で同志による暴動から内乱へ、そして革命への道を望んでいる様子が報告されている。社会主義の極めて強い影響が及んでいたことの証明といえる。

九月六日から九日頃までには、内地における朝鮮人によるテロ情報が現地にも入ってきた。放火、強盗、強姦《ごうかん》、殺人、井戸への毒薬投入、爆弾投擲《とうてき》など、震災に乗じた凶暴行為の報せを聞いた在鮮日本人たちは、当然、激しい怒りを表した。これまで震災には快哉《かいさい》を叫んでいた一般の朝鮮人も、さすがに同族の非人道的暴挙に対しては忸怩《じくじ》たる思いに変わり、世界各国からの非難を意識し始め、大勢に順応し罹災難民救済慰問金の募集に参加する者が増えたとも報告されている。

だが、過激な労働運動家の集団は、全く違う驚くべき反応を見せた。

「共産主義を鼓吹《こすい》する者及之等に依り組織せられたる各種の労働団体は、今次の震災は地震の損害より之に伴ふ火災の損害が最甚大なる模様なるが、火災は我等と志を同ふせる主義者同人が革命の為放火したるに因《よ》るものなり。我等は此の壮挙を喜び、時機を見て吾人も活動すべく期待し居りたる□［一字不明］戒厳令布かれ遂に其の目的を達する能《あた》はざりしは遺憾なりと同志間にて語り合ふ者あり」（前掲書）

極めて重要な史料であろう。社会主義者たちとそれに煽動された者が「放火こそわが同志の壮挙だ」と喜んで叫んでいたというのだから、これ以上の真実はない。

さらに、震災地における朝鮮人の安否の報告が届いて、約六千人の保護された氏名が新聞に掲載された。すると当初、生存を気遣っていた者も皆生きていることが判明し、一斉に安堵の声が広がったという。

つまり、六千人とは前章で示したグラフにある収容者の総数（厳密には六千七百九十七人）のことである。そうであれば、「虐殺」と強《し》いて裁定されるのは過剰防衛に認定された二百三十三人のみである。残りは不幸にも震災で落命した者（身元不明者を含む）、その他は戒厳令下に凶行を働いたテロリストの死者というわけである。

一方、上海の抗日組織「義烈団《ぎれつだん》」の団長・金元鳳《キムウオンボン》は北京に滞在していたが九月九日、震災による日本の民心動揺を好機と捉《とら》え、部下を集めて天津《てんしん》から東京へ向かわせたとの報告が上がっている。

これに関連して、「義烈団」は直接行動の用意に入り、保管していた爆弾五十個を安東《アンドン》（注・韓国慶尚北道《キョンサンブクト》の日本海に近い都市）に向け発送したという情報が警務局に届いていた（前掲書）。

こうしたことから、朝鮮総督府は上海方面の情報収集に必死だった。それによれば、「独立新聞」は災害記事を過大に掲載し、朝鮮人の団体が軍隊と衝突したとまで書き、日本の軍閥の滅亡を論じている。まさに日本を転覆させ、国体の破壊を鼓舞《こぶ》していたのである。

さらに「義烈団」は九月十九日になると、金元鳳団長以下、多数が太極旗（旧韓国旗）の下で各人の鮮血で宣誓書を作り、独立宣言書や革命宣言書を朗読した。そこでは決死隊員十六名が選抜され、上海にある射撃演習場で復讐のために最終訓練を開始したという。

まさに、テロリスト集団による日本転覆の革命前夜を思わせるような周辺状況といわねばならない。

朴烈と金子文子

上海の「大韓民国仮政府」の下では、表の顔の「独立新聞」と裏の組織「義烈団」が暗躍し、震災の混乱に乗じてさまざまなテロ計画が実行に移されようとしていた。

爆弾の輸送に始まり、台風もしくは御大典を機に一挙に国家転覆を狙っていたものと考えていいだろう。

その実態はこれまでにも示してきたが、さらに決定的なテロ計画が発覚し、警備当局の出動となった。

十二年九月三日、戒厳令発令直後の東京淀橋《よどばし》警察署に朝鮮人無政府主義者・朴烈《ぼくれつ》とその愛人、金子文子《かねこふみこ》が連行された。新聞発表されたのは、甘粕《あまかす》憲兵大尉が無政府主義者・大杉《おおすぎ》栄《さかえ》らを殺害したと報道された九月二十五日（殺害は同月十六日）に続くその翌日のこと。二人の逮捕記事は世間の耳目《じもく》を大いに集めることになった。二人の簡単な経歴と事件の内容を追ってみよう。

朴烈は通称で、本名は朴準植《パクジュンシク》といい、一九〇二（明治三十五）年、朝鮮の慶尚北道で生まれた。生家は貧しかったというが両班《ヤンバン》（日韓併合前までの貴族階級）の家柄だったこともあり、公立の普通学校を卒業すると京城高等学校師範科へ進んでいる。

すでにロシア革命の影響があったうえ、三・一万歳《まんせい》事件なども経験するうちにすっかり抗日民族主義の気概に燃えるようになっていた。

朝鮮では抗日運動に対する監視が厳しいため、朴は日本へ渡って活動を開始した。大正八年頃のことである。当初、民族主義者に過ぎなかった朴は、やがて大杉栄や岩佐作太郎《いわさ　さくたろう》の知遇を得るようになり、無政府主義に傾倒していった。岩佐はアメリカでアナーキズムの影響を強く受けて帰国し、大杉栄の仲間だった。

大正十年から十一年にかけて、朴は同志とともに「黒友会」「不逞社」などを結成、その過程で金子文子と知り合い、同棲《どうせい》を始める。二人は仲間とともに機関誌「太い鮮人」「現社会」などを発行するようになった。

「太い鮮人」とは「不逞」の掛詞《かけことば》であるが、そのあたりに朴と文子のふてぶてしくも逞《たくま》しい闘争心がよく表れている。

一方、金子文子のここまでの半生は不遇の一語に尽きるだろう。さらに、朴と計画した大事件があるとはいえ、残りの短い生涯も悲哀に呪われたものとなる。かいつまんで金子文子が朴に出会うまでの人生を追っておこう。

金子文子は明治三十六（一九〇三）年、横浜で生まれたが、家庭は崩壊状態だった。家を顧《かえり》みず、奔放な女性関係に明け暮れる父親と、それに反発した母親も乱脈な男出入りを繰り返すという環境のなか、文子は出生届も出されず、小学校に上がるのにも苦労した。籍は父が戸籍にも入れなかったため、母の旧姓・金子のまま育った。

拘留《こうりゅう》中に文子が書き残した自伝『何が私をかうさせたか』（黒色戦線社）にもさまざまな家庭問題が書かれているが、より正確と思われる供述調書から日常の一端を見てみよう。

「小林は（注・母が何度目かに家に引き込んだ男）まれにみる怠慢なる性格の男で、仕事を休んで毎日遊んでおりましたが、母も小林に真似て工場を退きました。それゆえ生活はいよいよ苦しくなり、家財道具を売払ってしまったあとは、台所の床板をはずして薪に代えたこともあります。そして、母は私に暗くて淋しい夜の森の彼方《かなた》に焼きイモを買いに行くことを命じて、私の出たあとで小林と取乱したみにくい姿をしておりました。私はそれを見て、子供ながらもあさましいと思いました」（金子文子・朴烈裁判記録）

その後、文子は母親の手で娼婦《しょうふ》に売られそうになって逃げ出したり、叔父《おじ》に処女を奪われたりしつつも大正九年、手提げ一つ持って家を出ると苦学の道を歩みだす。研数学館に通うかたわら正則《せいそく》英語学校にも通い、夕刊の売り子、粉石鹸の夜店、印刷工場の活字拾いなどで糊口《ここう》をしのぎながら向学心に燃えていた。大正九年頃のことである。

やがて女給として勤めた数寄屋橋《すきやばし》ガード下のおでん屋で、文子は朴烈と出会う。その店が社会主義者や無政府主義者が集まるアジトのようなものだったのだ。こうして二人は渋谷区富ヶ谷に借家をし、そこが機関誌の発行所や仲間との会合場所となった。

「皇太子に爆弾を――」

次に、事件の裏側での進行を追ってみよう。文子の協力が始まったあと、朴烈はしばしば朝鮮へ渡り、義烈団から派遣されて地下活動をしている仲間に爆弾の入手を依頼した。大正十一年、震災直前、というより御成婚一年前という時期である。

しかし、朝鮮からの爆弾入手は成功しなかった。そこで在日仲間の金重漢に上海から爆弾を運んでくるよう頼んだが、結果的にはこの策も実らないうちに逮捕されたという次第である。

二人は市ヶ谷刑務所に拘留され、別個に予審判事の取り調べを受けた。判事の名は立松《たてまつ》懐清《なつきよ》といい、のちのち本件に奇妙な役割を演じることになるが、それについては後述する。
金子文子がいよいよ肝心な内容を立松判事に喋り始めたのは翌年、大正十三年一月二十五日の第六回訊問からである。

「判事　朴烈は金重漢に爆弾の入手を頼んだことがあるか。
金子　あります。おでん屋にいたころ、帝国議会に爆弾を投げ込んで有象無象《うぞうむぞう》を殺してやろうと考えて、おでん屋にくる政治ゴロに帝国議会の内部の模様を色々詳しく聞いたこともありました。
判事　朴がこの秋までにと時を限って爆弾の入手を頼んだわけは。
金子　昨年四月頃と記憶します。当時新聞に皇太子の結婚が秋ごろに行われるであろうという旨の報道が記載されてありました。それで私と朴とはこのときが一番いいから、爆弾を手に入れてそれを投げつけようと計画したのでありました。朴は皇太子の結婚により、皇太子を始め、これに次いで大臣らの顕官《けんかん》が行列して行くような際に、皇太子や顕官を目掛けて爆弾を投げつけてやるように計画していることを私に申しました。
天皇ではなく皇太子を狙ったのは、天皇は病気ですし、それでお坊ちゃんを狙ったのです」（前掲書）

朴烈も後日、爆弾をもって皇太子はじめ政治・経済を握る日本の実力者のすべてを殺害する計画を持っていた、と立松判事の訊問に答えている。

九月に保護検束という形式で拘引《こういん》された二人は、やがて治安維持法違反に切り替えられ、さらに爆弾入手を図って摂政宮（皇太子）を暗殺しようとしたことが明確となり、刑法七十三条、いわゆる大逆罪《たいぎゃくざい》をもって起訴された。当時の刑法の基準でいえば当然と思える。

事件の大きさから大審院《だいしんいん》に回され、大正十五年三月二十五日、二人は死刑判決を牧野裁判長から言い渡された。ところが、その直後の四月五日には恩赦《おんしゃ》による減刑で無期懲役となった。おそらく、爆弾を実際には入手できなかったこと、計画だけで実行には至らなかったことなどからこの措置となったと思われる。

「減刑は世界に対し大義名分をたて、収拾策として初めから計画していた措置だ」との批判がいまでも一部にあるが、それは歴史を歪《ゆが》める見当違いというものだ。

爆弾入手さえできていれば、彼等は確実に暗殺を実行したのだ。現に、上海にも朝鮮の安東方面にも爆弾は用意されていたことは述べたとおりである。

かえってこの減刑措置は一部右翼方面からの激しい抗議運動となり、世情騒然となってしまう。騒動は時の若槻礼次郎《わかつきれいじろう》内閣を倒そうという政界紛争のひとこまにも利用された。

抱擁写真流出

無期懲役刑となった朴烈は秋田刑務所などに服役したが、金子文子は恩赦から三カ月あまり経った七月二十三日、栃木県宇都宮《うつのみや》の女子刑務所内で縊死《いし》を遂げ、自らの生涯を断ち切ってしまった。

ここまでであれば、朝鮮人テロリストとそれに感化された薄幸《はっこう》な女の生涯、という話で終わるところだが、このあと奇妙な尾ヒレが付いた。

予審の最中に取調室で撮影された、朴烈と金子文子が椅子の上で抱き合っている写真が流出したのである。

いささか関東大震災の本題から離れるきらいがあるが、これも摂政宮の命を狙った朝鮮人テロリストの逸話として少しばかり寄り道したい。

問題の抱擁写真を撮ったのは、立松判事その人だった。撮影は予審のさなかの大正十四年五月二日。写真はどういうわけか西田税《にしだみつぐ》の手に渡り、北一輝《きたいっき》を通じてやがて倒閣運動の道具に使われたという説が流布《るふ》されているが、真偽のほどは明らかでない。

写真は椅子に座っている朴烈が着物の股を広げ、その間に文子が乗って本を読んでいるというものである。朴はカメラのほうに視線を向け、女は笑みを浮かべて読書している。

朴はふてぶてしく左手で頰杖《ほおづえ》をつき、右手は文子の乳房《ちぶさ》をおおっているように見える。これが「怪写真」として流布し、大逆犯にあるまじき行為、さらに立松判事は、重大なる大逆犯を甘やかすもので司法の紊乱《びんらん》であるとして政界トップが攻撃された。これには立憲政友会と憲政会の政争がおおいに絡《から》んでいるが、本稿の主題からは離れるので先を急ぐ。

護憲三派連合が推した加藤高明《かとうたかあき》首相（注・震災直前に急死したのは加藤友三郎《かとうともさぶろう》首相）の急死を受けて組閣した若槻礼次郎内閣（憲政会総裁）が苦境に立たされた。流出したのは金子文子が死んだ直後、大正十五年七月末のことだった。

奇怪な行動は立松判事の写真撮影だけに留まらず、関係者のなかからいくつもの問題点が浮上し、怪文書となって流布された。それらを総合すれば、おおむね次のようなことがあげられる。

1、朴烈と金子文子の取り調べを優位に進めるためとはいえ、上司にも諮《はか》ったうえで醜悪な抱擁写真を撮ったのはどういう根拠なのか。

2、取り調べの途中、立松判事は二人を残したまま、鍵も掛けずに「便所へ行ってくる」と称して三十分も中座している。もちろん、監視も付けていない。それ以後、「生理的にある機能が回復して」二人は取り調べに柔軟になったという。

3、刑が確定したのち、朴烈の独房に文子が深夜、密かに通うことが許されたという。
4、減刑の恩恵に浴した二人は当初、千葉と栃木の刑務所に収容された。ところが、看守たちの計らいから二人は数回にわたって密会し、文子は結果、驚くべきことに妊娠の徴候を来すに至った。
5、その後、文子が急に縊死自殺したのは不自然な点がある。妊娠に狼狽《ろうばい》した刑務官やその上司が危険な堕胎《だたい》手術を施し、失敗した可能性がある。死体には検視で分かるはずの胎児《たいじ》のことが残されていない。

怪文書の多くは、「司法大臣・江木翼《えぎたすく》は監督不行き届き、大逆犯人に不謹慎な減刑をした結果のこの不始末は若槻首相退任の責任あり」といった内容だった。

立松判事は二人の心理をうまく利用し、結果的には裏づけの自供をとり「刑法七十三条」で起訴した立役者ともいえるが、ここまでテロリストに甘い裏の手を使うのはいかがなものかという声もあがった。

写真撮影が終わったあとの訊問に、朴烈はこう答えている。

「俺は日本の天皇、皇太子を爆弾投擲の最重要なる対象にしていたのだ。それで、爆弾が手に入ったらいつでも機会を見て使用するつもりだった。できるだけ日本の皇太子の結婚式に間に合うよう計画を進めてきた」(前掲書)

もはや説明は不要であろう。かくもはっきりと朝鮮人のテロリストたちが公然と皇太子暗殺計画を自白しているのだ。

その他、幾多の分派に分かれたテロリストとその配下の分子が上海などから九月(二百十日)、十一月(御成婚式)を目指して秘密工作に奔走していた。そのさなかに起きたのが関東大震災だった。

彼らの目標日は急遽《きゅうきょ》、震災の混乱時に変更され、計画はばらばらになったものの、テロの波は横浜を発進して帝都を襲ったと考えられる。

修羅去ってまだ

山本権兵衛《やまもとごんべえ》内閣は文字どおり、震災処理のために誕生したような内閣だった。阿修羅《あしゅら》に立ち向かう帝釈天《たいしゃくてん》のように、といっては大袈裟《おおげさ》に過ぎるかもしれないが、朝鮮人テロリストを退けつつ、年齢若い摂政殿下の危機を救っていたのだから、あながち大《おお》仰《ぎょう》ではない。

内務相兼復興相の後藤新平《ごとうしんぺい》の帝都復興計画が始動し始めたのは、十二年十一月初めのことである。ビアード博士をニューヨークから呼び寄せた後藤は、女婿《じょせい》・鶴見祐輔《つるみゆうすけ》をそばに据え、幅の広い昭和通り計画、遅滞していた地下鉄銀座線の工事再開（昭和二年一部開通）、耐震の鉄筋コンクリート・アパート（同潤会《どうじゅんかい》）増産などといった再建の花火を打ち上げていた。

事実、火焔《かえん》地獄だった東京の町も目覚しい復興ぶりが目に付くようになった。

銀行の支払い猶予《モラトリアム》は十月一日を期して解除され、経済の恐慌は最小限に留まったし、寸断されていた東海道本線も十月末には開通した。道路や交通網の改修、学校や病院の再建、電気、水道などのいわゆるインフラやライフラインの回復、供給が具体的に始動し始めた現状は、国民の安心感をどんなにか増したことだろう。

ようやく自警団の必要もなくなり、各町内では自発的に夜警が中止され、魚河岸《うおがし》にも活気が戻ってきた頃、新しい詔書が摂政宮から公布された。十一月十日、戒厳令解除の五日前のことである。

新聞によれば「風教刷新の詔書」だとある。

さらに記事では、「浮華放縦《ふかほうしょう》の時弊《じへい》を矯《た》め質実剛健精神」に刷新するべくお言葉を賜《たまわ》った、と添えられている(「東京朝日新聞」大正十二年十一月十一日)。

詔書は長文にわたるので、要点のみ引用する。

「朕惟《ちんおも》フニ国家興隆ノ本ハ国民精神ノ剛健ニアリ 之ヲ涵養《かんよう》シ之ヲ振作《しんさく》シテ国本ヲ固クセザルベカラズ(略)朕即位以来夙夜兢々《しゆくやきようきよう》トシテ常ニ紹述《しようじゆつ》ヲ思ヒシニ俄《にわか》ニ災変ニ遇《あ》ヒテ憂悚《ゆうしよう》交々《こもごも》ニ至レリ 輓近《ばんきん》学術益々開ケ人智日ニ進ム 然レドモ浮華放縦ノ習漸《ようや》ク萌《きざ》シ軽佻詭激《けいちようきげき》ノ風モマタ生ズ 一己ノ利害ニ偏セズシテ力ヲ公益世務ニ竭《つく》クシテ以テ国家ノ興隆ト民族ノ安栄社会ノ福祉トヲ図ルベシ 爾《なんじ》臣民ソレ之ヲ勉メヨ

御名御璽《ぎよめいぎよじ》

摂政名

内閣総理大臣、各国務大臣副署」

簡略にいえば、次のようになろうか。

思うに質実剛健の気風を養うことは国の根本である。自分は即位以来、先祖の言葉を思って実行してきたが、にわかに天災に遭遇し、心は憂いに満ちている。学問は日々進んでいるが近頃は時代の悪習か、震災から復興しつつあるといってうわついた外面だけ華やかで気ままな日を送る軽佻の度を越すような気配もある。個人の利益を捨て、公のために尽くして国家の興隆と民族の繁栄、福祉を図れ――。

原文の素案は、元「大阪朝日新聞」主筆だった西村天囚《にしむらてんしゅう》であると牧野伸顕《まきののぶあき》は記している。

この前日、牧野宮内大臣は摂政宮に召され拝謁した。ちょうど地方官会議が招集され、主要閣僚も揃う十日に詔勅《しょうちょく》渙発《かんぱつ》されるのがよろしいと思う、と牧野は言上《ごんじょう》している。続いて山本首相も伺候《しこう》、同様の趣旨を説明すると摂政宮からも、それがよい、という意味の御裁可が下り、この詔書が宣布されたのだった(『牧野伸顕日記』)。

だが、なぜこの時期に国民を厳しい言葉で戒めるような趣旨の詔勅が渙発されたのだろうか。通常であれば、日夜復興に努力している国民を励まし、力づけ、そのうえで一層精神を引き締め国家再建に努力せよ、とでも述べるのではなかろうか。

そこで考えられるのが、牧野が触れた「地方官会議」招集日での渙発である。地方官とは、全国の府県長官会議である。政府の招集だから当然、首相はじめ内務大臣なども同席する。そこで、摂政宮はこの「風教刷新」「質実剛健」を主題とした詔書を下す。これは、一般国民の気を引き締めるというより、むしろ国家の指導者に向けて発布しようという摂政宮の思いが感じられるような気がする。

摂政宮は、すでに逮捕された朴烈と金子文子の事件を知らされていただろうか。おそらく、情報の収集に関しては並々ならぬ指導力を発揮していたと想像できるので、事件の仔細は十分承知していたはずである。自らの生命を直接狙うという事件の異常さに対して、敏感に反応した結果がこの詔勅であろうと推察できる。

摂政宮は、二年半前に起きた金元鳳率いる「義烈団」による皇太子拉致《らち》暗殺事件を想起しないわけにはいかなかっただろう。その時は欧州外遊の途上、香港《ホンコン》が舞台だった。計画は幸い失敗に終わったものの、若い皇太子はもちろんのこと、周囲の心胆《しんたん》を大いに寒からしめた。

今度の舞台は帝都の真ん中である。婚儀のパレードに爆弾を投じるつもりだったと聞いて、摂政宮は直接的な表現を避けつつ、関係者の気を引き締める必要を感じていたのだ。

大正天皇は日増しに言葉数が減り、「何事か仰せらるゝも其意味明瞭ならず」(『奈良武次侍従武官長日記・回顧録』）という病状が続いていた。天皇の容態悪化を知るにつけ、このまま暗殺事件が繰り返されれば国体はどうなるかと、身の引き締まる思いを深めていたに違いない。

そして、摂政宮の予感は遺憾ながら的中することになる。

貞明皇后の叱咤

摂政宮の御名御璽をもって宣布された詔勅に接して、もっとも心の休まりを覚えたのは節子《さだこ》皇后であっただろう。

日光田母沢《たもざわ》の御用邸で容態の優れない天皇の看病と、祈願の日々に暮れていた節子皇后が単身上京したのは、九月二十九日のことである。

その日のうちに、皇后は夏の白い洋服に白い帽子という地味な装いのまま被災地へ向かった。女官たちが、

「もう秋のお洋服の季節でございます。お召しかえなさいましては……」と申し出たが皇后は、

「被災者はまだ着のみ着のままでいるでしょう。わたくしも今しばらくこのままでいます」（『貞明皇后』）と拒んだという。

質素と質実剛健の気風は、皇太子を筆頭として秩父宮《ちちぶのみや》、高松宮《たかまつのみや》、まだ幼い澄宮《すみのみや》（のちの三笠宮《みかさのみや》）の四人の皇子たちには一層厳しく躾《しつ》けられてきた。皇后自身が率先垂範《そっせんすいはん》する質素な生活姿勢を顕著に表したのが、皇太子の御成婚式に関してであろう。

震災の前年、大正十一年九月二十八日、皇太子と良子女王の間で納采《のうさい》の儀がようやく執り行われた。その直前の七月、節子皇后は翌年秋に内定されている婚儀の内容に注文をつけた。皇后の指示を受けた牧野伸顕が克明に記録を残している。要点は次のような箇所である。

「一、三十三年御慶事（注・明治三十三年五月十日の皇太子・嘉仁《よしひと》親王と節子姫の婚儀）の当時の程度を越えざる範囲におゐて諸般の準備を為す事。
二、可成《なるべく》外国品に依らず国産を以て御用弁の事。
三、御儀式上欠く可《べ》からざるものは勿論御準備当然の事なるも、質素を旨とし努めて避くべき事。
（略）尚、当今は世俗浮華《ふか》に流れ、人心安逸を貪《むさぼ》り、物質を重んずる気風一般に漲《みなぎ》る際に有之《これあり》、一方貧富の懸隔《けんかく》益々深く実に容易ならざる傾向なるに付、皇室より質素簡易の範を御示しになる事時宜《じぎ》に適するものに可有之《これあるべし》」（『牧野伸顕日記』大正十一年七月二十一日）


節子皇后が「質素に」「世俗浮華に流れずに」というとき、それは単に国民一般の服装や歌舞音曲《かぶおんぎょく》が華やいでいることを指摘しているのではない。

その前年、大正十年十一月四日には、政党政治を確立した原敬《はらたかし》首相が暗殺されるという衝撃的な事件が起きていた。皇太子・裕仁親王が摂政に就いたのがその直後、十一月二十五日のことである。

その頃の天皇は、もはや侍従たちの顔の区別さえつきかねる容態だった。

「これからは摂政宮殿下が代わって政務全般を代理で行いますので、聖上におかれてはどうかお気ままにご静養下さい」

牧野が天皇にそう伝えると、天皇はただ「アーアー」と頭を振って頷《うなず》くだけであった(前掲書、大正十年十一月二十二日)。

節子皇后が自らの婚儀の枠を越えない範囲で可能な限り質素な結婚式をするよう指示した裏側には、テロという社会不安が横行していた背景をみなければならないだろう。庶民の素朴な愉《たの》しみに苦言を呈したわけではない。

十二年の震災後、そのことに摂政宮は思い当たったからこそ、先の詔勅発布に至ったのではないだろうか。「風教刷新」し「浮華放縦」の時勢を戒めよ、という文言をみれば、以前、自らに課せられた母宮からの叱咤《しった》とも言える思し召《おぼめ》しがそのまま重なって浮かび上がるのが分かる。

君子が一度言葉にしたら再び戻ることはない、という『漢書《かんじょ》』の一句、「綸言《りんげん》汗の如し」がまさしく現実のものとなるさまを見るようである。

祈る皇太子

日光から久しぶりに帰京した節子皇后は、帝都の無残な焼け野原を目のあたりにして穏やかではいられなかった。

だが、こういうときこそ人一倍強い気概を示し、希望を捨てないのが皇后の特質でもあった。決して気落ちしない前向きの気性は、その後の昭和の戦争中から戦後になっても変わらない。

皇后は上野の被災者収容所をはじめ、市内の各病院を見舞いに訪れた。神田の三井慈善病院、陸軍衛戍《えいじゅ》第一病院、慶応病院、伝染病研究所、済生会《さいせいかい》病院と数え上げればきりがない。

さらに皇后は十二月十九日にようやく沼津御用邸へ向かう日まで、とうとう夏服のまま過ごした。女官たちがさすがに寒くなったので襟巻きを用意すると、

「まだ、それには及ばない。気の毒な人が多いのにどうして自分ひとりがそんなものを着てゆかれよう」(『貞明皇后』)と断った。

節子皇后の心痛は天皇の病状だけでなかった。大震災に直面した皇太子が、摂政宮として役目を十分に果たしているかどうかというところにもあった。それは、皇后自らが日頃実践している宮中祭祀《さいし》にかかわることだ。

実際、皇后は日光でも、御所でも、沼津でも祈りを欠かすことはなかった。天皇の快癒《かいゆ》、

国民の安寧、五穀豊穣《ごこくほうじょう》への祈りは皇后の日課そのものといってよかった。

前年、十一年十一月の新嘗祭《にいなめさい》でひとつの問題が持ち上がっていた。皇太子はまだ新嘗祭を自ら行ったことがなかったので、摂政宮になった十一年秋の新嘗祭は、是非とも代理でなく自ら祭祀をしてもらいたいと皇后は願っていた。

ところが、この年の新嘗祭は地方行啓《ぎょうけい》のため欠席し、代役が執り行うこととなった。これを知った皇后が激しい不快感を示したことが牧野日記に残されている。宮中祭祀を何よりも優先させる皇后の強い意志が滲《にじ》み出ているくだりを見てみよう。

「皇后様へ摂政殿下大演習、次いで四国御巡視の為め神嘗祭《かんなめさい》（注・新嘗祭の誤記）は御代祭を願ふ外致方《いたしかた》なき旨言上したるに、御肯諾《ごこうだく》あり。且つ殿下には御正座御出来ならざるに付御親祭は事実不可能なり、今後は是非御練習の上正座に御堪へ相成様致度《あいなるよういたしたく》、昨年来殊に此種の御務め事に御怠慢の御様子あり、今後は何とか自発的に御心懸け相成る様致度《いたしたく》し、夫《そ》れも御形式になく御心より御務めなさる丶様御自覚　被為度《なされたく》望み居る旨御仰せあり」

（前掲書、大正十一年九月二十二日）

震災の前年の新嘗祭を巡視のためとはいえ欠席した皇太子に対して、母宮・節子皇后の言葉はことのほか厳しかったといっていい。

代理のことは承知したが、そもそも殿下は長時間正座もできないのだから、事実上不可能ではないか。今後は正座の訓練に励んでほしいものだ。だいたい昨今、こうした務めに怠慢な様子が見える。自発的に、それも形式でやるのではなく、心から務めるよう自覚してもらいたい、というのだから母宮は怒り心頭、といって差し支えない。それができないのなら、婚儀の件は考え直すこともありうる、とまで言ったといわれる。

母宮の諫言《かんげん》を受け、摂政宮は震災の年の新嘗祭に向かって正座の訓練に励んだ。

そういういきさつを経て十二年十一月十日、先に引いた詔勅が下された。しかも、その内容はおそらく母宮が十分に満足されるであろう文言を選んで発表されたのである。

そのうえ、二十三日の新嘗祭(現在の勤労感謝の日)に向けては予習訓練に怠りなく、宮内大臣・牧野伸顕はほっと安堵するのだった。

「入江(為守《ためもり》)侍従長官房へ入来《じゆらい》。新嘗祭の御予修に関する件に付内報あり。最近被為行《おこなわせられ》たる節は万事御都合好く済せられたる由にて大に安心せり。来《きたる》二十日今日一回御予修の筈なり」(前掲書、大正十二年十一月十日)

新嘗祭は夕方から深夜まで、長時間にわたって執り行われるもので、宮中祭祀のなかでも最も重要な祭祀とされる。五穀豊穣を神に感謝し、獲れた新穀を神に捧《ささ》げ、自らもこれを食するという祀《まつ》りである。宮中三殿における長時間の正座が続き、それにはきつい訓練が伴うのだった。

大正十二年十一月二十三日、摂政宮皇太子裕仁親王は真剣な祈りを神前に捧げ、豊穣を祈るとともに、降りかかった災厄からの復興を併せて祈ったのである。

日本刀を持て、拳銃をとれ

震災直後の新嘗祭は、摂政宮として初めて重要な祭祀を執り行ったということでも貴重な体験だった。

十一月二十三日の奈良侍従武官長（東宮武官長を兼務、中将）の日記に、祭祀の記録が詳細に残されている。

「十一月二十三日　金（晴）

新嘗祭に付き夕刻迄急休務。（中略）

午后四時出宅、赤坂離宮に到り、午后五時三十分殿下御出門、賢所《かしこどころ》に御成、午后六時より八時迄及午后十一時より午前一時迄護親祭。翌日午前一時十五分御発、還御《かんぎょ》」

奈良侍従武官長の最大の責務は、若き摂政宮の身辺警護である。

年の瀬も近づいてきたある日、奈良が突如として日記に激しい言葉を連ねる日が来た。周囲の者は奈良の言葉に目を剝いたであろう。いったい何が起きたというのか——。

再び奈良の日記である。

「十二月十八日

午前十時半頃聖上《せいじょう》出御《しゅつぎょ》、煙草《たばこ》を賜はり御言葉あり、稍《ようやく》御元気の様拝す。

午前武官を集めて御警備に関し種々談話をなし、且つ日本刀あれば之を携帯すること、拳銃は陸軍省にて要求して備附を求むることを相談決定す」

帝都にはたしかにまだ大震災の爪あとが残っている。一部の朝鮮独立運動一派、すなわち「義烈団」の影響下にある不穏分子がいないとは限らない。

だが一方では、復興のテンポは早く、人心も落ち着きをみせていた。いま、緊急に侍従武官たちが武装しなければならない理由は見当たらなかった。

ところが、奈良中将は武官たちの躊躇《ちゅうちょ》を許さない厳しい表情で武官の武装案を決定した。

「連絡を受けた珍田《ちんだ》東宮大夫《たいふ》が、特別の情報でも入手されたか、と質問したが、中将はいらだたしげに答えただけであった。

『いや、緊急情報はありませぬから、そなえるのです』

なるほど、それが武人の心がけというものか、と珍田東宮大夫は感服した風情《ふぜい》であったが、奈良中将の顔色は暗かった」(児島襄《こじまのぼる》『天皇』1)

武官たちのサーベルが、儀礼用のものから日本刀の太身のものに代わったのはそれからすぐのことだった。

奈良には、前々から感じていたある不安があったのではないだろうか。

去る半年前のことである。十二年四月十二日から、軍艦「金剛」で皇太子は台湾行啓の途についた。当然、奈良も供奉《ぐぶ》を仰せつかった。台湾視察旅行には内地同様、上海や北京に拠点を置く朝鮮独立運動一派「義烈団」によるテロ行為が危ぶまれていた。

二年前の欧州旅行の途上に立ち寄った香港で、すんでのところを替え玉作戦が奏功して皇太子の誘拐《ゆうかい》、暗殺計画をすり抜けた記憶を奈良は忘れるわけにいかなかった。世に暗号名「冬のアゼリア」として知られるその事件の再発は、台湾でも十分に予測された。いや、その頃より、摂政宮となったこの台湾旅行のほうがより危険度は大きいはずだ。報告によれば、台湾でも「義烈団」は早くから摂政宮暗殺の計画を練っていた。団員はすべてピストルを携行し、爆弾を投げるため潜行する部隊も編成されていた。

結果として台湾視察は厳重な警戒態勢を布いて順調に終わり、五月一日、無事に帰国できた。奈良に、姿を見せぬ暗殺計画への不安感があったことは容易に想像できる。

奈良に予見できる情報があったわけではない。だが、奈良の焦燥《しょうそう》は十日のうちに的中する。

虎ノ門事件

十二月二十七日は、第四十八通常国会の開会式だった。摂政宮を乗せた自動車の列はその朝、開院式に臨むため議事堂へ向かっていた。

当時の国会議事堂は、虎ノ門と内幸町《うちさいわいちょう》の間（現経済産業省附近）にあった。鹵簿《ろぼ》と呼ばれる行啓の車列が虎ノ門交差点に差し掛かった瞬間、一人の男がステッキに仕込んだ散弾銃で、皇太子の乗った自動車に向け発砲した。

群集のなかから皇太子に銃口を向けた男は、難波大助《なんばだいすけ》という山口県から出てきた一青年だった。衆議院議員を務めていた父親は即刻辞表を提出、自宅の門を閉め蟄居《ちっきょ》のうえ、餓死自殺した。犯人、難波大助には大逆罪をもって十三年十一月、死刑が執行された。

犯行は社会主義に影響を受けた単純ともいえる動機で、過激派朝鮮人との関係はない。だが、大震災の余韻《よいん》も冷めやらぬ年末に起きた大逆事件は、いかにも不安定な大正時代を象徴するものだった。

侍従武官長・奈良武次《ならたけじ》の驚きと恐懼《きょうく》のほどはいかばかりであったろう。例によって日記を点検しておこう。

「午前十時三十五分御出門、第四十八議会開院式に行啓。同四十六分頃虎ノ門に於て凶漢《きょうかん》難波大助(二十五歳)なるもの、狙撃を受けさせらる、幸に御障りなく開院式を済ませられ、午后〇時半頃還啓《かんけい》。

赤坂離宮には宮相(牧野伸顕)、枢相(清浦奎吾《きようらけいご》)、内府(平田東助《ひらたとうすけ》)参集、内閣総辞職に関する善後処置につき凝議《ぎようぎ》」

早速、関係者の責任が討議されたのは当然のなりゆきだった。

山本首相は翌朝伺候し、政務官である皇太子から「辞職には及ばない」との優諚《ゆうじょう》(注・

天皇の厚い思し召しの言葉）を賜った。しかし、山本は「総辞職なくしてこの事件の責任はとれない」との決意を即座臨時閣議をもって下した。時は大正十二年、暮れの二十九日である。正月を挟んで大正十三年一月七日、第二次山本権兵衛内閣の総辞職を新聞が伝えた。

こうして関東大震災の年は終わった。さまざまな社会不安に遭遇して、多くの国民は言い知れない無力感を抱いたに違いない。だからこその節子皇后の叱咤であり、摂政宮の詔勅渙発であった。

「ワックBUNKO」のためのあとがき

日韓併合から百年が過ぎ、関東大震災から九十年が過ぎた。

これだけ時間が経過しても、問題の解決には何の役にも立たない。

それどころか竹島への実効支配が深刻化し、逆に両国関係はさらに難しい局面を迎えているのが実情である。

そのなかで関東大震災問題が再び浮上してきた裏には、韓国の抗日運動がいまや世界的規模で展開されようとしている事実がある。

そういう意味からも本書を刊行した目的のひとつは、日本国内で「虐殺伝聞」を信じている方になるべく多く読んでいただきたいという点にあった。

なにしろ「伝聞」と「噂」だけが先走って、正確な数字を摑もうとする研究者がほとんどいない、というのが実情なのだ。

韓国の活動家や日本国内の旧来の左翼から問題を突きつけられても、反論する基礎資料が存在しないというのはお粗末に過ぎる。

今回、国内で可能な限りの資料を集め、さらにロンドンのナショナルアーカイブスからも探し出してプロパガンダの実物を挙げた（第6章）ので、どうか参考にしていただきたい。ナショナル・アーカイブスから発見された謀略冊子では二万三千人、「独立新聞」では六千四百人、「在日関東地方罹災《りさい》朝鮮同胞慰問班」の数字をほぼ鵜呑みにして発表した吉野作《よしのさく》造《ぞう》は二千六百人が「虐殺された」と言い募る。

そのどれをとろうと、それでは震災で死んだ朝鮮人はいないことになるではないか。

この単純な疑問を解くために、最後にもう一度、数字の点検をしたい。

●震災時、東京には九千人（労働者六千、学生三千）の朝鮮人がいた。

●横浜ほか東京近県には三千人おり、合計一万二千人いたとされる。夏休みだったため、帰郷していた学生がこのうち二千二百人（東京一千八百、その他で四百）と推定される。差し引き九千八百人が東京・横浜付近にいたことは、多くの関係資料が認めるところだ。

●軍と警察が収容した人数は、習志野の三千百六十九人をはじめ、総計六千七百九十七人に達する。この本籍、氏名を「朝鮮日報」が報じており、歓喜の声が上がったとされる。

●内務省が認める過剰防衛による朝鮮人の死者は二百三十三人である。

●九千八百人からこれらを引けば、残るのは二千七百人。あとは当日の朝鮮人の震災による死者・行方不明者をどのくらいみるかが重要な問題となる。

第6章で試算を示したように、当日の東京の朝鮮人七千人余（九千人から帰郷学生他を引いた数）のうち一千八百人くらいが、横浜その他では百人余が地震の犠牲になったとみるのが妥当ではないか。

朝鮮人だけが震災を免《まぬか》れるとは考えられない。むしろその犠牲比率は高かったと想定すべきであろう。

間もなく日韓併合の日から百五年になる。これでは余震百年、いまだに日韓の地震は治まっていないと言うべきだろう。

本書を執筆するにあたっては、みすず書房『現代史資料6』を特に参考にさせていただき、多くの示唆《しさ》を得た。明記して謝意を表したい。

今後、さらにこの問題について、より精緻《せいち》な実証が多くの史家によってなされ、新たな日韓関係が構築されることを願いつつ筆を擱《お》く。

これまでの著者名は筆者の妻・工藤美代子としてきたが、取材・執筆を共同で行ってきた関係から、ワックBUNKO化に際して大幅に加筆、修正し、著者名を加藤としたことをお断りしておきたい。
本書刊行にあたっては、ワック株式会社の関係者のお力添えをいただいた。心より感謝を申しあげる。

平成二十六年八月

加藤康男

【参考文献】

姜徳相／琴秉洞編『現代史資料6―関東大震災と朝鮮人』みすず書房　一九六三年
現代史の会編『ドキュメント関東大震災』草風館　一九八三年
宇佐美龍夫解説『安静見聞録』江戸科学古典叢書　恒和出版　一九七九年
高須芳次郎『藤田東湖伝』成文堂新光社　一九四一年
生方敏郎『明治大正見聞史』中公文庫　一九七九年
小泉時『ヘルンと私』恒文社　一九九〇年
逸見久美『与謝野鉄幹詩歌集』八木書店　一九八五年
青井史『与謝野鉄幹』深夜叢書社　二〇〇五年
世界ペンフォーラム「基調講演」大江健三郎　日本ペンクラブ・HP　二〇〇八年
片野次雄『李朝滅亡』新潮文庫　一九九七年
福沢諭吉『福沢諭吉著作集』（一巻～十二巻）慶応義塾大学出版会　二〇〇二年
杉本幹夫『「植民地朝鮮」の研究』展転社　二〇〇二年
原奎一郎編『原敬日記』（第五巻、六巻）福村出版　一九八一年
皇室皇族聖鑑刊行会編『皇室皇族聖鑑』（大正編）春秋社　一九三三年
『日本帝国年鑑』内務省警保局　一九二四年

吉村昭『関東大震災』文藝春秋　一九七三年
幸田文『きもの』新潮文庫　一九九六年
井伏鱒二『荻窪風土記』新潮文庫　一九八七年
東京市役所編『東京震災録』一九二六年
松尾尊兊『民本主義の潮流』（日本の歴史21）文英堂　一九七〇年
松尾章一『関東大震災と戒厳令』吉川弘文館　二〇〇三年
中島陽一郎『関東大震災』雄山閣出版　一九九五年
山岸秀『関東大震災と朝鮮人虐殺』早稲田出版　二〇〇二年
奈良武次『侍従武官長　奈良武次日記・回顧録』（第一〜二巻）柏書房　二〇〇〇年
牧野伸顕『牧野伸顕日記』（伊藤隆、広瀬順皓編）中央公論社　一九九〇年
御手洗辰雄『伝記　正力松太郎』大日本雄弁会講談社　一九五五年
片柳忠男『創意の人　正力松太郎言行録』オリオン社　一九六四年
鶴見祐輔『後藤新平伝』「太平洋協会」出版部　一九四三年
杉森久英『大風呂敷』毎日新聞社　一九六五年
品川主計『反骨の人生』恒文社　一九七五年
佐野眞一『巨怪伝』文藝春秋　一九九四年

佐野眞一『枢密院議長の日記』講談社現代新書　二〇〇七年
佐野眞一『甘粕正彦　乱心の曠野』新潮社　二〇〇八年
美濃部達吉『現代憲政評論』岩波書店　一九三〇年
山岡淳一郎『後藤新平　日本の羅針盤となった男』草思社　二〇〇七年
大曲駒村『東京灰燼記』中公文庫　一九八一年
滝沢誠『評伝　内田良平』大和書房　一九七六年
山田昭次『関東大震災時の朝鮮人虐殺』創史社　二〇〇三年
今井清一『日本の百年6　震災に揺らぐ』ちくま学芸文庫　二〇〇八年
今井清一『日本の歴史』（第二十三巻）中公文庫　一九八七年
今井清一『横浜の関東大震災』有隣堂　二〇〇七年
松本清張『昭和史発掘』（第一巻）文春文庫　二〇〇五年
内村鑑三『内村鑑三全集』日記二、（第三十四巻）岩波書店　一九八三年
坪江豊吉『朝鮮民族独立運動秘史』巌南書店　一九五四年
再審準備会編『金子文子・朴烈裁判記録』黒色戦線社　一九七七年
大島英三郎『何が私をかうさせたか』黒色戦線社　一九七二年
細井肇『日本の決意』大日本雄弁会講談社　一九三二年

主婦の友社編『貞明皇后』主婦の友社　一九七一年
工藤美代子『母宮貞明皇后とその時代』中央公論新社　二〇〇七年
児島襄『天皇』（第一巻）文藝春秋　一九七四年
名越二荒之助『日韓共鳴二千年史』明成社　二〇〇二年
加藤文三『亀戸事件』大月書店　一九九一年
小沢健志『写真で見る関東大震災』ちくま文庫　二〇〇三年
『新潮日本文学アルバム・山本周五郎』新潮社　一九九三年
『新潮日本文学アルバム・谷崎潤一郎』新潮社　一九八五年
『新潮日本文学アルバム・与謝野晶子』新潮社　一九八五年
『新潮日本文学アルバム・永井荷風』新潮社　一九八五年
木村久邇典『山本周五郎　青春時代』福武書店　一九八二年
永井壮吉『断腸亭日乗・永井荷風』（一巻）岩波書店　一九八四年
内田百閒『第三阿房列車』旺文社文庫　一九八〇年
『婦人公論』中央公論社　一九二三年十月号
『婦人公論』中央公論社　一九二三年十二月
『中央公論』中央公論社　一九二三年十月号

『中央公論』中央公論社　一九二三年十一月号
『太陽』博文館　一九二三年十月号
『思想』岩波書店　一九六三年九月号
『大正大震災大火災』大日本雄弁会講談社　一九二三年
警視庁保存相生署作成『九月一日起災状況』一九二三年
警視庁編『大正大震災火災誌』一九二六年
国立科学博物館地震史料室HP
東京府編『東京府大正震災誌』一九二五年
東京府編『東京府統計書』一九二五年
日本地震工学会HP
鳥居政豊『最新大正大震災被害明細・東京全図』一九二四年
外交資料館史料
京都大学人文科学研究所データベース
アジア歴史資料センター
そのほか、全国新聞各紙縮刷版など
ロンドン・ナショナル・アーカイブス所蔵の外交資料

加藤　康男（かとう・やすお）

1941年、東京生まれ。編集者、ノンフィクション作家。
早稲田大学政治経済学部中退ののち、出版社勤務。退職後は近現代史などの執筆活動に携わる。『謎解き「張作霖爆殺事件」』（PHP新書）で山本七平賞奨励賞を受賞。近著に『双葉山の邪宗門』（草思社）がある。

関東大震災
「朝鮮人虐殺」はなかった！

2014年８月28日　初版発行
2020年10月14日　第２刷

著　者　加藤　康男

発行者　鈴木　隆一

発行所　ワック株式会社
東京都千代田区五番町4-5　五番町コスモビル　〒102-0076
電話　03-5226-7622
http://web-wac.co.jp/

印刷製本　図書印刷株式会社

ISBN978-4-89831-703-7

好評既刊

こうして捏造《ねつぞう》された韓国「千年の恨《うら》み」
松木國俊
B-198

「日本への恨みは千年消えない」と朴槿惠大統領は言った。本書は、こうした勘違い韓国人たちを覚醒させる「韓国の不都合な真実」全詳細だ！

本体価格九五〇円

もう、この国は捨て置け！　韓国の狂気と異質さ
呉　善花・石　平
B-193

現代韓国の異常な反日ナショナリズムの背後にある謎を解く。韓国人、中国人をともにやめ、日本に帰化した著者だから語り尽くせる狂気の国・韓国の真実！

本体価格九〇〇円

虚言と虚飾の国・韓国
呉　善花
B-169

反日民族主義、歴史捏造、エゴイズム……。ウソで自らを飾り立てる韓国は、社会崩壊の道を突き進んでいる。集団利己主義国家、韓国の真実とは⁉

本体価格八九五円